August Bebel
Charles Fourier. Sein Leben und seine Theorien

Bebel, August: Charles Fourier. Sein Leben und seine Theorien
Hamburg, SEVERUS Verlag 2013

ISBN: 978-3-86347-430-0
Druck: SEVERUS Verlag, Hamburg, 2013

Der Text der vorliegenden Edition folgt der Ausgabe:
August Bebel: Charles Fourier. Sein Leben und seine Theorien.
1890, Stuttgart: Verlag von I.H.W. Dietz

Der Text wurde aus Fraktur übertragen. Die Orthographie wurde
behutsam modernisiert, grammatikalische Eigenheiten bleiben
gewahrt. Die Interpunktion folgt der Druckvorlage.

Der SEVERUS Verlag ist ein Imprint der Diplomica Verlag
GmbH.

Bibliografische Information der Deutschen Nationalbibliothek:
Die Deutsche Nationalbibliothek verzeichnet diese Publikation in
der Deutschen Nationalbibliografie; detaillierte bibliografische
Daten sind im Internet über http://dnb.d-nb.de abrufbar.

August Bebel

Charles Fourier
Sein Leben und seine Theorien

Charles Fourier.

Das achtzehnte Jahrhundert zählt in der Geschichte der Entwicklung der Menschheit zu jenen Perioden, auf denen der Blick des Kulturforschers und Fortschrittsfreundes mit besonderem Interesse ruht. Nach den religiösen, politischen und sozialen Kämpfen des Reformationszeitalters war, wie das stets nach großen Volks- und Massenbewegungen zu geschehen pflegt, eine Art Stillstand und Rückschlag für die Fortentwicklung eingetreten. Die durch die Reformationsbewegungen zur Geltung gekommenen Stände und Interessen suchten sich zu konsolidieren und die daraus hervorgehenden Reibungen führten wieder zu gewaltsamen Kämpfen und Erschütterungen von mehr oder weniger langer Dauer, die alle übrigen Interessen absorbierten, den materiellen wie den geistigen Fortschritt der Massen für lange Zeit hemmten.

In Deutschland hatte die Reformation dem Landesfürstentum Oberwasser verschafft. Die Landesfürsten hatten die Reformation benutzt, um unter dem Deckmantel der Religion die eigene Hausmacht nach Möglichkeit zu stärken dadurch, daß sie den kleinen Adel sich untertänig und von sich abhängig machten, die

Macht der Geistlichkeit brachen, sich selbst die bischöfliche Gewalt beilegten, Kloster und Kirchengut konfiszierten und die gewonnene Macht benutzten, sich immer mehr von der Kaisergewalt zu emanzipieren, diese zum bloßen Schatten zu degradieren. Aus diesem Interessenkampf der Fürsten entstanden die sogenannten Religionskriege, der schmalkaldische und der dreißigjährige Krieg, die Deutschlands politische Ohnmacht und Zerrissenheit auf Jahrhunderte besiegelten, seine ökonomische Schwächung – die schon durch die Umgestaltung der Weltmarktsbeziehungen in Folge der Entdeckung von Amerika und des Seewegs nach Ostindien veranlaßt war – noch vergrößerten und allgemeine Armut, schweren geistigen und geistlichen Druck über Länder und Völker verbreiteten.

In Frankreich erzeugte die Reformation die Kämpfe der Hugenotten, d. h. des hugenottisch gesinnten Bürgertums und die des frondierenden Adels gegen das frühzeitig sich entwickelnde, alles zentralisierende absolute Königtum. Nach längeren Kämpfen siegte das letztere und fand in Ludwig XIV. seinen glänzendsten, aber auch seinen bedrückendsten und gewalttätigsten Vertreter. Die inneren und äußeren Kämpfe Frankreichs im 16. und 17. Jahrhundert hemmten die freie Entwicklung des materiellen wie geistigen Fortschritts. Bürgertum und Adel gegenseitig feindlich, das Land nach außen, namentlich unter dem erwähnten Ludwig, von einem Krieg in den anderen gestürzt, war schließlich erschöpft und verarmt. Solche Zeitalter sind nicht geeignet, große Ideen zu gebären, für geistige Kämpfe die Bahn frei zu machen. Dagegen zeigte das achtzehnte Jahrhundert in Frankreich ein ganz anderes Bild. Frankreich bildete für dieses Zeitalter die Wiege des menschlichen Fortschritts auf allen Gebieten; hier entwickelte sich allmählich eine Fülle von geistigem Glanz und Leben, wie sie bis dahin kein Volk und kein Zeitalter in gleichem Maße erlebte. Die Menschen wuchsen sozusagen über sich selbst hinaus und setzten alle Geister und Herzen in der ganzen Kulturwelt in Bewegung. Frankreich mag viel gesündigt haben, die Dienste, die es während des achtzehnten Jahrhunderts der Menschheit leistete, werden ihm, so lange Menschen leben, unvergessen bleiben.

Die Fortschritte begannen unmittelbar nach dem Tode Ludwigs XIV., dessen Gewalt mit eisernem Drucke auf dem Lande gelastet, alle freie bürgerliche Regung erdrückt, alle freie geistige Bewegung erstickt hatte. Das Land stand nach seinem Tode am Rande des materiellen und geistigen Bankerotts. Allmählich erholte sich das Volk und arbeitete sich, wenigstens in den Städten, wo die feudale Macht des Adels und der Geistlichkeit am wenigsten sich fühlbar machen konnte, empor. Die Männer von Bildung und Geist, die nach der Entwicklung und Entfaltung der Kräfte des Landes strebten, eilten nach jenseits des Kanals, nach England, um dort, an den Quellen des öffentlichen Lebens, die Studien zu machen, zu denen ihnen im eigenen Lande die Gelegenheit und die Möglichkeit fehlte. Zurückgekehrt nach der Heimat, begannen sie die Arbeit, die langsam aber sicher den stolzen Bau des absoluten Staats und der feudalen Gesellschaft untergrub und unterhöhlte, bis zu

Ende des Jahrhunderts in einem Riesenzusammenbruch Beides, Staat und Gesellschaft, zusammenstürzten, und durch ihren Fall ganz Europa aus den Fugen trieben.

Das Königtum geriet nach Ludwig XIV. in die Hände von Schwächlingen, die Geistlichkeit und der Adel waren verlottert und verweichlicht; eine Minorität unter den beiden Ständen war geneigt, angeekelt von dem Treiben der eigenen Klasse und den Zuständen um sich, neuen Ideen sich zugänglich zu erweisen und spielte mit dem Feuer, dessen Gefährlichkeit sie nicht kannte. So erklärt sich, daß die Männer der neuen Zeit mit ihren alles Alte angreifenden und erschütternden Ideen vielfach gerade dort einen bereiten Boden fanden, wo man ihn am wenigsten hätte erwarten sollen. Aber es hatte sich auch des Bürgertums ein Drang nach Wissen und Bildung, nach politischen Rechten, ein Geist der Unzufriedenheit über das Bestehende bemächtigt, wodurch die Bewegung schließlich zum Alles niederreißenden Strom anschwoll.

Das Bürgertum, politisch so gut wie rechtlos und machtlos, die Vertretung seiner Magistrate in den alten ständischen Parlamenten mißachtet, mit Abgaben unangenehmster Art beschwert, durch Zunft-, Bann- und Höferechte in seiner materiellen Entwicklung behindert, von Adel und Geistlichkeit geringschätzig und verächtlich behandelt, aller persönlichen Rechte und der Garantien persönlicher Freiheit beraubt, sehend, wie die ungerecht verteilten und gewaltsam beigetriebenen Steuern und Abgaben von einem in der Liederlichkeit verfaulenden Hof verschlemmt und verpraßt wurden, erfaßte mit Gier die neuen Ideen, welche die Rechtmäßigkeit der feudalen Vorrechte angriffen, die religiösen Vorurteile, unter deren Druck es litt, in Zweifel zogen, die allgemeine Freiheit und Rechtsgleichheit lehrten. Der neue Staat und die neue Gesellschaft wurden in den verführerischsten Farben dargestellt, politische Macht, Reichtum, geistige Freiheit und Gleichheit Allen in Aussicht gestellt.

Wenn in einem Gesellschaftszustand die Dinge sich einmal soweit entwickelten, daß ein großer Teil der Beteiligten und Interessierten von Unzufriedenheit und Mißstimmung gegen das Bestehende und von Sehnsucht nach besseren Zuständen erfüllt ist, so wird der alte Zustand sich auf die Dauer nicht halten können, was immer für Mittel und Praktiken in Anwendung kommen, ihn zu erhalten und zu stützen. Mag die Sehnsucht der Masse nach Veränderung des Bestehenden, nach Umgestaltung ihrer Lage zunächst nur eine Sache des Gefühls sein, das aber in dem tatsächlichen Zustand der Verhältnisse seine Begründung und seine Berechtigung findet. Mag diese Masse sich über den Weg wie über die Mittel, durch die ihr geholfen werden könnte, noch so unklar sein, der Moment kommt, wo sie mit elementarer Macht, instinktiv stets richtig, nach dem bestimmten Ziele drängt und die bewußten und wissenden Geister zwingt, sich zu ihrem Organ, zu ihrem Mundstück und zu ihren Werkzeugen aufzuwerfen, um die Bewegung zum richtigen und nach Lage der Verhältnisse möglichen Ziele zu leiten. Die Führer sind unter solchen Umständen stets Werkzeuge, nicht Macher, und sie werden bei Seite geworfen, sobald sie sich zu Machern aufwerfen, die Bewegung für sich und nach eigenem Gutdünken, statt im Interesse der Beteiligten zu benutzen suchen. Die rasche Abwirtschaftung der Führer in akut gewordenen Volksbewegungen hat in diesem Geheimnis ihren Grund, sie wollen Allesmacher sein, wo sie nur Werkzeuge sein sollen und können. Da man sich hüben wie drüben dieses Verhältnisses selten bewußt ist, schreien die Einen über Verrat, die Andern über Undankbarkeit der Masse; das Erstere ist selten wahr, das Letztere zu behaupten stets eine Narrheit, ein Verlangen, das nur Diejenigen stellen können, die sich über die Natur ihrer Stellung nie klar waren, Schieber zu sein glaubten, wo sie nur Geschobene sein konnten.

Jeder großen Umgestaltung in der Gesellschaft geht zunächst eine Periode der Gärung voraus, eine Periode, die, je nach dem Stande der allgemeinen Bildung und Kultur, nach dem Gewicht der Beteiligten Klassen und nach der Kraft und der Macht der widerstrebenden Gewalten, bald längere, bald kürzere Zeit dauert, ehe die Bewegung zum offenen Ausbruch kommt und ihr Ziel in irgendeiner Form, das wieder von dem mathematischen Kraftverhältnis der gegeneinander wirkenden Faktoren abhängt, erreicht. Geht eine Bewegung über ihr Ziel hinaus, d. h. erreicht sie mehr, als sie, in sich selbst zur Ruhe gekommen, im Interesse der nun in der Macht befindlichen Gewalten, die nunmehr den Schwerpunkt bilden, um den Alles gravitiert, erreichen soll und, setzen wir hinzu, erreichen darf, so folgen die Rückschläge. Mit andern Worten, eine ihrem inneren

Wesen nach selbst wieder auf Klassenherrschaft abzielende Bewegung darf nicht weiter gehen, als sie die Unterstützung der maßgebenden Interessierten findet.

Scheinbar ist bis jetzt jeder Revolution eine Reaktion gefolgt, in Wahrheit wurde die Bewegung stets auf ihren natürlichen Schwer- und Ruhepunkt zurückgeführt, weil sie darüber hinausging. Dieser Zustand ist aber stets, auch wenn er durch eine gegen die weiter vorwärts drängenden Elemente gerichtete gewaltsame Reaktion herbeigeführt wurde, dem Zustande, der vor der Bewegung bestand, weit voraus. Man hört z. B. so häufig die Bemerkung machen, daß die bürgerliche Revolution der Jahre 1848 und 1849 in Deutschland an der Macht der Reaktion gescheitert sei. Das ist einfach nicht wahr. Die Bewegung hat erreicht, was sie nach ihrem Waren innern Gehalt erreichen konnte. Revolution und Reaktion rangen so lange mit einander, bis sie auf dem Punkt ankamen, auf dem sie sich zu verständigen vermochten. Die Grenze war, wo die Lebensfähigkeit des Alten aufhörte und die Lebensmacht des Neuen begann. Von vornherein war ein großer Teil der anfangs revolutionären Kräfte, die das behäbige Bürgertum umfaßten, entschlossen, über eine gewisse Grenze nicht hinaus zu gehen. An diesem Punkt angekommen, trennten sich diese Kräfte von den weiter drängenden Elementen. Dadurch verlor die Bewegung einen Teil ihrer Kraft, sie war ohnmächtig, weiter zu gehen. Und wie immer nach 1849 die Reaktion in Deutschland hauste, das, was tatsächlich jetzt bestand, ging weit über das hinaus, was vor 1848 bestanden hatte. Die neuen Ideen hatten trotz alledem gesiegt und Alles, was seitdem in Deutschland geschah, ist nur durch diesen Sieg im „tollen Jahr" möglich geworden.

Rückschläge werden nun notwendig in jeder Bewegung kommen, die selbst wieder auf Klassenherrschaft, wenn auch sich selbst unbewußt, hinausläuft. Ein solcher Rückschlag kann erst dann unterbleiben, wenn eine Bewegung siegt, die in ihrem Wesen und Prinzip die Aufhebung aller Klassenherrschaft bedingt und daher alle Formen sozialer und politischer Herrschaft aufheben muß.

Bisher waren alle Bewegungen, die ihr Ziel erreichten, Bewegungen der ersteren Art, und so begreift sich von vornherein, daß auch die Bewegung, die gegen die Mitte des vorigen Jahrhunderts in Frankreich begann und im letzten Jahrzehnt des Jahrhunderts zur Entscheidung kam, diesem Schicksal aller bisherigen großen Volksbewegungen nicht entgehen konnte. Ihr Charakter als Klassenbewegung des Bürgertums, ihr Ziel, die Herrschaft desselben zu begründen, zwang sie schließlich, sich gegen die revolutionäreren Elemente in ihrer eignen Mitte zu richten, und, da man innerhalb der Bewegungselemente und nachdem die Bewegung absolut gesiegt hatte, weder hüben noch drüben diesen inneren Widerspruch, in dem man sich zu einander befand, begriff, mußte man sich gegenseitig bis zur Vernichtung bekämpfen und im Blute ersticken. Die Interessen des Großbürgertums mußten, weil sie die entscheidenden waren, die Oberhand behalten, aber aus Furcht vor neuen inneren Gegensätzen und Kämpfen warf sich dieses der Militärdiktatur des Konsulats und des Kaiserreichs in die Arme, um sich, d. h. die neue Gesellschaft, zur Ruhe und zum Genuß des Errungenen kommen zu lassen.

Der Kampf gegen das alte System richtete sich in Frankreich gegen alle bisherigen Grundlagen der alten Gesellschaft, gegen die Kirche, den Adel, die absolute Staatsgewalt, gegen die Besteuerungs-, die Eigentums- formen, das Erziehungssystem, die sozialen Einrichtun- gen. Nichts blieb im Laufe der Jahrzehnte, die dieser zunächst rein literarische Kampf währte, unangetastet. Die Angriffe wurden immer kühner. Ganz neue Staats- und Gesellschaftssysteme (Condorcet, Morelli, Mably, Rousseau) tauchten auf und erklärten dem Bestehenden den Krieg; ebenso wurden fast alle Zweige der Naturwis- senschaften und insbesondere auch die Philosophie in der radikalsten Weise behandelt. Die Verfolgungen, welche die Staatsgewalt und die Kirche gegen diese Feinde der alten Ordnung in Szene setzten, hatten so gut wie keine Wirkung, sie gossen nur Öl ins Feuer. Jahrelange Ge- fängnisstrafen, Verbannungen, Degradierungen, Auswei- sungen gegen die Verfasser, Verbrennung ihrer Bücher und Schriften, Verbote gegen ihre Verbreitung, gesell- schaftliche Ächtung der Autoren, Alles half nichts. Die Bewegung schwoll von Jahrzehnt zu Jahrzehnt immer mehr an, sie ergriff Alles, was Kenntnisse und Intelligenz besaß, sie erfaßte sogar die Frauen und wuchs so, daß die Gewaltmittel des Staates versiegten und dieser wie die Kirche von einer Position in die andere zurück gedrängt wurden. Im vorletzten Jahrzehnt vor der Revolution gab es in Frankreich keinen Schriftsteller von einiger Bedeutung, der nicht im Gefängnis gesessen oder Verbannung erlitten, oder dessen Werke nicht verboten oder öffentlich verbrannt worden, oder der nicht in irgend sonst einer Weise verfolgt, drangsaliert und geschädigt worden war. Voltaire, Montesquieu, Rousseau, Beaumarchais, Diderot, d'Alembert, La Mettrie, La Harpe, Marmontel, Morellet, Buffon, Linguet und viele, viele andere verfielen der Verfolgung. Wenn Holbach und Helvetius, Turgot, Quesnay, Necker, Condillac, Laylain, Cuvier, Lavoisiers, Bichot, Mirabeau der Ältere solchen Verfolgungen entgingen, geschah es, daß sie, wie die beiden Erstgenannten, anonym schrieben, oder daß sie zu einer Zeit schrieben, wo das System, von der Nutzlosigkeit der Verfolgungen betroffen, ermüdet war, oder daß sie wissenschaftliche Themas behandelten, die dasselbe nicht direkt berührten. Und auch in letzterer Beziehung ging das Mißtrauen sehr weit; so mußte Buffon, als er 1751 seine Naturgeschichte veröffentliche, der Pariser theologischen Fakultät ausdrücklich versprechen, daß Alles, was er in seinem Buche lehre, mit der biblischen Schöpfungsgeschichte nicht in Widerspruch stehe. Die Enzyklopädie der d'Alembert, Diderot und Genossen aber wurde mit der Motivierung verboten, „daß sie Grundsätze enthalte, welche darauf hinzielten, den Geist der Unabhängigkeit und Empörung zu wecken und unter dunkeln und zweideutigen Ausdrücken den Grund zum Irrtum, zur SittenVerderbnis und zum Unglauben zu legen." Doch alle diese Maßnahmen retteten das System nicht.

Die Bewegung hatte endlich ihren Höhepunkt erreicht, die Gesellschaft wollte statt der Theorien Taten sehen. Der Hof suchte durch halbe Konzessionen und kleinliche Maßregeln, die das Gegenteil erzeugten von dem, was sie bezweckten, dem Drängen nachzugeben. Der Sturm brach endlich los. Wir beschreiben nicht die Französische Revolution, wir skizzieren sie nur kurz, weil dies für unsern Zweck genügt. Die Nationalversammlung, anfangs den Bestand des Königtums als selbstverständlich ansehend, wurde im Laufe der Ereignisse über sich selbst hinaus getrieben. War die Konstituante noch königlich, der Konvent wurde republikanisch. Die zunehmende Not der Massen, Mangel an Lebensmitteln, Mangel an Arbeit, Wucher, Mißtrauen gegen Oben schürten den Brand. Die royalistischen und pfäffischen Intrigen im In- und Ausland, die Alles beunruhigten, weil sie alles Gewonnene in Frage zu stellen schienen, verstärkten die schon vorhandene heftige Aufregung. Der Fluchtversuch des Königs, seine ganze zweideutige Haltung steigerte das Mißtrauen und den Haß gegen ihn und die alten Stände. Der Zustand der Staatsmaschinerie, die durch die Ereignisse in Unordnung gebracht, durch die Aufhebung der alten drückenden Steuerlasten und Abgaben der Mittel zur Funktionierung beraubt war, zwang zur Ausgabe von Massen Papiergeld (Assignaten), die als Zahlungsanweisungen auf die konfiszierten Kirchengüter und später auch auf die konfiszierten Güter der emigrierten Adeligen ausgegeben wurden. Aber da in dem allgemeinen Tohuwabohu der Verkauf dieser Güter sehr langsam vor sich ging und die Staatsbedürfnisse ins Riesenmäßige stiegen, als das Land gezwungen wurde, nach dem Sturz des Königtums und der Enthauptung des Trägers der Krone, gegen das ganze zivilisierte monarchische Europa Krieg zu führen, fielen die Assignaten sehr bedeutend im Wert. Ende 1790 schon 1200 Millionen betragend, stiegen sie im Laufe der Jahre auf 8, dann auf 12, endlich auf 24 Milliarden. Ihre Vermehrung steigerte ihre Wertlosigkeit, die schließlich nur noch ein Hundertstel und weniger ihres Nennwertes betrug, und dies erzeugte eine vollständige Revolution aller Preise. Zu den Kämpfen nach Außen kamen gewaltige Kämpfe im Innern. Adel und Geistlichkeit intrigierten und konspirierten in hunderterlei Formen, um wieder zur Herrschaft zu kommen. England, das unter dem Ministerium Pitt die inneren Kämpfe Frankreichs vortrefflich ausnutzte, um seine See- und Kolonialmacht auf Kosten Frankreichs zur allbeherrschenden zu machen, das jetzt Rache nahm für die Hilfe, die Frankreich anderthalb Jahrzehnte zuvor der Unabhängigkeitsmachung der Vereinigten Staaten von England geliehen, dieses England sandte geheime Agenten über geheime Agenten, die mit Geld reichlich ausgestattet den inneren Kampf schüren mußten. Im Westen des Reiches erhob sich, ebenfalls von England unterstützt, die streng konservativ und kirchlich gebliebene Bevölkerung der Vendee und Bretagne, im Süden erhoben sich die Teils royalistisch, Teils girondistisch gesinnten Städte, vor allem Lyon, dessen Luxusindustrie unter all diesen Ereignissen außerordentlich litt. Im Konvent brach nach dem Sturz des Königtums der Kampf der verschiedenen bürgerlichen Parteien unter sich aus. Die kleinbürgerlichen Massen, hauptsächlich in den Klubs

16

und speziell in dem Jakobinerklub organisiert, nahmen tatsächlich die Leitung der Ereignisse in die Hand und drängten den Konvent von Handlung zu Handlung. Vergebens suchten die Vertreter der eigentlichen Bourgeoisie, die Girondisten, zu widerstehen, sie unterlagen und endeten durch Ausstoßung oder auf dem Schafott.

Die Schreckensherrschaft begann. Das in seinen tiefsten Tiefen aufgeregte Volk, im Inneren von den royalistischen Verschwörungen bedroht, an den Landesgrenzen die europäischen Heere erblickend, welche drohten als Hersteller des Alten das ganze Land zu überziehen, von Arbeits- und Verdienstlosigkeit heimgesucht, vom Hunger gepeinigt, rapide Entwertung des Geldes, rapide Verteuerung der Lebensmittel sehend, ohne sich all dies genügend erklären zu können, geriet in Raserei. Die Gewaltszenen häuften sich und das Blut der Feinde der Republik und Derer, die man als Feinde des Volks ansah, floß in Strömen. Um der zunehmenden Verzweiflung der Massen zu steuern, war der Konvent gezwungen, das sog. Maximum einzuführen, d. h. den Preis festzustellen, zu dem die notwendigsten Lebensmittel abgegeben werden mußten; und als 1794 abermals eine Hungersnot drohte, weil die Verkäufer der Lebensmittel allerorts mit ihren Waren zurückhielten, mußte er sogar die Rationierung des Brotes für die Pariser Bevölkerung einführen. Aber da alle diese Maßregeln den ersehnten Zustand nicht herbeiführen wollten, Arbeitslosigkeit, Wucher, Geldentwertung, Beunruhigung fortdauerten, die schönste Verfassung, welche die Welt gesehen, mit all ihren Freiheiten und Rechten, weder die Freiheit, noch die Gleichheit, noch die Brüderlichkeit begründete, der ganze Zustand immer wirrer aber auch unfaßbarer wurde und Keiner die Lösung des Rätsels fand, was war natürlicher, als daß man die Personen verantwortlich machte für die Dinge, deren Natur man nicht begreifen konnte! Eine Partei klagte die andere an, suchte sie als die Ursache des allgemeinen Unglücks zu vernichten. Die Royalisten waren in Scharen geopfert, proskribiert, eingekerkert, flüchtig, die Girondisten waren vernichtet. Jetzt traf die Reihe die Dantonisten, ihnen folgten die Hebertisten, schließlich kamen die, welche alle Andern geopfert, die Terroristen, die Robespierrianer selbst an die Reihe. Diese „Tugendhaften" hatten die Republik und das allgemeine Wohl nicht retten können; die ihnen jetzt in der Herrschaft folgten, die Männer der richtigen Mitte, des ehemaligen Sumpfes im Konvent, die Schlauberger, die es mit allen Parteien gehalten, um es mit keiner zu verderben, die keine Ideale und keine Leidenschaften besaßen, retteten auch weder die Republik, noch begründeten sie das allgemeine Wohl. An Beiden lag ihnen herzlich wenig, aber sie Taten etwas Besseres, sie retteten sich und das Wohl ihrer Klasse, und dies war schließlich das „allgemeine Wohl".

In allen Kämpfen und Wirrnissen der Revolution, als die Leidenschaften den höchsten Grad erreichten, andererseits die Begeisterung erglühte, die glänzendsten Gedanken, die bis dahin nur menschliche Hirne erfassen konnten, in Worte und Taten sich umsetzten, gab es ein Geheimnisvolles Etwas, das wie der Geist über den Wassern schwebte, mit dämonischer Kaltblütigkeit in alle Pläne und Projekte eingriff, sie förderte oder zerstörte, wie es seinem Interesse entsprach, dabei Allen sichtbar und doch unfaßbar war, diese Macht war – das Kapital. Das Kapital hatte unter all den Ruinen und Zerstörungen, welche die Revolution geschaffen, allein die Beute eingeheimst und schließlich den Sieg davon getragen. Das Kapital hatte aus allen inneren und äußeren Verlegenheiten des Königtums und der Republik den alleinigen Nutzen gezogen; es hatte die Güterkonfiskationen, die Assignatenwirtschaft, das Maximum, die Rationierungen, die Feldzüge mit ihren Waffen-, Bekleidungs- und Lebensmittellieferungen, die Wareneinfuhrsperre gegen England, kurz alle und jede Maßregel, welche die Konstituante, dann der Konvent, dann der Wohlfahrtsausschuß, jetzt das Direktorium im Interesse des Landes vollzogen, in seinem Nutzen auszubeuten und auszuschlachten gewußt. Mitten unter den Blutszenen der Revolution saß es bei der Ernte und berechnete kaltblütig die Profite, die ihm diese oder jene Maßregel der Gewalthaber abwerfen werde. Überall seine Agenten habend, in den Klubs, im Konvent, im Wohlfahrts- und im Sicherheitsausschuß, unter den Konventsdelegationen in den Provinzen, in der Leitung und Verwaltung der Armeen, in den Zivilverwaltungen der eroberten Staaten, Städte und Provinzen, machte es ungeheure Gewinne. Es feierte Orgien wie nie zuvor und kaum je nachher. Die großen Vermögen wuchsen wie Pilze aus dem Boden, der Spekulations- und der Handelsgeist griff immer weiter um sich und beherrschte das ganze öffentliche und private Leben, alle Beziehungen der Menschen. Die Lehren eines Adam Smith fanden ganz spontan, aus der Natur der Dinge heraus, ihre Anerkennung und ihre Verwirklichung, und es kamen die Lobredner der neuen Ordnung, wie sie immer sich finden, sobald eine neue Macht im Besitz der Gewalt und dadurch im Recht ist, und streuten den Weihrauch und priesen die neue Welt als die beste aller Welten.

Und da man während der Revolution, wie es die „tugendhaften" Lehren eines Rousseau vorschrieben, äußerlich sehr einfach, sehr sparsam und sehr „tugendhaft" gelebt hatte, so brach jetzt die lange künstlich zurückgehaltene Genußsucht mit aller Gewalt hervor und überschritt alle Schranken. Man praßte und schwelgte und frönte exzentrisch der Liebe, wie es das ancien regime unter Ludwig XV, dem Vielgeliebten, und der Hof von Versailles kaum toller getrieben hatten. Die Masse aber war wieder ins alte Joch gespannt, ihre Söhne schlugen mit Begeisterung in aller Herren Länder die Schlachten und der freie Bauer und Bürger des beginnenden 19. Jahrhunderts sorgten neben der Blut- für die Geldsteuer, welche die neue bürgerlich-cäsarische Herrlichkeit unter dem „glorreichen" Zepter Napoleons I. ihnen auferlegte.

Unsere Vorrede ist etwas lang geworden, aber sie war nicht überflüssig zum Verständnis der Aussprüche und Theorien des Mannes, dessen Leben und Lehren diese Abhandlung gewidmet ist. Das Streben und der Ideengang eines Menschen von Bedeutung wird ja nur dann verständlich, wenn man die Zeitverhältnisse kennt, unter denen er geboren, und die auf seine Entwicklung, also auch auf seinen Ideengang eingewirkt haben. Wie weit ein Mensch auch über seine Zeit hinaus denken mag, loszulösen von ihr vermag er sich nicht, er wird von ihr beeinflußt und beherrscht, und so werden seine weitgehendsten Gedanken stets den Stempel des Zeitalters tragen, in dem er lebte und wirkte. Das ist schon oft gesagt worden, es kann aber nicht oft genug wiederholt werden, weil jeden Tag noch in der Beurteilung des Wirkens von Persönlichkeiten gegen diese Auffassung gesündigt wird.

François Marie Charles Fourier wurde den 7. Februar 1772 zu Besançon als Sohn eines wohlhabenden Großhändlers geboren. Der Vater genoß in seiner Heimat eines ziemlichen Ansehens, er wurde 1776 zum Handelsrichter gewählt. Charles (Karl) war das vierte Kind seiner Eltern, die drei älteren Geschwister waren Mädchen. Der Vater, der 1781 starb, hinterließ ein Vermögen von zweihunderttausend Livres, wovon laut Testament der Sohn zwei Fünftel, also 80.000 Livres, erbte.

Fourier liebte es nie, über seine persönlichen Verhältnisse zu sprechen; geschah es dennoch, so nur, um eine seiner Theorien in dieser oder jener Weise damit zu unterstützen. Seine Schüler und selbst seine intimsten Freunde erfuhren erst nach seinem Tode, daß er in der Belagerung von Lyon, 1793, durch die Konventstruppen das ziemlich beträchtliche väterliche Vermögen vollständig eingebüßt hatte.

Stoiker ohne Ziererei und Künstelei, sprach er nie von der ersten Ursache, die ihm ein Leben voll Entbehrungen und Einschränkungen auferlegte.

Fourier zeigte von frühester Jugend einen entschiedenen Willen, eine unerschütterliche Rechtschaffenheit. Als einziger Sohn vom Vater für den Handel bestimmt, erzählt er selbst in einem seiner Werke, wie er frühzeitig gegen denselben eingenommen wurde. Da diese Stelle für den ganzen Mann charakteristisch ist, geben wir sie ihrem Hauptinhalt nach wieder. Er sagt: Man muß den Handel als ein grau gewordener Praktiker, der vom sechsten Jahre ab im kommerziellen Schafstall erzogen wurde, kennen. Er habe in diesem Alter den Unterschied zwischen dem Handel und der Wahrheit kennen gelernt. Im Katechismus und in der Schule habe man ihm gelehrt, nie zu lügen, dann führte man ihn in den Laden, um ihn frühzeitig in dem edlen Handwerk der Lüge oder der Kunst, wie man verkauft, zu üben. Betroffen über die Betrügereien und Schwindeleien, habe er Käufer, die betrogen werden sollten, bei Seite genommen und ihnen den Betrug entdeckt. Einer von diesen sei unanständig genug gewesen, ihn zu verraten, was ihm eine Tracht Prügel einbrachte, und im Tone des Vorwurfs hätten seine Eltern erklärt: der Junge wird nie für den Handel taugen. In der Tat, er habe eine tiefe Abneigung gegen ihn empfunden, und, sieben Jahre alt, habe er einen Eid gegen den Handel geschworen, wie ihn ähnlich Hannibal, neun Jahre alt, gegen Rom schwur: „Ich schwöre ewigen Haß dem Handel."

Fouriers Haß gegen Ungerechtigkeit veranlaßte, daß er schon als Knabe sich stets der schwachen unter seinen Gespielen gegen die stärkeren annahm, und obgleich er mehr schwächlich als robust war, fürchteten ihn die stärkeren und älteren seiner Gespielen. Dabei war er ein harter Kopf, aber ein vortrefflicher Kamerad und voll Zuneigung. Auch lernte er mit außerordentlicher Leichtigkeit und gewann mehrfach die ersten Preise, namentlich in lateinischer Poesie. Älter geworden, wollte er nach Paris, um dort namentlich Logik und Physik zu studieren, aber ein Freund der Mutter, der um Rat gefragt wurde, riet ab, ihn den Gefahren der Großstadt auszusetzen, auch seien die erwähnten Wissenschaften einem Kaufmann nicht vonnöten; er setzte allerdings hinzu, er glaube, daß ihr Sohn am Handel keinen Geschmack habe und riet, ihn nicht wider seinen Willen zu zwingen. Das Letztere geschah aber dennoch. Fourier sollte zunächst nach Lyon zu einem Bankier kommen, aber an dessen Türe desertierte er, erklärend, daß er niemals Kaufmann werden wolle. Darauf kam er nach Rouen, wo er ein zweites Mal auskniff. Schließlich beugte er sich unter das Joch und trat in Lyon in die Lehre, und so habe er, wie er selbst sagt, die schönsten Jahre seines Lebens in den Werkstätten der Lüge zugebracht, überall und stets die Wahrsagung hörend: „Ein rechtschaffener junger Mann, aber er taugt nicht für den Handel."

Besondere Neigung besaß Fourier für die Geographie, und so verwandte er sein Taschengeld hauptsächlich für die Anschaffung von Karten und Atlanten; nächstdem liebte er außerordentlich die Blumenzucht und kultivierte solche in vielen Arten und Abarten; ferner hatte er großen Hang zur Musik und lernte mehrere Instrumente, und zwar ohne Lehrer, spielen.

Ein hübscher Zug ist aus seinen Schuljahren bekannt geworden. Obgleich er kein starker Esser war, nahm er täglich ein tüchtiges Stück Brot mit kaltem Fleisch belegt, zur Schule mit. Als er sich eines Tages auf einer kleinen Reise befand, stellt sich ein armer Knabe im Laden ein, und frug, ob der kleine Herr krank sei. Als man dies verneinte und ihm mitteilte, er sei verreist, brach der Kleine in Weinen aus. Nach der Ursache befragt, antwortete er: daß er nunmehr sein Frühstück verloren habe, das ihm der junge Herr täglich gebracht habe. Er wurde getröstet und wurde ihm für Ersatz gesorgt.

Fourier machte, bevor er sich dem Wunsche seiner Mutter, Kaufmann zu werden, fügte, noch einen Versuch, in die Militär-Ingenieurschule zu Mézieres aufgenommen zu werden, aber wegen seiner bürgerlichen Abkunft wurde er zurückgewiesen, worüber er sich in späteren Jahren selbst beglückwünschte, weil er sonst von seinen Studien über den sozialen Mechanismus würde abgezogen worden sein. So entscheidet das spätere Schicksal der Menschen meist der Zufall, und da spricht man beständig von den persönlichen Verdiensten. Wie viel bedeutende Männer hatten, als sie eine gewünschte Laufbahn verfehlten, eine Ahnung, daß gerade in diesem Verfehlen die erste Ursache zu ihrer künftigen Berühmtheit lag? –

Nachdem Fourier seine Lehrzeit in Lyon absolviert hatte, kam er, 1790 auf einer Reise nach Rouen begriffen, um dort eine Stellung als Reisender anzunehmen, ein Posten, der zu jener Zeit ein ganz besonderes Vertrauen voraussetzte, zum ersten Mal auf einige Zeit nach Paris, das ihm sehr gefiel. Mit Hilfe der Zuschüsse, die er aus seinem Vermögen besaß, besuchte er allmählich die meisten Städte Frankreichs, bereiste Deutschland, Holland und Belgien, überall sorgfältig beobachtend und studierend. Von den Deutschen empfing er eine sehr günstige Meinung, er nannte sie das unterrichtetste und vernünftigste Volk. Besonders imponierten ihm die vielen deutschen Städte, die Sitze von Kunstanstalten, Universitäten und höheren Bildungsanstalten waren – die gute Seite und Wirkung der deutschen Kleinstaaterei. Er beklagte später tief, daß für Frankreich Alles in Paris konzentriert wäre, und in Folge dessen alle übrigen Städte Frankreichs langweilige, monotone und versimpelte Orte seien, in denen jeder höhere geistige Flug fehle. Auf allen diesen Reisen studierte Fourier das Klima der verschiedenen Gegenden, ihre Bodenbeschaffenheit, die Gewerbe, die Bauart der Städte und Straßen und nicht zuletzt den Charakter der Bewohner. Es gab in keiner größeren Stadt, die er besucht hatte, ein hervorragendes Gebäude, dessen Architektur und Dimensionen er nicht genau kannte. Nur für die Sprachen hatte er wenig Sinn, daher auch sein Verlangen in seinem Hauptwerk, das schon im Titel seine Auffassung ausdrückt. „Theorie der universellen Einheit", daß die Vielsprachigkeit eine der schlimmsten Fehler des Menschengeschlechts sei, und die Schaffung einer Weltsprache, wofür er die französische am geeignetsten hielt, eine der ersten Aufgaben einer neuen sozialen Ordnung der Dinge sein müsse. Den Deutschen machte er zum Vorwurf, daß sie mit Hartnäckigkeit an ihrer besonderen Schriftsprache festhielten, die doch andere germanische Völker, wie die Engländer und die Holländer, längst aufgegeben hätten. Bekanntlich ist heute, nach mehr als siebzig Jahren, diese Frage in Deutschland noch kontrovers, wenn auch für wissenschaftliche Werke im Sinne Fouriers entschieden.

Da Fourier durch sein Geschäft über Tag stets vollständig in Anspruch genommen war, benützte er, und namentlich dann, nachdem er sein Vermögen verloren und auf das Einkommen aus seiner kaufmännischen Stellung allein angewiesen war, die Nächte, um sich weiter zu bilden. Er befaßte sich hauptsächlich mit Anatomie, Physik, Chemie, Astronomie und Naturgeschichte. Sein Haß gegen den Handel steigerte sich mit den Jahren, je genauer er das Treiben in demselben kennen lernte, immer mehr und spornte ihn zu seinen sozialen Studien an. Namentlich machte es einen tiefen Eindruck auf ihn, als er 1799 in einer Stellung in Marseille seitens seines Chefs den Befehl erhielt, eine Schiffsladung Reis ins Meer zu versenken, damit die Ware im Preise steige.

Mit dem Gang der Revolution konnte er sich nicht befreunden.

Nach seiner Meinung hatte die Masse des Volks sehr wenig dadurch gewonnen, dahingegen hatte die Klasse, die er aufs Tiefste haßte. die handeltreibende Klasse, am meisten profitiert. Und daß die Schriftsteller und Verherrlicher der neuen Ordnung der Dinge das Lob des Handels in allen Tonarten priesen, die Handelsfreiheit als das Ei des Columbus rühmten, als die Einrichtung, aus welcher die allgemeine Wohlfahrt und das allgemeine Glück erprießen werde, erbitterte ihn noch mehr. Auch war seine Abneigung gegen jede Gewalttätigkeit, mochte sie von welcher Seite immer kommen, so ausgeprägt, daß er sich nie mit den Gewaltakten der Revolution, deren Notwendigkeit er nicht einsehen konnte, zu befreunden vermochte, und namentlich haßte er die Jakobiner, als die Vertreter des Schreckensregiments und der Rousseauschen Philosophie. Nichts konnte ihn später mehr in Aufregung und Zorn bringen, als wenn die Gegner ihm vorwarfen, daß seine sozialen Theorien nur auf dem von den Jakobinern eingeschlagenen Wege verwirklicht werden könnten; dann brach er heftig los. „Nein und tausendmal nein, meine Theorie hat nichts zu tun mit der jener Leute, noch mit ihren Umsturzprojekten." Er hatte mit seinem kritischen Blick erkannt, daß in der Revolution trotz allem Heroismus und aller Aufopferung des Volkes, trotz einer idealen Verfassung, trotzdem Alles die Freiheit, die Gleichheit und die Brüderlichkeit im Munde führte, die Ausbeutung, die Unterdrückung, die Demütigung der Masse, Lug, Trug und Heuchelei nicht nur geblieben waren, sondern sich wo möglich noch gesteigert hatten. Er hatte gesehen, daß, während die Revolutionäre sich bemühten, mit größter Rücksichtslosigkeit Alles mit blutiger Gewalt niederzuschlagen, was ihren Begriffen von gesellschaftlichem Glück entgegenstand, das Kapital im schreiendsten Widerspruch mit den gepredigten Grundsätzen agierte. Er sah, wie der Güterschacher, der Lebensmittelwucher, die Lieferungsschwindeleien blühten und die neu emporgekommenen und plötzlich reich gewordenen Besitzer ihre Orgien feierten. Ihm war auch der Hunger und das Elend der Massen, ihre Begeisterung und ihre Opferwilligkeit bei der Verteidigung des Vaterlandes nicht entgangen, und alle diese Wahrnehmungen, verbunden mit denen, die er tagtäglich im kleineren Kreise um sich und im Geschäftsleben machte, waren es, die ihn auf den Gedanken brachten, daß die Gesellschaft unmöglich richtig organisiert sein könne, und es eine Ordnung der Dinge geben müsse, die alle diese Auswüchse und Übel unmöglich mache. Ihm erschien es eine Ungeheuerlichkeit, daß die Revolutionäre und nach ihnen die Ordnungsmänner mit Menschenköpfen wie mit Kegelkugeln spielten; daß man in der gewaltsamen Vernichtung der Parteien das menschliche Glück zu begründen glauben könne. Er begriff nicht, daß alle diese Kämpfe nur stattfanden, weil man der Waren treibenden Kraft, jener Geheimnisvollen unfaßbaren Macht, dem unpersönlichen Kapital, nicht auf die Spur kommen und seinen

Einfluß nicht beseitigen konnte, noch viel weniger wollte, jenes Dinges, über dessen Definierung die bürgerlichen Ideologen sich bis heute die Köpfe zerbrachen, dessen Rätsel erst der moderne wissenschaftliche Sozialismus löste, der endlich auch diese moderne Sphinx in den Abgrund stürzen wird.

Fourier, der von Natur für die politischen Kämpfe nicht inklinierte, der durch die vor seinen Augen sich abspielenden Ereignisse in dieser Abneigung noch bestärkt wurde, kam in Folge davon zu der vorgefaßten Meinung, daß die politische Verfassung der Gesellschaft überhaupt eine gleichgültige Sache sei, daß diese mit dem sozialen Zustand nichts zu schaffen habe, und daß es sich darum handele, den letzteren zu verbessern und die politischen Fragen ganz bei Seite zu lassen. Er verfiel also in den entgegengesetzten Fehler der bürgerlichen Ideologen. Diese glaubten durch die Beseitigung des Adels, der Priesterschaft und des Königtums, durch die Begründung der Republik, die Verkündigung der Menschenrechte, die Anstellung idealer Grundsätze Alles geleistet zu haben, was zu leisten möglich sei. Blieben dennoch die Zustände mangelhaft, so lag das nur an der Niederträchtigkeit der sogenannten Volksfeinde, der Aristokraten, der Pfaffen, der heimlichen Anhänger des Königtums, deren man trotz aller Gewaltmaßregeln nicht Herr werden konnte. Man mußte das Volk zur „Tugend" erziehen, zur Vaterlandsliebe, zur Opferwilligkeit, zur Arbeitsamkeit, zur Enthaltsamkeit. Wenn das geschah und Alle „tugendhaft" waren, so konnte der glückliche Zustand nicht fehlen. Die bürgerliche Welt ist am Ende des 19. Jahrhunderts den großen Begründern ihrer Herrlichkeit am Ende des 18. Jahrhunderts noch nicht um Vieles in der Erkenntnis der gesellschaftlichen Entwicklungsgesetze voraus gekommen, sie dreht sich noch immer in demselben Ideengang und sie wird darin stecken bleiben. Darüber hinauszugehen wäre ihr Tod.

Nach Fourier besteht also kein wesentlicher Zusammenhang zwischen dem politischen und sozialen Zustand der Gesellschaft, der erstere ist willkürlich, wie auch der letztere mehr oder weniger willkürlich ist. Er hat zwar mit großem Scharfsinn verschiedene Stufen der menschlichen Entwicklung gekennzeichnet, die er als Edenismus, oder Zustand des primitiven Glücks, als Zustand der Wildheit, des Patriarchats oder der Halbbarbarei, der Barbarei und der Zivilisation charakterisiert; aber es unterliegt nach ihm keinem Zweifel, daß die Zivilisation, die er mit den Griechen beginnen läßt, schon längst in den nächst höheren Zustand der Entwicklung, den des Garantismus übergegangen wäre, wenn der richtige Mann sich fand, der den Ausgang aus der Zivilisation entdeckte. Dieser Mann fehlte bisher. Newton war durch die Entdeckung der Gesetze der Attraktion der Weltkörper hart an dem rechten Weg vorbeigestreift, aber er hatte das Bewegungsgesetz nur für die materielle Welt gefunden. Diese Entdeckung war also, so wichtig sie auch sein mochte, für das Glück der Menschheit die minder Wertvolle. Die Gesetze der sozialen Attraktion zu entdecken und darauf die universelle Einheit des gesamten Weltalls, die Beziehungen zwischen den verschiedenen Naturreichen und dem Menschen, zwischen dem Menschen, der Entwicklung des Erdballs und des ganzen Planeten- und Weltsystems, und namentlich auch seine Waren Beziehungen zu dem Weltenschöpfer zu entdecken, dessen ermangelte Newton. Diese Gesetze zu entdecken und damit die wahre Bestimmung des Menschen, die Wege zu seinem Glück, das blieb ihm, Fourier, vorbehalten. Er hat das Mittel entdeckt, das die Menschheit aus Not, Elend, Unterdrückung, Verkümmerung, Langeweile erlöst, den Menschen mit Gott und dem All in Harmonie setzt. Dieses Mittel ist die Entdeckung der Gesetze der Attraktion der menschlichen Triebe, angewandt auf alle menschlichen Arbeiten und Beschäftigungen, und ihre Betätigung in der Assoziation durch die Bildung der Serien (Reihen) und Gruppen von Harmonisierenden.

Daß er, Fourier, dieses Mittel für das Glück der Menschheit entdeckte, ist nach ihm reiner Zufall. Es hätte jeder andere vor ihm und namentlich die Philosophen, die sich seit mehr als 2500 Jahren bemühten, das Welträtsel zu lösen und das menschliche Glück zu suchen, es auch entdecken können. Sie haben aber immer nur damit sich begnügt, das Bestehende zu loben und haben jede Neuerung, wenn sie ihren Lehren gefährlich oder bedenklich schien, bekämpft und verfolgt. Darum sind auch die 400.000 Bände, die sie ihm zufolge im Laufe der Zeiten in den Bibliotheken, vollgepfropft mit ihren Theorien, aufgestapelt haben, von sehr zweifelhaftem Wert. Umso heftiger bekämpfen sie aber jede Neuerung, die, wie die seine, alle diese Werke über den Hau-

fen wirft und sie nahezu Wertlos macht. Diese Philosophen, unter welchen er, wie er wiederholt hervorhebt,
die Moralisten, die Metaphysiker, die Politiker und die
Ökonomen ausschließlich verstanden wissen will, weil
sie ihm als Vertreter der unsicheren Wissenschaften
(sciences incertaines) gelten, haben sich deshalb auch
gegen ihn verschworen, seine Lehren nicht zur Geltung
kommen zu lassen; sie treten ihm überall in den Weg
und suchen die Besprechung, selbst die bloße Erwähnung seiner Schriften zu hintertreiben. Gegen sie richtet
sich daher sein ganz besonderer Zorn, und er überschüttet sie mit seinem Witz, seiner Satire und seinem Haß.

Daß, einmal ganz abgesehen von der Frage der Aus-
führbarkeit seines Systems, seine Theorien, wie sich
zeigen wird, im letzten Grunde darauf hinaus laufen, die
bestehende Gesellschaft aufzuheben, und daß also das
Klasseninteresse der Besitzenden und Herrschenden
diese zwingt, seinen Ideen naturgemäß feindlich zu sein,
sieht er trotz des außerordentlichen Scharfsinns, der ihm
bei der Entwicklung seiner Ideen eigen ist, nicht ein. Er
gibt sich allerdings die größte Mühe, die verschiedenen
Klassen und Interessen auszusöhnen. Nicht nur sollen
alle Regierungen, ohne Rücksicht auf das ihnen zu
Grunde liegende politische System, bestehen bleiben, er
läßt sogar noch eine große Zahl neuer Staaten und Reiche in den bis jetzt von den Wilden und Barbaren be-
wohnten Ländern und Erdteilen sich bilden, wenn erst
der ganze Erdball sein System angenommen haben
wird, was nach Gründung der ersten Versuchsphalanx –
die Phalanx ist die Genossenschaft, in der sich sein

32

System vollzieht[1] – nur wenige Jahre dauern wird. Denn die Vorteile, die sein phalansteres System der Menschheit bietet, sind so in die Augen springende, so zur Nachahmung hinreißende, daß, nachdem die Neugierigen von allen Enden des Erdballs sich von den großartigen Vorteilen und Annehmlichkeiten dieses Systems durch den Besuch der Versuchsphalanx überzeugten, sie die größte Eile haben werden, desselben Glückes Teilhaftig zu werden.

Indes waren um das Jahr 1793, wo Fourier in Lyon lebte, diese Ideen bei ihm noch nicht zur Reife gekommen, obgleich die Keime dazu bereits bei ihm vorhanden waren und seine Denk- und Handlungsweise bestimmten. Es war in diesem Jahr, daß der Konvent das ihm oppositionell gesinnte Lyon belagern und nach der Eroberung in einem erheblichen Teil zerstören ließ, wobei auch Fourier sein Vermögen einbüßte. Fourier mußte zur Verteidigung der Stadt die Waffen ergreifen und entging bei einem Ausfall nur mit genauer Not dem Tode. Nach Eroberung der Stadt wurde er gefangen genommen und sollte füsiliert werden; er wußte sich durch die Flucht zu retten. Man kann sich vorstellen, daß diese Vorgänge auf ihn einen tiefen Eindruck machten und sein späteres Denken und Urteilen wesentlich beeinflußten. Kurze Zeit darnach mußte er sich in Folge

---

[1] Phalanx ist der Name einer von Philipp II. von Macedonien in seinem Heere eingeführten Schlachtordnung; die Phalanx war ein dichtgeschlossener, keilförmig geformter, mit Speeren bewaffneter Truppenkörper, der mit seiner Spitze in den Feind eindrang und ihn auseinander sprengte. Der Name für sein System ist also von Fourier nicht übel gewählt.

der vom Konvent beorderten levée en masse (des Massenaufgebots) zur Verteidigung der Grenzen stellen, und zwar war er als Unverheirateter unter der ersten Portion der Ausgehobenen, die nach der Notdürftigsten Einübung zur Armee abgehen sollten. Er wurde unter die Jäger zu Pferde der Rhein- und Moselarmee rangiert, doch wurde er nach einigen Monaten auf ein Untauglichkeitszeugnis hin – F. war klein und schwächlich von Körper – vom Dienst befreit. Ein während seiner Dienstzeit an das Kriegsdepartement gerichteter Brief, in dem er der obersten militärischen Leitung Vorschläge bezüglich der Überschreitung des Rheins und der Alpen machte, verschaffte ihm seitens der genannten Behörde ein Dankschreiben, unterzeichnet von Carnot.

In den nächsten Jahren beschäftigte sich Fourier – neben seinem Beruf – mit allerlei sozialreformatorischen Vorschlägen, die er bald der Regierungsgewalt, bald einzelnen Deputaten unterbreitete, aber ohne Anklang damit zu finden. Zu Anfang dieses Jahrhunderts hatte er sich, um eine größere Freiheit und Selbständigkeit zu genießen, als Winkelmakler, wie er sich selbst nannte, etabliert, ein Beruf, den er mit seiner gewohnten Offenheit also charakterisiert. „Ein Makler ist ein Mensch, der mit den Lügen Anderer hausiert und diesen Lügen seine eignen hinzufügt." Nebenbei veröffentliche er ab und zu politische Artikel im „Bulletin de Lyon". In einem solchen Artikel vom 25. Frimaire des Jahres XII. (17. Dezember 1803), betitelt. „Das kontinentale Triumvirat und ein dreißig Jahre dauernder Friede", behandelte er die Frage der Teilung Europas.

Bekanntlich hatte damals bereits der Ruhm Napoleons eine außerordentliche Höhe erlangt, man stand kurz vor seiner Krönung zum Kaiser und alle Welt beschäftigte sich mit der Frage, ob endlich dauernd Frieden einkehren, oder welcher Staat das nächste Angriffsobjekt bilden werde. Fourier setzte auseinander, daß zunächst noch kein Friede kommen dürfe, daß unter den vier Staaten, die als selbstständige Reiche in Frage kämen. Frankreich, Rußland, Österreich, Preußen, letzteres, als das schwächste, zuerst an die Reihe kommen und verschwinden werde. Mit einer einzigen Schlacht sei es niedergeworfen – was bekanntlich tatsächlich geschah – und dann werde es das Schicksal Polens finden und unter die anderen drei geteilt werden. Jetzt sei das Triumvirat und ein längerer Friede möglich; einige man sich nicht, so komme Österreich an die Reihe, zuletzt entbrenne der Kampf zwischen Rußland und Frankreich um die Herrschaft der Welt. England ließ er außer Betracht, weil es als insularer Staat und einzige Alles beherrschende Seemacht zunächst unangreifbar war. Aber wer in Europa Sieger bleibe, werde Indien nehmen, die Häfen Asiens und Europas schließen und so England zu Grunde richten. Gegen England, in dem er die Stütze des Handelssystems und den Repräsentanten aller Niederträchtigkeiten des Handelsgutes sah, empfand er einen besonderen Haß, der häufig aus seinen Schriften hervorbricht. Der erwähnte Artikel erregte die Aufmerksamkeit Napoleons und führte zu Untersuchungen über den Verfasser; dem Verleger wurde bedeutet, künftig ähnliche Artikel nicht wieder aufzunehmen.

Im Jahre 1808 veröffentliche Fourier sein erstes und grundlegendes Werk unter dem Titel: „La Theorie des quatre Mouvements et des destinées generales" („Die Lehre von den vier Bewegungen und den allgemeinen Bestimmungen"). In diesem Werke sind seine Ideen bereits vollkommen enthalten, obgleich es noch vielfach der Klarheit und namentlich der logischen Entwicklung entbehrt; dafür ist es aber mit dem ganzen Feuer der ersten Begeisterung eines Mannes geschrieben, der an seine Mission und die Unfehlbarkeit seiner Theorien glaubt. Fourier ließ das genannte Werk allerdings zunächst nur als Prospekt seiner Entdeckung erscheinen, dem später noch acht lange Abhandlungen über die Gesamtheit seiner Theorien folgen sollten. Diese erschienen nun zwar nicht, aber was erschien, enthielt im Grunde doch nur umfänglichere Erläuterungen und größere Detailschilderungen seines Systems, untermischt mit philosophisch-polemischen Abhandlungen gegen seine Gegner, worin er sich gegen die auf ihn und gegen seine Theorien gerichteten Angriffe wandte, dabei immer dem Grundsatze folgend: die beste Taktik zur Abwehr ist der Angriff. Auch liebte er es, in seinen Werken immer wieder seine positiven Hauptgedanken, wie seine Hauptanklagen gegen die bestehenden Zustände zu wiederholen, nachdrücklich hervorhebend, daß dies nötig sei, einesteils, um seine Ideen, die dem Leser neu und fremd seien, besser und sicherer in dessen Köpfe haften zu lassen, andernteils, um die in den Köpfen tief eingewurzelten Vorurteile Umso gründlicher zu beseitigen. Eine unzweifelhaft sehr richtige Taktik, die auch die Gegner alles Neuen bisher stets angewandt haben, wodurch sie es fertig brachten, selbst die absurdesten Vorurteile lange Zeit aufrecht zu erhalten.

Die große Masse in allen Kreisen denkt nur gewohnheitsmäßig, die einmal übernommenen Ideen bewegen sich in gewissermaßen ausgefahrenen Hirngeleisen, und es bedarf erst starker und wiederholter, durch greifbare Tatsachen und fühlbare Übel unterstützter Argumente, um sie aus der gewohnten Denkbahn zu reißen. Und ist das Interesse nicht mit den neuen Ideen verknüpft, so ist alle Arbeit vergebens, vereinzelte Idealisten ausgenommen, die schließlich doch auch nur aus Interesse geleitet werden, weil sie weiter blicken und das Neue als das Zukünftige, als unabänderliche Notwendigkeit und Verbesserung für Alle ansehen und darum für erstrebenswert halten.

Der Gedankengang, den Fourier in seinem ersten Werk entwickelt, ist kurz folgender: die Welt besteht aus drei ewigen, unerschaffenen und unzerstörbaren Prinzipien:

Gott, oder dem Geist, aktives und bewegendes Prinzip; der Materie, passives und bewegtes Prinzip; der Gerechtigkeit oder den mathematischen Gesetzen, regulierendes Prinzip.

Analog dem Weltall besteht auch der Mensch aus drei Prinzipien: den Trieben (passions), aktives und bewegendes Prinzip; dem Körper, passives und bewegtes Prinzip; der Intelligenz, neutrales und regulierendes Prinzip.

Gott, welcher der Leiter und Lenker des Weltalls ist, kann nur die Einheit und Harmonie desselben wollen, weil sonst er mit sich selbst in Widerspruch stünde. Daher existiert eine ununterbrochene Kette von Beziehungen zwischen Allem, was vorhanden ist. Zwischen den drei Reichen der Natur – Tieren, Pflanzen, Mineralien – und dem Menschen, zwischen dem Menschen und Gott, wie zwischen dem Menschen und dem Erdball, und dem ganzen Planeten- und Weltsystem.[2] Indem Gott den Menschen schuf, ihn mit Trieben und Leidenschaften ausstattete, wollte er, daß der Mensch damit glücklich sei. Es ist also nicht anzunehmen, daß diese Triebe schädliche sind, daß der eine oder der andere unterdrückt werde oder unbefriedigt bleibe. Die Befriedigung seiner Triebe schafft vielmehr die Harmonie des Menschen mit sich selbst und mit Gott. Wenn wir trotzdem häufig sehen, daß diese Triebe des Menschen sich oft nur in schädlicher Richtung oder gar nicht äußern und nicht befriedigt werden können, so beweist dies nichts gegen die Triebe und die Ordnung Gottes, sondern spricht gegen die soziale Organisation der Gesellschaft, welche diese Triebe sich falsch zu betätigen zwingt oder sie gar unterdrückt.

---

[2] Fourier spricht hier denselben Gedanken aus, dem Robinet in seinem 1766 in Amsterdam erschienenen Werke „Über die Natur" (De la nature) Ausdruck gibt: „Alles in der Natur steht miteinander in Verbindung", und ebenso spricht R. einen Gedanken aus, den Fourier ähnlich wiederholt: „Daß die Natur mit möglichst sparsamer Ausnutzung der vorhandenen Stoffe arbeite." Holbach sagt im Systeme de la nature: „In der ganzen Schöpfung herrscht Wesenseinheit." Die Ideenassoziation ist augenfällig.

Es sind nun vier Bewegungen, oder wie er später aufstellte, fünf, welche die ganze Welt in Tätigkeit setzen und sie den Bestimmungen entgegenführen.

1. Die normale Bewegung; Gesetze der Anziehung für die imponderablen (unwägbaren) Elemente, Elektrizität, Magnetismus, Gerüche.
2. Die tierische oder instinktuelle Bewegung; Gesetze der Anziehung für die Triebe und Instinkte aller erschaffenen Wesen, wann und wo immer sie waren, sind und sein werden.
3. Die organische Bewegung. Gesetze der Anziehung für die Eigenschaften der Körper: Form, Farbe, Geschmack, Geruch etc.
4. Die materielle Bewegung – bereits durch die Mathematiker (Newton) entdeckt – Gesetze der Anziehung und Gravitation der Weltkörper (Planeten Fixsterne). Die Kometen sind nach Fourier irreguläre Weltraumbummler.
5. Die soziale Bewegung – der eigentliche Angelpunkt (Pivot) des Ganzen – die Gesetze, welche die Ordnung und Aufeinanderfolge der verschiedenen sozialen Gestaltungen auf allen Weltkörpern regeln.

Der Mittelpunkt dieser sozialen Gesetze ist der Mensch, der im Grunde damit zum Mittelpunkt des Ganzen wird um den sich Alles dreht.

Was hat die Welt überhaupt für einen Zweck, wenn sie nicht für den Menschen geschaffen ist? Das ist der

Hauptgedanke, der seiner Weltauffassung zu Grunde liegt.

Die Bestimmung des Menschen ist das Glück, das in der Entwicklung aller seiner Anlagen, der Befriedigung aller seiner Triebe liegt. Der Mensch soll genießen und abermals genießen Alles, wonach sein Herz ihn drängt, das ist das Fourier'sche Evangelium und nach ihm die Bestimmung des Menschen durch Gott. Man sieht, dieser Fourier'sche Gott ist ein sehr materialistischer Gott, der sich in starkem Gegensatz zu dem Gott des Christentums befindet, der die Enthaltsamkeit, die Demuth, die Kreuzigung des Fleisches predigt.

Seiner Bestimmung gemäß strebt also der Mensch nach dem Glück, und Reichtum und Gesundheit bilden sein Glück. Er will Reichtum, um sich Genuß verschaffen zu können, und er will Gesundheit, um sie genießen zu können. Den Reichtum genießen nur Wenige, und meist Jene, die ihn am wenigsten verdienen; die Gesundheit mangelt fast Allen. Den Einen in Folge von Not, Elend, Trübsal, Entbehrungen, den Anderen in Folge von Überüppigkeit, Schwelgerei, Übermaß der Genüsse. Das Eine wie das Andere ist Folge unserer sozialen Einrichtungen, die keinem Teil der Gesellschaft, weder dem Reichen noch dem Armen, die vernünftige und gesunde Entwicklung aller seiner Kräfte und Fähigkeiten, die Abwechslung und befriedigende Anwendung seiner Triebe gestatten. Zwar will die Gesellschaft, und namentlich die Zivilisation, das allgemeine Glück, aber was sie erstrebt, schlägt stets in das Gegenteil um. Wir behaupten, die Wahrheit zu wollen, und überall herrscht Lüge, Heuchelei, Unterdrückung; wir wollen die Moral und es herrscht Diebstahl, Betrug, Verführung, Ehebruch, Prostitution, kurz allgemeine Sittenlosigkeit; wir erstreben das allgemeine Glück und sieben Achtel bis acht Neuntel der Menschen sind unglücklich, weil sie von Übeln umgeben sind, die zu beseitigen nicht in ihrer Macht liegt. So herrscht statt der Einheitlichkeit die Zweideutigkeit in allen Beziehungen. Jede gute Seite hat ihre schlimme, und zwar ist die schlimme die überwiegende.

Fourier nennt das Streben nach Glück streben nach innerem und äußerem Luxus. Der innere Luxus ist die Gesundheit, der äußere der Reichtum. Den inneren Luxus bilden die Triebe, die Umso gesünder sind, je lebhafter sie sind, und deren es fünf sensuelle oder Sinne des Körpers gibt: Geruch, Gesicht, Gehör, Geschmack und Gefühl, und vier Triebe der Seele: Liebe, Freundschaft, Ehrgeiz,[3] Familiensinn, die sämtlich alle neun

---

[3] Herm. Greulich bezeichnet in seiner Schrift: „Karl Fourier, ein Vielverkannter" (Hottingen-Zürich, Volksbuchhandlung 1881), den Ehrgeiz als Auszeichnungstrieb, weil das Wort Ehrgeiz einen häßlichen Beigeschmack habe. Der von Gr. Gewählte Ausdruck ist unzweifelhaft korrekt, aber wir wollen doch nochmals ausdrücklich konstatieren, daß nach Fouriers Theorie alle Triebe gut sind und der Ausdruck Ehrgeiz ebenso wenig anstößig sein darf, als die nach unserer landläufigen Auffassung von Fourier gebrauchten Ausdrücke Kabalist und Intrige. Der Ehrgeiz ist auch in der bürgerlichen Gesellschaft an sich eine ganz löbliche Eigenschaft, der nur unangenehm und schädlich wird, wenn er auf Kosten Anderer oder der Allgemeinheit sich Geltung verschaffen will. Im Übrigen scheint uns, hat Greulich in seiner Schrift, in dem Streben, Fourier zur verdienten Anerkennung zu bringen, ihn ein wenig zu sehr modernisiert und in der Sprache

von drei sie steuernden Trieben beherrscht werden. Diese drei sind: Die Kabalist, Trieb der Intrige, d. h. der Trieb, der tätig ist, um die Neigungen zu Teilen, die Willen zu bestimmen, sich zu gemeinsamen Handlungen zu vereinigen; die Alternant oder Papillone, Trieb, der nach beständiger Abwechslung, nach Kontrasten, nach Veränderungen in der Handlung strebt; die Komposit, Trieb, der die Begeisterung, den Enthusiasmus erregt, nach dem Guten und Schönen strebt, alle Hindernisse überwindet. Diese letzten drei Triebe wirken

---

unserer Zeit reden lassen, ohne seiner Einseitigkeit und Schrullen genügend Erwähnung zu tun. Ein solches Zugünstigfärben erklärt sich aus dem Bestreben, Fourier gegen die ungerechten und unqualifizierbaren Angriffe eines Dühring, Most und Bernhard Becker in Schutz zu nehmen. Alle drei bezeichnen Fourier – und Dühring und Most offenbar, ohne sich näher mit seinen Werken vertraut gemacht zu haben – einfach als Narren, womit sie glauben, ihn abgetan zu haben. Ob dieser, Fourier schon zu Lebzeiten von Seiten seiner Gegner entgegengeschleuderte Vorwurf eine Berechtigung hat, mag der Leser am Schlusse obiger Abhandlung entscheiden. Wir möchten aber schon jetzt konstatieren, daß Joh. Most, der sich heute als Anarchistenchef aufspielt, gar keine Ahnung gehabt zu haben scheint, daß er Fourier als Vater des Anarchismus anzusehen hat – das Wort hier in seinem wahren Sinne, der Regierungs- und Staatslosigkeit genommen, und nicht im Sinne der blinden Gewaltstheorie, wie sie Most als anarchistisches Prinzip predigt. Die Fourier'sche Theorie in die Praxis umgesetzt, d.h. der Erdball mit Phalansteren bedeckt, machte jede Staatsorganisation überflüssig, es wäre die Föderation der Phalanxen, also produzierender und konsumierender Kommunen. Daß Fourier trotzdem nicht bloß alle bestehenden Staaten als weiter bestehend voraussetzt, sondern auch noch so viele neue dazu zu gründen in Aussicht stellte, ist einer der Widersprüche seines Systems, die ihm nicht zum Bewußtsein kamen. Aber es ist ein Widerspruch, der das System selbst nicht besser und nicht schlechter macht, es in seinem Wesen unberührt läßt.

ihm zufolge auf die vier affektiven und diese auf die fünf sensitiven.

Will aber der Mensch alle seine Triebe betätigen und befriedigen und den dazu nötigen Reichtum erlangen, ein Streben, das seiner Natur inhärent ist, so kann er dies nicht als isoliertes Einzelwesen, er bedarf hierzu einer Organisation mit Seinesgleichen. Diese Organisation, die Fourier entdeckte und als Heilmittel bietet, ist – die ländliche und hauswirtschaftliche Assoziation, die mit der industriellen zu verbinden und auf die Anwendung der Serien (Reihen) und Gruppen der Triebe organisiert sein soll.

Fourier legt auf die Ackerbaugenossenschaft oder die agrikole Assoziation das Hauptgewicht, er sieht sie als die eigentliche Grundlage für die menschliche Existenz, als diejenige Tätigkeit an, welche die meiste und angenehmste Abwechslung der Verrichtungen bietet. Aber auch die ganze häusliche Tätigkeit, die Hauswirtschaft im weitesten Umfang, Handel und Gewerbe, die Erziehung, die Künste, die Wissenschaften sollen sozietär betrieben werden. Die eigentliche Großindustrie hatte im Zeitalter Fouriers noch wenig Bedeutung in Frankreich, sie war hauptsächlich in der sog. Manufaktur organisiert, jener höher entwickelten Teilung der Handarbeit, vereinigt in großen Werkstätten, oder verteilt in Hausbetrieben, die für einen gemeinsamen Unternehmer arbeiten. Der große Fabrikbetrieb entstand erst in einiger Bedeutung gegen das Lebensende Fouriers. Der manufakturmäßige Großbetrieb wurde zu Anfang dieses Jahrhunderts in Frankreich treibhausmäßig durch die

Zoll- und Gewerbepolitik Napoleons begünstigt, dessen Haß und Eifersucht, sowie Rachsucht gegen England ihn zur Kontinentalsperre trieben und ihn die größten Anstrengungen machen ließen, neben der Sperrung der seiner Machtsphäre unterworfenen Häfen für englische Waren, die inländische Industrie vermittelst enormer Schutzzölle, Staatsunterstützungen und Prämien künstlich großzuziehen und dadurch England zu stürzen. Immerhin würde sich auch unsere heutige Großindustrie in die Fourier'sche phalanstere Organisation einreihen lassen.

Die Arbeit ist nach Fourier eine Notwendigkeit für Alle ohne Unterschied des Lebensalters und des Geschlechts, aber sie darf keine Last, sondern sie muß eine Lust sein, mit anderen Worten: sie muß anziehend sein. Das kann sie nur sein, wenn Jeder das treibt, wozu seine Triebe ihn drängen, was ihm also Vergnügen macht; dabei muß die Beschäftigung häufig abwechseln und dürfen zu diesem Zwecke die einzelnen Arbeitssitzungen nur kurze sein. Jede Beschäftigung wie jedes Vergnügen darf nicht über ein und eine halbe bis zwei Stunden währen, weil man sonst ermüdet. Um aber das rivalisierende Element in die Beschäftigung zu bringen, muß sie von einer Anzahl Gleichstrebenden zugleich geübt werden. Es bilden sich also Gruppen von Gleichgesinnten für eine bestimmte Tätigkeit. Jede dieser Gruppen muß der lebhafteren Rivalität und der Ausgleichung halber mindestens sieben, gewöhnlich neun Personen umfassen. Es bilden sich ebenso viel Gruppen, als Unterarten von Beschäftigungen bei einem bestimmten

44

Produktionszweig vorhanden sind; diese verschiedenen Gruppen bilden eine Serie (Reihe). Es gibt z. B. eine Serie der Birnen- und eine solche der Äpfelzüchter, aber für die Varietäten jeder Obstart bestehen Gruppen. Es rivalisieren also die Serien, um die beste Obstart, die Gruppen, um die besten Sorten (Varietäten) zu züchten. Da ferner zwei Menschen nie in Allem den gleichen Geschmack und die gleichen Triebe haben, so werden dieselben Personen, die soeben in einer Gruppe zusammen wirkten, sich in den nachfolgenden Arbeitssitzungen in rivalisierenden Gruppen oder Serien in anderen Produktionszweigen gegenüberstehen. Es wechselt also nicht bloß die Beschäftigung, es wechselt auch beständig der gesellschaftliche Umgang bei der Arbeit. Dieser immerwährende Wechsel der Beschäftigung und der beschäftigten Personen, und die daraus hervorgehenden, sich bald anziehenden, bald abstoßenden Wechselbeziehungen bilden nach Fourier die höchste Befriedigung, weil alle Triebe dabei ins Spiel kommen. Aber die Befriedigung würde keine vollkommene sein, wenn nicht der äußere Erfolg, also die Reichtumserzeugung, durch diese Tätigkeitsweise auch erzielt würde. Diese planmäßig organisierte, assoziierte Tätigkeit von Hunderten von Familien in einer Phalanx wird, so behauptet Fourier, im Gegensatz zur einzelnen Privatwirtschaft und Privatunternehmerschaft eine große Menge von Ersparungen an Kraft, Zeit, Mittel, Werkzeugen etc. einerseits, und durch die geschickt kombinierte und rivalisierende Tätigkeit Aller andererseits eine Reichtumsvermehrung zur Folge haben, die sich im Vergleich zu jetzt verzehn-, verzwanzig-, selbst vervierzigfacht und dem Ärmsten eine Bedürfnisbefriedigung ermöglicht, wie sie heute kaum ein reicher Mann sich verschaffen kann.

In der Fourier'schen Phalanx besteht der Unterschied des Besitzes fort. Da der Genuß des Lebens auf Kontrastwirkungen beruht, ist auch der Unterschied des Besitzes notwendig. Je größer die Verschiedenheiten an Besitz, Charaktereigenschaften, Trieben, also je lebhafter die Kontraste sind, Umso besser für die Phalanx.

Man sieht, Fourier ist der Begriff des Klassengegensatzes und die Entwicklung der verschiedenen Gesellschaftsformationen aus Klassenkämpfen, eine Grundanschauung des modernen Sozialismus, fremd. Sein Sozialismus ist auf die Versöhnung, die Harmonie der heute feindlichen Gegensätze, die nach seiner Meinung nur aus Mißverstand oder mangelhafter Kenntnis der Waren Bestimmung der menschlichen Gesellschaft feindliche wurden, gerichtet. Sein Sozialismus paßt sich, wie er nicht müde wird, immer wiederholt zu versichern, allen Regierungsformen und allen Religionssystemen an, er hat weder mit politischen noch religiösen Streitfragen das Geringste zu tun. Daher wendet er sich in seinen Schriften nicht an die Arbeiter und die Masse der Geringen, von denen die ersten zu seiner Zeit als Klasse noch wenig entwickelt waren und öffentlich gar keine Rolle spielten, sondern er wendet sich an die Einsicht der Großen und Reichen. Letztere allein konnten ihm helfen, weil sie allein die Mittel zur Gründung einer Versuchsphalanx besaßen, von deren Zustandekommen nach ihm die Einführung seines Systems abhing. War diese begründet, dann zog sie durch ihren Glanz und ihre Vorteile nicht nur die Zivilisierten, sondern auch die noch im Zustande der Barbarei und der Wildheit befindlichen Völker – „die von der Zivilisation nichts wissen wollen" – an, eiligst in die neue Gesellschaftsorganisation einzutreten. Die Phalanx ist das Zaubermittel, das die Entwicklungsperiode der Zivilisation, wie der Barbarei und der Wildheit abkürzt, Barbaren und Wilden das Durchgangsstadium durch die Zivilisation erspart und den Aufschwung zu immer höherer Vollendung herbeiführt.

So wandte sich denn Fourier nacheinander bald direkt, bald indirekt an alle ihm jeweilig zugängig erscheinenden Kreise und Personen, um diese für sein System zu interessieren und von ihnen die Mittel zur Begründung der Versuchsphalanx zu erlangen. Er schilderte ihnen den eigenen materiellen Vorteil, wie die Ehren und den Ruhm, den sie dadurch bei Mit- und Nachwelt erlangten, in den glänzendsten, glühendsten Farben. So suchte er abwechselnd und nacheinander Napoleon, französische Volksvertreter, den Adel und Klerus der Restauration, die Bourbonen, die englischen Großen, die sich für das gleichzeitig auftauchende Robert Owen'sche Assoziationsprojekt in New-Lamark Interessierten, die Liberalen, ferner seine wütendsten Gegner, die Philosophen, Rotschild, dem er ein Königreich Jerusalem in Aussicht stellte, Lord Byron, George Sand und nach der Julirevolution die Herren von Lafitte und Tiers, die emigrierten Polen etc. zu gewinnen. Er versuchte schließlich selbst mit den Saint Simonisten, insbesondere mit Enfantin, Fühlung zu bekommen. Die Saint Simonisten benutzten zwar Teilweise seine Theorien, indem sie dieselben mit ihren Lehren vermischten, aber auf Weiteres ließen sie sich nicht ein.

Alles war also vergeblich. Die Einen fanden sich unter der bestehenden Ordnung so wohl, daß sie keine Sehnsucht nach einer anderen hatten, Andere, die Wohlwollenden, hielten seine Ideen für unausführbar, sahen in denselben eine schöne Illusion oder Vision, die Dritten zuckten die Achsel und lachten über ihn als einen Träumer und Narren. Dieser Widerstand, diese Ungläubigkeit, die Fourier unbegreiflich fand und auf bösen Willen oder Vorurteil zurückführte, denn er selbst glaubte an sich und sein System wie je ein Neuerer daran geglaubt hat, wird unser Zeitalter sehr natürlich finden. Wir wissen Alle, daß Entwicklungsperioden, die Bestehendes von Grund aus umgestalten sollen, nie durch noch so scharfsinnig und detailliert ausgedachte, fertige Pläne von einer Idealgesellschaft herbeigeführt werden, auch nicht, wenn die größten finanziellen Mittel und das größte Wohlwollen mächtiger Persönlichkeiten dahinter steht, sondern daß die Umgestaltung aus dem Entwicklungsprozeß der ganzen Gesellschaft sich vollzieht und, wenn die Bedingungen einer neuen Gesellschaftsformation vorhanden sind, diese sich mit elementarer Gewalt auch Bahn bricht. Sie wird nicht gemacht, sie vollzieht sich, und stets unter der Form von Klassenkämpfen, gegen den Willen der alten Gesellschaftsschichten.

Fourier will in seiner Phalanx Kapital, Arbeit und Talent berücksichtigen und zwar in der Weise, daß die

Arbeit Fünfzwölftel, das Kapital Vierzwölftel, das Talent Dreizwölftel des Ertrags zugewiesen erhält. Die beiden Geschlechter sind vollkommen gleichberechtigt, sie arbeiten, vergnügen und lieben sich miteinander, wie die Neigung sie zu einander führt. Wie alle Tätigkeit und die Vergnügen gemeinsam sind, so ist auch die Kindererziehung eine gemeinsame. Die Kinder sind das dritte neutrale Geschlecht, ihrer Erziehung widmet er in seinen Werken einen breiten und hochinteressanten Raum. Es existieren nicht viele Menschen, die, wie Fourier, die menschliche Gesellschaft in allen Lebensaltern und Lebensstellungen beobachteten und studierten, und so hat er auch den Kindescharakter mit wunderbarer Gründlichkeit und Tiefe erfaßt und darauf sein Erziehungssystem begründet. Es wird keinen Pädagogen geben, der nicht heute noch die bezüglichen Kapitel mit großem Vergnügen und mit Nutzen liest.

Die Kinder werden vom ersten Tage der Geburt ab gemeinsam in großen, für diesen Zweck aufs Bequemste und Opulenteste eingerichteten Sälen gepflegt und erzogen. Ihre Pflege übernehmen Pflegerinnen von verschiedenem Lebensalter, die sich freiwillig und aus Trieb, wie bei Allem, was in der Phalanx geschieht, diesem Dienste widmen. Sobald sich der Charakter der Kinder entwickelt, werden sie darnach in die verschiedenen Säle verteilt. Die Pflegerinnen sind in Serien und Gruppen organisiert, sie sind Tag und Nacht zugegen und werden in den üblichen Zwischenräumen abgelöst. Die Mütter können nach Neigung unter den Pflegerinnen leben. Fourier meint aber, die Mehrzahl werde es vorziehen, ihren gewohnten Beschäftigungen und Unterhaltungen nachzugehen und nur in den Stunden der Nahrung sich einfinden, überzeugt, daß ihren Kleinen Nichts fehlt und Nichts abgeht. Für Spielen und Unterhaltungen der Kleinen ist reichlich gesorgt. Vom dritten Lebensjahre ab werden sie nach ihrem Alter klassifiziert und spielend in die verschiedenen leichten Beschäftigungen des Haushalts eingeführt und zu Handarbeiten angehalten. Jeder Zwang ist ausgeschlossen. Zweckdienlich eingerichtete Spielsäle, Küchen, kleine Werkstätten, mit kleinen Werkzeugen und Maschinen versehen, geben ihnen Gelegenheit, ihre Triebe und Fähigkeiten zu betätigen. Der eigentliche geistige Unterricht beginnt erst mit dem neunten Jahr, nachdem inzwischen die körperliche Erziehung, die unter dem Namen der „Oper" Gesänge, Tänze, Musik, körperliche Übungen aller Art umfaßt, um die Kinder gewandt zu machen, zu richtigem Maß und Ausdruck im Sprechen, in Gebärden und Bewegungen zu erziehen, eine feste Grundlage erlangt hat. Die Erziehung währt in verschiedenalterigen Abstufungen bis zur vollständigen körperlichen Reife der Geschlechter, also bis zum 16., 18. und selbst 20. Lebensjahr. Wir kommen bei der späteren Darlegung der Fourier'schen Theorien auf diese Dinge ausführlicher zurück.

Das Verhältnis der beiden Geschlechter zueinander ist im Fourier'schen System das denkbar freieste. Die Kritik, die Fourier an die Beziehungen der Geschlechter in unserer Gesellschaft, an die Form der heutigen Ehe mit ihren Auswüchsen, ihrer Käuflichkeit, ihrer Heuchelei, ihrem Zwange gegen den einen oder anderen, oder gegen beide Teile, übt, gehört zu dem Schärfsten, was hierüber geschrieben wurde.

Die Kritik der Beziehungen der Geschlechter zu einander, wie die Kritik des Handels, den er wie kein Zweiter kannte, zogen ihm hauptsächlich die Entrüstung und den Zorn der Gegner zu, verletzten Diejenigen am meisten, die in dem einmal Überlieferten die beste der Welten sahen. Mit seiner Theorie der freien Liebe, seiner Darstellung der sechsunddreißig Arten der Hahnreischaft und des Ehebruchs, die nach ihm existieren und die er noch zu vervollständigen sich anheischig machte; mit seiner Bloßlegung der lügnerischen und gaunerhaften Praktiken des Handels, des Geld- und Lebensmittelwuchers, des Schachers mit Grundstücken und Effekten, der Börsenmanöver, hatte er in verschiedene und sehr gefährliche Wespennester gestochen. Er rief einen solchen Sturm gegen sich wach, daß er selbst später für angemessen fand, zu erklären, Alles, was er über die Beziehungen der Geschlechter in seinen Schriften ausgeführt habe, könne erst von der dritten Generation ab, nach Gründung seines Systems, zur Durchführung kommen. Die jetzt noch übermäßig herrschenden Vorurteile, wie die physischen Übel und Gebrechen, die das gegenwärtige System erzeugt habe, müßten erst allmählich ausgerottet werden. Dagegen fuhr er fort, durch historische Darlegung und Kritik der geschlechtlichen und der Eheverhältnisse bei den alten Völkern, besonders an der Hand der Bibel, ihrer Erzählungen über die Nachkommen der ersten Menschen, die Lebensweise der Erzväter, dann Davids, Salomos u. s. w. nachzuweisen, welche Phasen die Geschlechtsverhältnisse der Menschen durchgemacht und wie wenig Anstoß selbst Gott daran genommen habe, indem er allen diesen aus dem Alten Testament angeführten Personen fortgesetzt sein Wohlwollen und seine Gnade erhalten habe.

Unter den neuen Lebensverhältnissen, die Fourier erstrebt, genießen die Menschen nicht nur das volle Glück, sie werden auch bei ihrer gesunden und naturgemäßen Lebensweise ein sehr viel höheres Lebensalter erreichen, als heute. 144 Jahre werden das Durchschnittsalter sein. Sie könnten also wenigstens volle achtzig Jahre die Liebe genießen, was doch wohl, wie er meint, eine zu lange Zeit sei, um mit einem Mann oder einer Frau ausschließlich leben zu sollen, „täglich von derselben Platte zu essen". Da ferner mit dieser längeren Lebensdauer auch die Vermehrung der Menschen entsprechend wachse, sei Urbarmachung neuen Bodens, Ansiedelung in bisher wenig bevölkerten Ländern und Erdteilen geboten. Aber auch dieses Hilfsmittel werde bald der Vermehrung ein Ziel setzen, wenn nicht gleichzeitig mit der Entwicklung des Menschengeschlechts durch die neue soziale Organisation unser Erdball in klimatischer Beziehung bis zum höchsten Nord- und Südpol eine vollständige klimatische Umwandlung durchmache, die auch auf den anderen Planeten und Fixsternen ähnlich sich vollziehen soll.

Hier entwickelt nun Fourier ein kosmogenetisches System, das zu dem Phantastischsten gehört, daß ein Mensch erdenken kann. Es ist namentlich dieser Teil seiner Abhandlungen, der ihm den meisten Spott, ihm hauptsächlich den Titel des „Visionärs", des „Narren" eingetragen hat. Das ganze Universum ist nach Fourier, und hier beruft er sich auf Schelling, „das Spiegelbild der menschlichen Seele".

Die Welt ist dem Menschen zu Liebe geschaffen; nach seinem Tode wandert er von Planet zu Planet zu immer höherer Vollkommenheit, eine Idee, die freilich auch in anderen Köpfen, selbst heute noch, spukt und nicht bloß in den untern Schichten. – „Die Kanaille will ewig leben."

Jeder Planet wird geboren; er hat, wie der Mensch, sein Alter der Kindheit, der auf- und absteigenden Entwicklung und des Todes. Auch die Menschheit stirbt, und zwar nach einer Gesamtlebensdauer von 80.000 Jahren, die sich in vier Phasen abwickeln. Die Phase der Kindheit, in deren letzter Periode wir uns befinden, dauert 5000 Jahre; die Phase der aufsteigenden Entwicklung währt 35.000 Jahre; die Phase des allmählichen Niedergangs ebenfalls 35.000 Jahre. Dann folgt die Phase der Altersschwäche wieder mit 5000 Jahren, worauf der Tod der Menschheit und der Erde eintritt. Innerhalb des Zeitraums von 80.000 Jahren erlebt die Menschheit 32 Entwicklungsperioden – wir befinden uns in der fünften, der Zivilisation –, und innerhalb der verschiedenen Perioden gibt es verschiedene Neuschöpfungen, durch welche auch die Tier- und Pflanzenwelt und das Klima, entsprechend der höheren Entwicklung des Menschen, sich in höherer Vollkommenheit entfalten werden. Mit der achten Periode, der Harmonie, beginnt die Aurora des Glücks. Es wird die Nordpolkrone (Couronne boréale) geboren, die dann, gleich der Sonne, nicht bloß Licht, sondern auch Wärme verbreitet und damit eine Reihe neuer Schöpfungen einleitet. Die Wirkung der Nordpolkrone wird sein, daß Petersburg und Ochotsk ein ähnliches Klima bekommen, wie Kadix und Konstantinopel, daß das Klima der sibirischen Eisküsten dem von Marseille und dem Golf von Genua gleicht, und daß eine Fruchtbarkeit dieser nördlichen Erdteile beginnt, die mit jener der tropischen Länder wetteifert. Gleichzeitig wird durch die Einwirkung des Fluidums der Nordpolkrone und durch die Veränderung des Klimas das Meer sich umbilden und einen limonadeartigen Geschmack annehmen. Die jetzigen, den Menschen feindlichen und schädlichen Meerungeheuer, wie der Hai etc., werden zu Grunde gehen und durch neue Schöpfungen, wie Anti-Hai, Anti-Walfisch, ersetzt werden, Tiere, die dem Menschen freundlich sind und ihm ihre Dienste zum Ziehen der Schiffe etc. leihen werden. Alle nützlichen Fische und Seetiere, wie der Hering, der Kabeljau, die Auster u. s. w., werden trotz der Veränderung des Meeres erhalten bleiben und sich wesentlich vermehren. Ganz ähnlich vollzieht sich die Umgestaltung auf dem Lande. Alle wilden Tiere (Löwe, Tiger, Leopard, Wolf etc.) und alle giftigen Reptile oder widerlichen Insekten, ebenso die giftigen und schädlichen Pflanzen verschwinden und werden durch für den Menschen nützliche Neuschöpfungen ersetzt. So entsteht z. B. der Anti-Löwe, der zahm ist und sich freiwillig dem Menschen als Reittier anbietet.

Sobald der ganze Erdball mit Phalanxen bedeckt ist, wird er zwei Millionen derselben mit vier Milliarden Menschen aufweisen. Alsdann wird Konstantinopel Hauptstadt der Welt und wird der von allen Phalanxen ernannte Omniarch, als Herrscher der Welt, seinen Sitz dort nehmen. Worin aber das Herrscheramt dieses Omniarchen besteht, ist schwer zu sagen, darüber gibt Fourier keine Auskunft. Mit der Zahl von vier Milliarden ist das Maximum der Bevölkerungsziffer erreicht; denn wenn die Menschen sich anfangs stark vermehrten, so läßt die Fruchtbarkeit des Geschlechts allmählich und namentlich in dem Maße nach, wie neben den Männern insbesondere auch die Frauen größer und stärker werden, ihre geistige und körperliche Entwicklung und die opulente Lebensweise zunimmt. Fourier glaubt, schon jetzt in unserer Gesellschaft die Beobachtung gemacht zu haben, daß Frauen von großer Körperkraft und Körperfülle und höherer geistiger Entwicklung und in günstigen materiellen Verhältnissen lebend, weniger Kinder gebären, als solche von schwächlicher, magerer Konstitution, so daß Erstere häufig sogar unfruchtbar seien.

Ähnliche Umgestaltungen und Veränderungen, wie auf unserm Globus, vollziehen sich auf allen übrigen Planeten und geben dem Menschen die Gewähr, daß er auch nach seinem Tode auf der Erde in ungemessenen Zeiträumen von einem zum andern Planeten wandert, von denen immer einer vollkommener als der andere ist und immer höhere Genüsse dem Menschen in Aussicht stellt. Ganze Planetensysteme werden sich noch bilden, um in der Sternenwelt dieselbe Harmonie, das obere

Klavier (clavier majeur) herzustellen, wie diese Harmonie auf der Erde in dem Klavier der menschlichen Seele, das 810 Charaktereigenschaften aufweist, sich hergestellt hat. Das Charakteristische in allen diesen Auseinandersetzungen Fouriers sind die bestimmten mathematischen Verhältnisse und die Analogien, mit denen er rechnet. Alles drückt sich bei ihm in bestimmten Zahlen aus. Alle Lebensäußerungen und Erscheinungen in der Welt lassen sich in bestimmten mathematischen Zahlenverhältnissen zum Ausdruck bringen. Fourier steht hier ganz auf dem Boden des Pythagoras (540-500 vor unserer Zeitrechnung), der bekanntlich eine Philosophie der Zahlenlehre für alle Erscheinungen begründete.

Ebenso sieht Fourier überall Analogien; jede unserer Pflanzen, jedes Tier entspricht irgendeinem Menschencharakter, dabei kommt er zu ergötzlichen Vergleichen. Ferner entsprechen die 32 Zähne des Menschen den 32 Entwicklungsperioden der Menschheit und den 32 Planeten unseres Planetensystems, die nach ihm dieses zählen muß.

Die phantastischen Spekulationen Fouriers über die Entwicklung von Menschen und Welt waren es, die ihm im spottsüchtigen Frankreich am meisten schadeten. Später gab er auch diesen Teil seiner Ansichten ausdrücklich preis, sich damit entschuldigend, daß im Jahre 1808 seine Kenntnisse und Entdeckungen noch sehr mangelhaft gewesen seien, daß er für das Studium auf die Nächte angewiesen gewesen sei und er manche ihm nötige Wissenschaft habe vernachlässigen müssen. Im Übrigen aber hätten, meinte er, diese seine kosmogene-

56

tischen Ansichten mit seinem eigentlichen sozialen System nichts zu tun und schädigten und berührten dieses ebenso wenig, als die Träumereien Newtons über die Auslegung der Apokalypse dessen Entdeckung über die Attraktion und Gravitation der Weltkörper geschädigt und berührt habe. Überdies erlebte Fourier die Erfindung und Anwendung des Dampfschiffs und der Eisenbahnen, und damit war für ihn handgreiflich der Beweis geliefert, daß die Menschheit nunmehr mit einer Schnelligkeit Meere zu durchschneiden und Länder zu durcheilen vermochte, daß sie den Anti-Hai des Meeres und den Anti-Löwen des Landes sehr wohl entbehren konnte. Wer hatte überhaupt zu Anfang dieses Jahrhunderts von bedeutenden Männern keine Träumereien? Schiller in seinen Räubern, Goethe in seinen Wilhelm Meisters Lehr- und Wanderjahren, Fichte in seinem „geschlossenen Handelsstaat" malten die Welt auch ganz anders, als sie der großen Mehrzahl der gleichzeitig mit ihnen lebenden „vernünftigen Leute" sich darstellte. Geniale Menschen haben das Recht, zu „träumen", sie helfen mit ihren „Träumen" der Menschheit mehr, als der große Troß des Philistertums mit seinen „vernünftigen" Gedanken.

Wir wiederholen, man darf nie einen Mann und seine Geistesprodukte mit dem Maßstab einer späteren Zeit messen. Wie jeder Mensch, der bedeutendste wie der geringste, das Kind seiner Zeit ist, so wird er auch über seine Zeit nicht hinaus können; er kann der Vorgeschrittenste in ihr sein, außer ihr steht er nicht. Eine bewußte Arbeiterklasse gab es zu Anfang dieses Jahrhunderts nicht, konnte es nicht geben; die moderne, industrielle Arbeiterklasse war erst im Entstehen, und soweit die Arbeiter am öffentlichen Leben sich Beteiligten und sich dafür Interessierten, bildeten sie die Gefolgschaft der Bourgeoisie, wie sie dies in Deutschland im Anfang der sechziger Jahre noch waren. In Frankreich lagen damals die Verhältnisse noch ganz anders. Die Ideen der großen Revolution besaßen noch einen Glanz und hatten einen Enthusiasmus in den Massen verbreitet, der lange und tief nachwirkte.

Warum jene glänzenden Ideen der bürgerlichen Ideologen in der Revolution sich nicht verwirklicht hatten, nicht verwirklichen konnten, erwähnten wir schon. Dazu kam, daß die napoleonischen Kriege Frankreich unausgesetzt in Atem hielten und die öffentliche Aufmerksamkeit in Anspruch nahmen. Überdies hatten zu jener Periode die Arbeiter in Frankreich ihre goldene Zeit. Durch das bereits erwähnte gegen England gerichtete vollständige Abschließungssystem und die damit treibhausartig gezüchtete Großindustrie – Zuckerfabrikation, Baumwollfabrikation, Seidenindustrie etc. – in Verbindung mit der fortgesetzten Hinopferung von Hunderttausenden der besten Kräfte im Mannesalter, in den ununterbrochenen Kriegen, war die Nachfrage nach Arbeitern groß, die Löhne standen hoch und die Arbeiter lernten erst jetzt eine Menge Bedürfnisse kennen und befriedigen, von denen sie früher keine Ahnung hatten. Da bekümmerten sie sich nicht um neue soziale Theorien, namentlich wenn diese ihnen in so fremder, schwer verbindlicher und unverdaulicher Form geboten wurden, wie sie Fouriers erstes Hauptwerk enthielt. Fourier ist überhaupt schwer verständlich, es mangelt ihm die logische Zusammenfassung und die klare Ausdrucksweise. Daneben hat er sich eine Nomenklatur gebildet und wendet diese mit Vorliebe an, die eine Verdeutlichung sehr schwer, manchmal fast unmöglich macht.

Als nach Beendigung der napoleonischen Kriege und nach der Beseitigung Napoleons Frankreich anfing, sich wieder mit sich selbst zu beschäftigen, traten andere Erscheinungen in den Vordergrund, die das allgemeine Interesse in Anspruch nahmen. Gleichzeitig mit den Bourbonen und unter dem Schutz der Bayonette der heiligen Allianz war ein ganzes Heer ehemals emigrierter Pfaffen und Adeliger mit ihrer Nachkommenschaft eingerückt, die jetzt wie ein Schwarm Heuschrecken sich über das Land ergossen, Ersatz für das einst Verlorene, Belohnung und Vergeltung für das meist sehr zweifelhaft Geleistete aus öffentlichen Mitteln verlangten, und nach möglichster Wiederherstellung der Zustände des ancien regime sich sehnten und dazu drängten. Zwar hatte schon Napoleon versucht, seinen Frieden mit den alten Ständen zu machen; er hatte neben dem alten einen neuen Adel kreiert, weil er einsah, daß er seinen neu gezimmerten Thron nicht ohne solche Stützen auf die Länge zu halten vermochte, und mit dem Papst hatte er sich auch verständigt. Aber es war doch nur ein kleiner Teil des Adels, der von Napoleon befriedigt war, und der Herr und Meister zwang diesen Adel zur Bescheidenheit. Das wurde nach 1815 anders. Jetzt brach der alte Adel in Scharen in das Land, er hielt den

Tag der Ernte nach so langer Entbehrung für gekommen. Die reaktionären Strebungen kamen überall zum Vorschein. Eine Reihe von Jahren ließ sich das niedergetretene Frankreich diesen Zustand gefallen, dann aber ermannte es sich allmählich. Die Bourgeoisie, die sich in erster Stelle zurückgedrängt und beunruhigt sah, wurde oppositionell, und Alles, was von den Ideen der großen Revolution erfüllt war, noch voll Begeisterung und Enthusiasmus glühte, erhob sich zum Kampf, der schließlich in dem Sturz der Bourbonen in der Julirevolution zunächst sein Ende fand. Aber später dauerten die Kämpfe fort und führten namentlich zur Gründung der geheimen revolutionären Gesellschaften, an denen auch die Arbeiter in stärkerem Maße sich Beteiligten. Das war keine Strömung, die den auf Aussöhnung und Ausgleichung der Gegensätze gerichteten Bestrebungen Fouriers günstig war. Dazu kam noch eine gewisse Zurückhaltung seinerseits, er blieb den politischen Kämpfen vollständig fern, seine Natur war nicht für die öffentliche Propaganda und die Agitation gemacht.

Die Aufnahme, die Fouriers erstes Werk: „Die Theorie der vier Bewegungen", gefunden hatte, war nicht sehr ermunternd. Das Buch fand geringen Absatz und Fouriers Mittel waren erschöpft. Eine kleine Hülse, die ihn vor dem Mangel schützte, erhielt er durch ein Legat seiner Mutter, die 1812 starb, ein Legat, das ihm jährlich 900 Franken einbrachte. Bis zum Jahre 1816 arbeitete er in verschiedenen kaufmännischen Stellungen, dann zog er sich aufs Land zurück und widmete sich fünf Jahre gänzlich seinen Studien und Berechnungen.

Endlich, im Jahre 1822, erschien sein umfänglichstes Werk: „Die Theorie der universellen Einheit", zwei starke Bände umfassend, bei dessen Herausgabe ihn namentlich sein Freund und Anhänger Just Muiron, der als städtischer Beamter in Besançon lebte und in leidlichen materiellen Verhältnissen war, unterstützte. Bei der zweiten Herausgabe (1842) wurde dem Werke die ein Jahr nach seiner ersten Herausgabe geschriebene Abhandlung: „Summarisches" eingefügt und das Ganze unter dem ersterwähnten Titel in vier Bänden herausgegeben. Bei der ersten Ausgabe führte das Werk den Titel: „Abhandlung über die Hauswirtschaftlichlandwirtschaftliche Assoziation", obgleich Fourier ihm den späteren Titel von vornherein zugedacht, ihn aber durch den zweiten ersetzt hatte, weil damals „die erschreckte öffentliche Meinung gegen die allgemeinen Systeme eingenommen gewesen sei." In diesem Werk begründet Fourier in der ausführlichsten Weise alle die in seinem ersten Werk aufgestellten Postulate, sie hier und da in Folge genauerer Studien und Berechnungen richtig stellend. Einen erheblichen Teil des Werkes bilden philosophische Abhandlungen scharf polemischer Natur – in der Polemik war er überhaupt Meister – in denen er die Systeme der Gegner angriff und die gegen ihn gerichteten Angriffe mit viel Witz und Satire zurückwies.

Im Jahre 1829 erschien eine weitere Arbeit Fouriers unter dem Titel: „Die industrielle und sozietäre Neue Welt." (Le Nouveau Monde industriel et sociétaire.) Dieses Werk umfaßt einen Band und ist von allen

Schriften Fouriers das präziseste und am klarsten geschriebene; es vermeidet möglichst die spekulativen und kosmogenetischen Träumereien, befaßt sich dagegen Umso mehr mit allen praktischen Fragen seines Systems; es kann als die eigentliche Quintessenz seiner Theorien angesehen werden. Wer sich über Fouriers Ideen genügend orientieren will, ohne die fünf ersten Bände zu studieren, wird in „Der industriellen und sozietären Neuen Welt" alles Wünschbare finden. Sieben Jahre später erschien abermals eine größere Arbeit von ihm unter dem Titeln „Falsche Industrie". Aber dieses Buch enthält keine irgendwie neuen Ideen, noch weniger zeichnet es sich durch Übersichtlichkeit aus, es ist die letzte, aber auch geringwertigste seiner größeren Abhandlungen. Neben diesen größeren Schriften erschienen von ihm eine Menge Aufsätze über die verschiedensten Fragen, die später ebenfalls gesammelt und von seinen Anhängern herausgegeben wurden.

Allmählich hatte sich eine kleine Anhängerzahl um Fourier geschart. Neben dem bereits erwähnten, ihm sehr ergebenen Muiron war es Victor Considérant, der als junger Mann und als Zögling der Ingenieurschule zu Metz mit Feuereifer sich seinen Ideen hingab, unter seinen militärischen Genossen für dieselben Propaganda machte und auch später Fourier treu blieb, als er in der militärischen Karriere bis zum Hauptmann des Geniekorps emporstieg, noch später Mitglied des Generalrats der Seine und Volksvertreter wurde. Considérant wurde das eigentliche Haupt der Schule, der Paulus des Fourierismus, der in Wort und Schrift unermüdlich für ihn wirkte. Doch da wir die ausschließliche Aufgabe haben, uns mit dem Wirken Fouriers zu beschäftigen, können wir nicht ausführlicher auf die Tätigkeit der Schule eingehen. Die Zahl ihrer schriftstellerischen Kräfte, und dem entsprechend auch die Zahl ihrer Schriften, wurde im Laufe der Jahre eine sehr bedeutende, doch hat sie nie einen großen Massenanhang gewonnen; sie hatte, wie die meisten der sozialistischen Schulen in Frankreich, ihre Hauptstützen in den jugendlichen Kreisen der Gebildeten. Schriftsteller, Advokaten, Offiziere, Ärzte, Künstler bildeten den Kern. Im Jahre 1832 gelang es Kurier und seinen Schülern, eine Zeitschrift für die Verbreitung ihrer Lehren zu gründen, die unter dem Titel: „La Reforme industrielle ou le Phalanstère" (Die industrielle Reform oder das Phalansterium) bis zum Jahre 1833 in zwei Bänden groß Oktav erschien, dann aber einging. Eine neue Zeitschrift erschien 1836 unter dem Titel: „La Phalange, journal de la science social" (Die Phalanx, Zeitschrift für die soziale Wissenschaft), welche in den Jahren 1836–1840 zwei bis drei Mal im Monat herauskam. Von 1840–1843 erschien sie wöchentlich drei Mal und ging 1843 in ein Tageblatt über unter dem Titel: „Democratie pacifique" (Friedliche Demokratie).

Fourier beteiligte sich bei diesen Zeitschriften schriftstellerisch sehr eifrig und leistete zahlreiche Beiträge. Außerdem führte er auch den Kampf in der übrigen Presse, soweit diese seine Arbeiten aufnahm. Gegen Ende der zwanziger Jahre war er dauernd nach Paris übergesiedelt. Er hatte eingesehen, daß wenn er für seine Theorien mit Erfolg wirken wollte, er mitten in dem Zentralpunkt des öffentlichen Lebens von Frankreich sein mußte. Er hatte den durch die Zentralisation des Landes begründeten mächtigen Einfluß von Paris auf Frankreich für dessen ganzes öffentliches, wissenschaftliches, künstlerisches Leben entschieden bekämpft, ein Einfluß, der dazu führe, daß die größten Städte Frankreichs, wie Lyon, Bordeaux, Rouen u. s. w., in Bezug auf geistiges und künstlerisches Leben reine Landgemeinden seien und bei der in Deutschland herrschenden Dezentralisation von weit kleineren Städten, wie Weimar, Stuttgart, Gotha oder jeder beliebigen deutschen Universitätsstadt, überflügelt würden. Fourier beurteilte überhaupt Paris, Frankreich und den Charakter seiner Landsleute im guten wie im schlimmen Sinne wie wenige seiner Zeitgenossen. Das war die Frucht seiner außerordentlichen scharfen Beobachtungsgabe. Aber der zentralisierenden Wirkung und dem Einfluß von Paris konnte er sich natürlich als Einzelner und als Mann, der auf seine Zeitgenossen wirken wollte, nicht entziehen, und so wählte er es zum Schauplatz seiner Tätigkeit. Da ist es denn für den Mann und den festen Glauben an sein System charakteristisch, daß während der letzten zehn Jahre, die er bis zu seinem am 9. Oktober 1837 in Paris erfolgten Tode verlebte, er Tag für Tag in der Mittagsstunde in seiner Wohnung den „Kandidaten"[4] erwartete, der ihm die Mittel für die Gründung

---

[4] Fourier bezeichnete Diejenigen, die nach seiner Meinung die Mittel für die Berufsphalanx besäßen, als Kandidaten und berechnete, daß es solcher 4000 in Europa gäbe.

einer Versuchsphalanx zur Verfügung stellen sollte. Vergeblich! Dagegen wurde im Jahre 1832 aus der Mitte seiner Anhänger heraus der Versuch, eine Phalanx zu gründen, gemacht, indem Einer derselben in der Nähe von Rambouillet 500 Hektaren Land für diesen Zweck zur Verfügung stellte. Aber man kam über die ersten Versuche nicht hinaus, weil die Mittel sehr bald ausgingen, ein Resultat, das Fourier bis an sein Lebensende mit begreiflicher Bitterkeit erfüllte.

Hiermit haben wir in der Hauptsache den Lebenslauf des Begründers des Phalanstèren-Systems dargelegt, wie in einigen Hauptpunkten seine Grundgedanken entwickelt, und die Zeitverhältnisse kurz geschildert, unter welchen er sich Geltung zu verschaffen suchte. Es handelt sich nunmehr darum, sein System und seine Auffassungen nach seinen eigenen Ausführungen, wenn auch nur in knappster Form, zum Ausdruck zu bringen.

Seine Schüler haben im Jahre 1848 ein zweibändiges Sammelwerk herausgegeben, in dem sie unter dem Titel: „Die universelle Harmonie und das Phalansterium" (L'harmonie Universelle et le Phalanstère) eine Übersicht der Theorien Fouriers gaben, worin ausschließlich er selbst zum Wort kommt. Dieses Werk haben wir Teilweise für Nachstehendes mit zu Grunde gelegt. Fourier beginnt:

„Ich dachte an nichts weniger, als an Untersuchungen über die Bestimmung von Mensch und Welt, ich Teilte die allgemeine Ansicht, welche sie als undurchdringlich ansah und ihre Berechnung unter die Visionen der Astrologen und Magiker reihte ... Seitdem die Philosophen[5] in ihrem ersten Versuch (in der französischen Revolution) den Beweis ihrer Unerfahrenheit geliefert haben, betrachtet Jeder ihre Wissenschaft als für immer abgetan. Die Ströme von politischer und moralischer Aufklärung erscheinen nur mehr als Illusionen. Nachdem diese Gelehrten seit fünfundzwanzig Jahrhunderten ihre Theorien vervollkommnet, alles alte und neue Wissen zusammengetragen haben, zeigt sich, daß sie uns statt der versprochenen Wohltaten ebenso viel Kalamitäten verschafften und daß die Zivilisation zur Barbarei neigt. Nach der Katastrophe von 1793 gab es keinerlei Glück von den erworbenen Aufklärungen mehr zu hoffen, man mußte das soziale Wohl durch eine neue Wissenschaft zu verwirklichen suchen. Solcher Art war die erste Betrachtung, welche mich die Existenz einer bisher noch unbekannten sozialen Wissenschaft vermuten ließ und mich anregte, ihre Entdeckung zu versuchen. Ich ward dazu ermutigt durch zahlreiche Merkmale, die Verirrungen der Vernunft und hauptsächlich durch den Anblick der schweren Geiseln, von denen unsere sozialen Zustände betroffen sind: Mangel, Entbehrungen, überall herrschender Betrug, Seeräuberei, Handelsmonopol,

---

[5] „Unter den Philosophen begreife ich", sagt Fourier an einer Stelle, „nur die Autoren der unsicheren Wissenschaften (science incertaines), die Politiker, Moralisten, Dekonomisten und Metaphysiker, deren Theorien nicht auf der beruhen, sondern nur die Phantasie ihrer Urheber zur Basis haben. Wenn ich also von Philosophen spreche, spreche ich nur von dieser zweifelhaften Klasse, nicht von den Vertretern der bestimmten Wissenschaften (sciences fixes)." Fourier ging von der Ansicht aus, daß die Französische Revolution nur ein Werk der Philosophen sei.

Sklavenhandel und viele andere Übel. Ich gab dem Zweifel statt, ob dieser soziale Zustand nicht eine von Gott erfundene Kalamität sei, um das Menschengeschlecht zu züchtigen. Ich schloß, daß in diesem sozialen Zustand eine Umkehrung der natürlichen Ordnung vorhanden sei. Endlich dachte ich, wenn die menschliche Gesellschaft nach der Ansicht Montesquieus 'von einer Krankheit der Entkräftung, einem inneren Übel, einem geheimen versteckten Gift' behaftet sei, man ein Heilmittel finden könne, wenn man die von unseren Philosophen bisher innegehaltenen Wege vermeide. So machte ich zur Regel meiner Untersuchungen: den absoluten Zweifel und die absolute Vermeidung bisher beschrittener Wege ... Da ich bisher keinerlei Beziehungen zu irgendeiner wissenschaftlichen Partei hatte, so war es mir Umso leichter, den Zweifel unterschiedslos anzuwenden und Ansichten mit Mißtrauen zu begegnen, die bisher universelle Zustimmung gefunden hatten. Was konnte es Unvollkommeneres geben, als diese Zivilisation mit allen ihren Übeln? Was war zweifelhafter, als ihre Notwendigkeit und künftige Dauer? Wenn vor ihr schon drei andere Gesellschaften bestanden, die Wildheit, das Patriarchat und die Barbarei, folgte daraus, daß sie die letzte sei, weil sie die vierte ist? Kann nicht noch eine fünfte, sechste, siebente soziale Ordnung entstehen, die weniger verhängnisvoll sind, als die Zivilisation, die aber noch unbekannt sind, weil Niemand sich die Mühe gab, sie zu entdecken? Man muß also die Notwendigkeit, Vortrefflichkeit und stetige Dauer der Zivilisation in Zweifel stellen. Das haben die

Philosophen nicht gewagt, weil sonst die Nichtigkeit ihrer bisherigen Theorien, die alle die Zivilisation verherrlichen, an den Tag kommen würde."

In diesen wenigen Sätzen steckt bereits die Utopie, von der er und alle Seinesgleichen ausgingen. Der bestehende Zustand ist schlecht, kein Zweifel, aber er wird nur festgehalten, weil man keinen besseren kennt. Machen wir uns also an die Arbeit, erfinden wir einen besseren und dem Übel ist geholfen. Doch sollte nach Fourier diese neue Gesellschaft keine willkürlich erfundene sein, sie sollte auf bestimmten mathematischen Berechnungen beruhen, und stimmten diese Rechnungen, und das entschied natürlich er selbst, so war der neue Zustand gegeben, und es hing nur von dem eignen Entschluß der Gesellschaft ab, ihren sozialen Zustand wie ein Paar Handschuhe zu wechseln, ruhig, friedlich, ohne Kampf und ohne Reibung. Denn wo Allen das Glück blüht, wie kann da Jemand zaudern?

Er entschloß sich also, Alles zu bezweifeln, doch dachte er noch nicht an die Bestimmungen. Er verfiel zunächst, wie er sagt, auf zwei sehr gewöhnliche Probleme, deren beide Prinzipien waren „die Ackerbaugesellschaft" (association agricole) und die indirekte Unterdrückung des Handelsmonopols der Insularen, der Engländer.

England sah bekanntlich in dem Aufschwung Frankreichs nach der französischen Revolution einen gefährlichen Konkurrenten entstehen, dazu kam die Befürchtung wegen der Rückwirkung der revolutionären Ideen auf die eigene Bevölkerung und, wie schon bemerkt, der Haß, daß Frankreich die Unabhängigkeitsmachung seiner nordamerikanischen Kolonien, der späteren Vereinigten Staaten, unterstützt hatte. Mit seiner Seemacht beherrschte England alle Meere und den ganzen Handel, und bei dem Widerwillen, den Fourier in der eignen Praxis gegen den Handel eingesogen hatte, mußte sich dieser Widerwille auch auf die größte Handelsmacht, die, wie er behauptete, alle diese perfiden Handelsdoktrinen nicht bloß vertrat, sondern auch erzeugt hatte, wenden. Zunächst beschäftigte er sich mit der ländlichen Assoziation, und über dem Nachdenken über ihre Organisation kam er auf die Theorie der Bestimmungen. Die Lösung dieses Problems führt, nach ihm, zur Lösung aller politischen Probleme. „Die Philosophen hielten die Ackerbaugenossenschaft für ebenso unmöglich, wie die Abschaffung der Sklaverei, weil die Genossenschaft bisher nie existierte. Sehend, daß bei dem Dorfbewohner jede Haushaltung auf eigene Faust arbeitet, kannten sie keine Mittel, sie zu vereinigen, und doch würden unzählige Verbesserungen daraus entstehen, wenn man die Bewohner jedes Fleckens zu gemeinsamer Tätigkeit vereinigen könne, proportional ihrem Kapital und ihrer Tätigkeit. Also 2–300 Familien, ungleich an Vermögen, die einen Bezirk (Kanton) kultivierten. Das Hindernis schien enorm. Man kann kaum 20, 30, 40 Individuen zu gemeinsamer Tätigkeit verbinden, wie hunderte? Und doch wären mindestens achthundert nötig für eine natürliche und ihre Mitglieder anziehende Assoziation."

„Ich verstehe darunter", sagt er, „eine Gesellschaft, deren Mitglieder durch Wetteifer und Eigenliebe und andere Mittel, die mit dem Interesse verträglich, an die Arbeit gefesselt sind. Die Ordnung, um die es sich handelt, muß für die, welche sie üben, anziehend sein, während heute die Beschäftigung mit der Landwirtschaft widerwärtig erscheint und nur ausgeübt wird aus Furcht, Hungers zu sterben. Eine solche Organisation erscheint lächerlich, und doch ist sie möglich. Die landwirtschaftliche Assoziation, die, wie ich unterstelle, an tausend Personen umfaßt, liefert so enorme Vorteile, daß sie im Vergleich zum heutigen Zustand als Zustand der Sorglosigkeit erscheint. Das hat selbst ein Teil der Ökonomen zugestanden, nur haben sie sich nicht die Mühe gegeben, die Ausführungsweise zu entdecken. Sie erkennen selbst an, daß z. B. dreihundert Dorffamilien nur einen einzigen, sorgfältig erbauten und eingerichteten Kornboden würden nötig haben, anstatt 300 meist sehr schlechter; eine einzige Kellerei (für den Wein) anstatt 300 derselben, die meist mit vollständiger Unkenntnis behandelt werden. Statt daß hundert Boten mit Milch nach der Stadt gehen und hundert halbe Tage versäumen, würde ein einziger genügen, der mit einem Wagen fährt. Das sind nur einige von den zunächst in die Augen fallenden Ersparnissen, und sie würden sich verzwanzigfachen lassen. Aber wie eine Gesellschaft verschmelzen, in der die eine Familie 10.000 Franken, die andere keinen Obolus besitzt? Wie alle die Eifersüchteleien vermeiden und zu einem Plan die Interessen verbinden? Wie aussöhnen so viel widerstreitende Interessen und so viel entgegenstrebende Willen versöhnen? Darauf antworte ich: durch die Lockung von Reichtum und Vermögen. Der stärkste Trieb für den Landmann wie für den Städter ist der Gewinn. Wenn die Beteiligten sehen, daß die sozietär organisierte Arbeit ihnen drei-, fünf-, sechsmal mehr Vorteile einbringt, als in der isolierten Privatwirtschaft, daß allen Assoziierten die verschiedensten Genüsse gesichert sind, so werden sie alle ihre Eifersüchteleien vergessen und sich beeilen, der Assoziation beizutreten; sie wird sich rasch über alle Regionen ausbreiten, denn überall haben die Menschen den Trieb nach Reichtum und Genüssen."

„Wenn die Götter allen Sterblichen drei Wünsche auszusprechen gestatteten, welches würden die einstimmigsten Wünsche sein, die der Gelehrten eingeschlossen: Reichtum, Gesundheit und Langlebigkeit; und damit wäre der vierte Wunsch eingeschlossen: genügend Klugheit, um diese Güter entsprechend zu benutzen", so definiert er an einer andern Stelle das Streben der Menschen.

„Die landwirtschaftliche Assoziation wird also das Schicksal des Menschengeschlechts ändern, weil sie den Allen gemeinsamen Trieben Rechnung trägt. Wilde und Barbaren werden sich ihr anschließen, da die Triebe überall die gleichen sind. Dieser neuen Organisation gebe ich drei Namen: „progressive Serien" (Reihen) oder Serien „von Gruppen", „Serien der Triebe". Ich verstehe unter der Bezeichnung Serie einen Zusammenhang mehrerer assoziierter Gruppen, welche sich den verschiedenen Zweigen ein und derselben Industrie – das Wort „Industrie" bedeutet bei Fourier jede nützliche, menschliche Betätigung – „oder ein und desselben Triebes sich widmen."

„Die Theorie von den Serien der Triebe ist nicht willkürlich eingebildet, wie unsere sozialen Theorien. Die Ordnung der Serien ist in allen Stücken analog den geometrischen Serien aller unserer Eigenschaften, wie das Gleichgewicht der Rivalitäten zwischen den extremen und den mittleren Gruppen vorhanden ist. Die Triebe harmonisieren sich, je mehr sie sich in den Serien der Gruppen regelmäßig entwickeln; außerhalb dieses Mechanismus sind sie entfesselte Tiger, unbegreifliche Rätsel, darum verlangen die Philosophen, daß man die Triebe (das Wort Triebe ist auch stets im Sinne von Leidenschaften, passions, zu verstehen. Anmerk. des Verf.) unterdrücken müsse. Das ist eine doppelte Absurdität. Man kann die Triebe nicht anders als durch Gewalt unterdrücken, oder dadurch, daß sie sich gegenseitig aufzehren. Unterdrückt man sie aber, so muß der zivilisierte Zustand rasch in Verfall geraten und in das Nomadentum zurückfallen. Ich glaube weder an die Tugend der Hirten, noch an diejenige ihrer Apologeten."[6]

Die sozietäre Ordnung wird der Zivilisation folgen, aber sie läßt weder Mäßigung noch Gleichheit, noch andere Gesichtspunkte der Philosophen zu; je glühender und geläuterter die Triebe, je lebhafter und zahlreicher sie sind, Umso leichter wird die Assoziation sich bilden.

---

[6] Ein Hieb gegen Jean Jaques Rousseau und seine Verehrer, die den „Naturzustand" als den glücklichen, tugendhaftesten Zustand priesen und im Hirtenleben eine Art Ideal sahen. Jahrzehnte vorher schon spielte die feudale Gesellschaft in ganz Europa, der französischen Hofgesellschaft nacheffend, ihre idyllischen Schäferspiele, wobei aber regelmäßig die Wolfsnaturen zum Vorschein kamen. Der Verfasser.

Man soll nicht die Natur der Triebe, die Gott dem Menschen gegeben hat, ändern, man soll ihnen nur die rechte Richtung geben. Meine Theorie beschränkt sich auf die nützliche Anwendung der Triebe, wie die Natur sie gibt und ohne sie zu ändern. Darin besteht das ganze Geheimnis von der Berechnung über die Attraktionen der Triebe. Man streitet nicht, ob Gott Recht oder Unrecht hatte, daß er dem Menschen so oder so die Triebe schenkte, die sozietäre Ordnung wendet sie an, wie Gott sie gab, ohne etwas daran zu ändern."

„Wenn also in der sozietären Ordnung die Geschmäcker sich ändern, so z. B., daß die Menschen das Landleben der Stadt vorziehen, so ändert sich nur der Geschmack, nicht die Triebe. Die Liebe zum Reichtum und für die Vergnügungen bleibt immer. Die Zivilisierten werden über den neuen Sozialzustand ganz anders Urteilen, sobald sie sehen, daß z. B. die Kinder, die heute nur schreien und sich zanken, Alles zerbrechen und sich zu beschäftigen weigern, in der Serie von Gruppen sich nur mit nützlichen Arbeiten aller Art beschäftigen, unter sich in Wetteifer geraten, ohne daß man sie dazu anreizt; daß sie sich gegenseitig aus freiem Willen über die Kulturen, die industriellen Beschäftigungen, die Künste und Wissenschaften belehren, also daß sie erzeugen und Vorteile schaffen, indem sie sich zu ergötzen glauben. Wenn ferner die Zivilisierten sehen, daß man in einer Phalanx für ein Drittel der Kosten ein viel besseres Mahl erhält, als in der Privatwirtschaft; daß man in der Serie dreimal angenehmer, reichlicher bedient ist; daß man dreimal besser sich nährt und dreimal

weniger ausgibt, als in der alten Ordnung und dabei all'
die Unannehmlichkeiten und Verlegenheiten für die
Vorbereitungen und Anschaffungen erspart; wenn ferner bewiesen wird, daß die Beziehungen in der Serie
keinerlei Täuschungen zulassen; daß bei dem Volk,
heute so ungeschliffen und falsch, die Wahrheit und
Gesittung einkehren wird; wenn das Alles die Zivilisierten sehen, so werden sie einen Abscheu vor ihrem jetzigen Zustand bekommen, sie werden sich beeilen, in die
Assoziation einzutreten und ihr Gebäude zu errichten."

Fourier geht nun dazu über, darzulegen, wie er zu der
neuen Wissenschaft gekommen sei. „Das Erste, was ich
entdeckte, war die Anziehung der Triebe. Ich erkannte,
daß die fortschreitenden Serien den Trieben der beiden
Geschlechter, den verschiedenen Lebensaltern und
Klassen die volle Entwicklung sichern, daß in der neuen
Ordnung man Umso mehr Kraft und Vermögen erlangen werde, je mehr Triebe man habe und schloß, daß,
wenn Gott so viel Einfluß der Anziehung der Triebe
gegeben und so wenig Einfluß der Vernunft, ihrem
Feinde, dieses geschehen sei, um uns zur Organisation
der fortschreitenden Serien zu führen, welche in jedem
Sinne die Anziehung befriedigen ... Die Sophisten glauben das Problem, das daraus entsteht, daß unsere Triebe
scheinbar mit unserer Vernunft im Widerspruch stehen,
dadurch zu erklären, daß sie sagen: Gott gab die Vernunft, damit wir den Trieben widerstehen. Es ist aber
sicher, daß er sie dazu nicht gab. Will man die Vernunft
der Anziehung der Triebe gegenüberstellen, so ist dies
selbst von Seiten der Verherrlicher der Vernunft ein

ohnmächtiges Beginnen; die Vernunft hat nie Bedeutung, sobald es sich darum handelt, unsere Neigungen zu unterdrücken. Die Kinder werden nur durch Furcht, junge Leuten nur durch Mangel an Geld zurückgehalten, ihren Neigungen zu frönen. Das Volk wird durch die Zurüstungen für Strafen, das Alter durch verschlagene Berechnungen, welche die wilden Leidenschaften des Jugendalters aufsaugen, zurückgehalten, aber Niemand durch die Vernunft, die ohne Zwangsmittel nichts gegen die Leidenschaften vermag."

„Die Vernunft ist also ohne irgendwelchen Einfluß, und je mehr man den Menschen beobachtet, Umso mehr gewahrt man, daß Alles in ihm auf Attraktion beruht. Der Mensch hört nur insofern auf seine Vernunft, als sie ihn lehrt, die Genüsse zu raffinieren und damit die Attraktion Umso mehr zu befriedigen." Gott hat also die Vernunft dem Menschen nur gegeben, damit sie ihm hilft, seine Triebe zu vernützlichen, ihnen erst den rechten Aufschwung zu verleihen.

„Die Theorie der Anziehung und des Rückstoßes der Triebe ist fixiert und voll anwendbar auf die Theoreme der Geometrie und muß großer Entwicklungen fähig sein. Ich erkannte bald, daß die Gesetze der Attraktion der Triebe in jedem Punkt den durch Newton und Leibnitz angewandten Gesetzen der materiellen Anziehung konform seien und daß es eine Einheit des Systems der Bewegung für die materielle und geistige Welt gebe. Ich kam dann durch Untersuchungen zu der Überzeugung, daß die Analogie der allgemeinen Gesetze sich auf die besonderen Gesetze ausdehne, daß die Attraktion und die

Eigenschaften der Tiere, Pflanzen, Mineralien koordiniert seien nach demselben Plan, wie diejenigen der Menschen und Gestirne. So kam ich zu der neuen Wissenschaft: der Analogie der vier Bewegungen, der materiellen, organischen, tierischen und sozialen, oder zur Analogie der Modifikation der Materie mit der mathematischen Theorie der Triebe des Menschen und der Tiere."[7]

Das ist also das Gesetz, aus welchem Fourier sowohl die Veränderungen in den sozialen Beziehungen der Menschen und der Tiere, als auch die materiellen Veränderungen in der Natur des Erdballs und der übrigen Gestirne ableitete. So kam er zu seiner Kosmogonie. Man sieht, sein Lehrgebäude ist logisch, wenn es auch auf falschem Grunde gebaut wurde. Jetzt, wo er die Theorie der Anziehungen und die Einheit der vier Bewegungen entdeckt zu haben glaubte, war ihm Alles klar; er begann „im Zauberbuch der Natur zu lesen". Er gelangte nunmehr auch, wie er ausführt, zur Berechnung der Bestimmungen, d. h. er kannte nunmehr das fundamentale System, durch das alle vergangenen, gegenwärtigen und zukünftigen Gesetze geregelt werden. Jetzt sah er alle Fehler und Schnitzer, die der bisherige Entwicklungsgang der Menschheit gemacht, und nun kannte er auch die Heilmittel, die alle sozialen und phy-

---

[7] Später änderte Fourier die Bezeichnung der Bewegung und erhöhte sie, wie schon erwähnt wurde, auf fünf: 1. Die materielle, welcher die Erde, 2. Die organische, welcher das Wasser, 3. Die normale, welcher die Arome (Elektrizität, Magnetismus), 4. Die instinktuellen, welcher die Luft, 5. Die soziale oder passionelle, welcher das Feuer entspricht. Die eigentliche praktische Bedeutung dieser fünf Bewegungen oder Antriebe wurde bereits weiter oben auseinandergesetzt.

sischen Übel beseitigten. Unter anderm auch die Pest, die Gicht, die Cholera, das gelbe Fieber etc. Nun sind auch die Philosophen, die Plato, die Seneka, die Rousseau, die Voltaire, diese Hauptvertreter der zweifelhaften Wissenschaften, in ihrer ganzen Unzulänglichkeit bloßgestellt. Hat Voltaire nicht selbst in einem Augenblick der Selbsterkenntnis ausgerufen: „O! welch' dicke Finsternis verschleiert noch die Natur!" Die Bibliotheken der Philosophen sollen die erhabensten Wissenschaften bergen, und sie sind nur ein demütigender Aufbewahrungsort für Widersprüche und Irrtümer. Die neue sozietäre Ordnung wird also Umso glänzender sein, je länger sie bisher verzögert wurde, denn eigentlich hätten sie schon die Griechen im Zeitalter des Solon (639–559 vor unserer Zeitrechnung) begründen können, da ihr „Luxus" – Fourier versteht hierunter die gesamte materielle Entwicklung eines Zeitalters – schon genügend weit dazu vorgeschritten war; heute sei unser „Luxus" mindestens doppelt so groß, als zur Zeit der Athener. Man trete jetzt mit Umso mehr Glanz in die neue Ordnung, als nunmehr erst die Früchte von den Fortschritten in den physikalischen Wissenschaften, die das achtzehnte Jahrhundert gebracht habe, und die bis in diese Tage sehr unfruchtbar geblieben seien, gepflückt werden würden. Freilich, jetzt weise man noch seine Entdeckung zurück, aber sei es nicht immer so gewesen? Ist nicht Columbus mit seiner Behauptung, daß es jenseits des Ozeans noch einen Erdteil geben müsse, verlacht, verspottet, mit seiner Lehre selbst vom Papste verflucht worden, obgleich dieser am meisten dabei interessiert war, weil er neue Gläubige unter seine Herrschaft bekam? Man sei im neunzehnten Jahrhundert noch ebenso feindlich jeder neuen großen Entdeckung als im fünfzehnten. Die Philosophen behaupteten, weil sie selbst nicht den Schleier zu lüpfen vermochten, die Natur sei ein mit einem ehernen Schleier bedecktes Schreckbild, ein undurchdringliches Heiligtum; warum habe denn Newton wenigstens eine Ecke dieses Schleiers zu lüpfen vermocht? Man sage auch, Gott sei nicht zu erkennen. Der gesunde Sinn sage das Gegenteil, weil nichts leichter sei. Das Altertum habe den Schöpfer travestiert, indem es ihn unter einer Horde von 35.000 Göttern vermengte und verdeckte; da sei es schwierig gewesen, seine Meinung zu studieren, ihn aus dieser himmlischen Maskerade zu entwirren. Sokrates und Cicero trennten sich von den Sottisen ihrer Zeit, sie bewunderten den „unbekannten Gott"; Sokrates wurde ein Opfer seiner Überzeugung. Heute sei dieser frühere Aberglaube überwunden, das Christentum führte uns zu gesunden Ideen zurück, es brachte den Glauben an einen Gott. „Wir haben jetzt einen Kompaß, der uns den Weg zum Studium der Natur zeigt."

Es sei nun wichtig, eine kleine Zahl von Charaktereigenschaften Gottes zu kennen, deren Studium uns zu weiteren Schlüssen führe. „Dahin gehören: 1. die vollständige Leitung der Bewegung; 2. die Ökonomie der Spannkräfte; 3. die verteilende Gerechtigkeit; 4. die Universalität der Vorsehung; 5. die Einheit des Systems."

Man sieht, Fourier macht sich allerdings die Arbeit leichter als die Philosophen; die Existenz Gottes ist für ihn unbestritten, er setzt das Descartes'sche: „Ich denke, also bin ich", einfach um in den Satz: „Die Welt ist da, also besteht Gott." Und ist einmal dieser Gott als Weltschöpfer anerkannt, so muß er natürlich auch die ihm zugeschriebenen Eigenschaften haben, denn ohne diese Eigenschaften wäre er nicht Gott. Er fährt nun weiter fort: „Wenn Gott der Leiter der Bewegung ist, der einzige Herr des Weltalls und sein Schöpfer, so hat er auch alle Teile des Weltalls zu lenken, also auch die edelsten, die sozialen Beziehungen: folglich ist die Regelung der menschlichen Gesellschaften das Werk Gottes und nicht das der Menschen; und um nun unsere Gesellschaft dem Glück zuzuführen, müssen wir das soziale Gesetz studieren, das er für sie gebildet hat." Mit andern Worten heißt das: Gott ist zwar der oberste Leiter der Geschicke und hat die Grundgesetze der Bewegung für die menschliche Gesellschaft zurechtgerichtet, aber da er sich bei seinen vielen Geschäften um die Details und ihre Ausführung nicht kümmern kann, muß der Mensch sie entdecken und ausführen. Die Logik hinkt zwar etwas, aber Gott wird auf diese Weise vollständig deplatziert und es sind schließlich die Menschen, die Alles allein besorgen; er hat die Allmacht Gottes und den freien Willen des Menschen innerhalb der ihm von Gott überlassenen Grenzen gerettet. Fourier kommt schließlich auf dasselbe hinaus, was er den Philosophen vorwirft, sie hätten die menschliche Vernunft auf den ersten Rang und Gott auf den zweiten gesetzt. Genau so schließt er über den zweiten Punkt. Ist Gott der höchste Verwalter der vorhandenen Spannkräfte, so kann er doch nur mit den größten gesellschaftlichen Vereinigungen sich beschäftigen, die kleinsten, die Frage, wie die Familie, die Ehe zu organisieren sei, ist Sache des Menschen. Das sind also wiederum sehr willkürliche, ketzerische und im Grunde materialistische Gedanken.

Zum dritten Punkt bemerkt er: „Im Schatten der vorhandenen sozialen Gesetzgebung sieht man nicht, daß das Elend der Völker mit dem sozialen Fortschritt wächst. Wir sehen die gefährliche Wirkung in dem Einfluß des Handelsgutes, der dahin führt, die heiße Zone mit schwarzen Sklaven zu bedecken, die man ihrem Heimatlande entreißt, und die gemäßigte Zone mit weißen Sklaven, die man in die industriellen Bagnos treibt, wie dies heute in England sich offenbart und in allen Ländern Nachahmung finden wird. Kann man irgendwelche Gerechtigkeit in einem Zustand der Dinge erblicken, wo der Fortschritt der Industrie selbst nicht einmal den Armen die Arbeit garantiert?"

Die Universalität der Vorsehung muß viertens sich nach ihm auf alle Völker, wilde wie zivilisierte, erstrecken. Das ganze zivilisierte System, das die Wilden anzunehmen als wirklich Freie sich weigern, widerspricht den Wünschen Gottes. Den Zustand, den wir ihnen bieten, die agrikole Zerstückelung und die Einzelwirtschaft, befriedige nicht Menschen, die der Natur am nächsten stehen. Unsere ganze Ordnung beruhe auf der Gewalt und daher müsse ein anderer Zustand begründet werden, der alle Kasten, alle Völker befriedige, wenn die Vorsehung universell sein solle. Die Einheit des Systems endlich impliziere fünftens die Anwendung der Attraktion der Spannkräfte der sozialen Harmonien

des Weltalls, die sich von den Gestirnen bis zu den Insekten erstreckten. Man müsse also im Studium der
Attraktion das soziale Gesetz zu entdecken suchen ...
„Unsere Einrichtungen sind unsern eigenen Völkern so
verhaßt, daß sie in allen Ländern sich erheben und sich
davon zu befreien suchen würden, wenn nicht die
Furcht vor der Gewalt sie zurückschreckte. Wir sind
nicht im Stande, das Menschengeschlecht zu vereinigen,
weil die Barbaren für unsere Einrichtungen nur eine
tiefe Verachtung besitzen und unsere Gewohnheiten nur
die Ironie derselben erregen. Es ist die stärkste Verwün-
schung, die sie einem Feind entgegenschleudern: „Mö-
gest du gezwungen sein, ein Feld zu bebauen." Ja, die
zivilisierte Industrie wird von der Natur wie von allen
freien Völkern verabscheut, die sich in dem Augenblick
zu ihr drängen werden, wo sie mit den Trieben der
Menschen sich in Übereinstimmung setzt."
    Fourier meint also, daß keine soziale Organisation
die rechte sein könne, die nicht von allen Menschen,
ohne Rücksicht auf ihre Kulturstufe, freudig begrüßt
würde, so groß müßten ihre Vorteile und ihre Annehmlichkeiten sein. „Es gilt also eine soziale Ordnung zu
finden, welche dem geringsten Arbeiter ein genügendes
Wohlsein sichert. Die Arbeiter müssen den neuen Zustand dem Zustand der Trägheit und der Straßenräuberei
(brigandage), nach dem sie heute Sehnsucht empfinden,
vorziehen. So lange dieses Problem nicht gelöst ist,
werden die Reiche beständigen Stürmen ausgesetzt sein,
werden sie von einer Revolution in die andere stürzen;
die wissenschaftlichen Wunderkuren laufen immer nur

auf die Dürftigkeit der Masse und folglich auf den Umsturz hinaus; die Helden, die Gesetzgeber stützen sich nur auf den Säbel; aber alle Voraussicht eines Friedrich kann nicht verhindern, daß schwache Nachfolger den Degen auf seinem Sarge rauben lassen.[8] Die zivilisierte Ordnung ist mehr und mehr im Wanken, der vulkanische Ausbruch von 1793 ist nur ihre erste Eruption, andere werden folgen; ein schwaches Regiment wird sie begünstigen. Der Krieg der Armen gegen die Reichen hat so glücklich begonnen, daß Ränkeschmiede in allen Ländern darnach streben, ihn zu erneuern. Vergebens sucht man das zu verhüten; die Natur der Gesellschaft spielt mit unserer Aufklärung, unserer Vorsicht, sie wird immer neue Revolutionen in dem Maße gebären, wie wir die Ruhe gesichert zu haben glauben. Und wenn die Zivilisation sich noch um ein halbes Jahrhundert verlängert, wie viel Kinder werden, veranlaßt durch ihre Väter, vor den Türen der Reichen betteln? (In Folge von Klassenelend.) Ich würde nicht wagen, diese schreckliche Perspektive darzustellen, wenn ich nicht die Berechnungen brächte, welche die Politik in dem Labyrinth der Triebe zurecht weisen und die Zivilisation von ihrem Alp erlösen werden, diese Zivilisation, die immer revolutionärer und verhängnisvoller wird."

Diese Voraussagungen machen Fouriers Scharfsinn und Einsicht alle Ehre, sie sind überraschend. Man halte fest, daß Fourier diese Warnungen und Mahnrufe im

---

[8] Anspielung auf die Wegnahme des Degens Friedrichs des Großen von seinem Sarge in der Militärkirche zu Potsdam durch Napoleon I. 1806.

Jahre 1808 veröffentliche, wo außer ihm nur sehr Wenige an eine soziale Frage überhaupt dachten, und man wird den Weitblick und die Richtigkeit seiner Voraussagungen bewundern müssen. Er führt nun weiter aus, wie viele Reiche bereits an innerer Zerrüttung zu Grunde gingen, weil sie die sozialen Übel nicht zu lösen vermochten. „Welche Monumente diese Reiche immer überlebten, sie stehen da, eine Schande ihrer Politik. Rom und Byzanz (Konstantinopel), ehemals die Hauptstädte der größten Reiche, sind heute zwei lächerlich gewordene Metropolen. Auf dem Kapitol sind die Tempel Cäsars durch obskure Götter aus Judäa verdrängt, am Bosporus werden die christlichen Basiliken durch die Götter der Unwissenheit beschmutzt. Hier wird Jesus auf das Piedestal von Jupiter erhoben, dort setzt sich Mahomed auf den Altar von Jesu. Rom und Byzanz, die Natur bewahrte euch vor der Verachtung der Nationen, die ihr gefesselt hattet; ihr wurdet zwei Arenas politischer Maskeraden, zwei Pandorabüchsen, die im Orient den Vandalismus und die Pest, im Okzident den Aberglauben und seine Raserei verbreiteten; ihr seid zwei konservierte Mumien, um den Triumphwagen zu schmücken und den modernen Hauptstädten einen Vorgeschmack von dem Schicksal zu geben, das den Denkmälern und den Arbeiten der Zivilisation bereitet wird. Zivilisierte! studiert die sozialen Übel des Menschengeschlechts und schafft Wandel!“ –

„Drei Gesellschaftsbildungen Teilen sich in die Erde: Die Zivilisation, die Barbarei und die Wildheit. Die eine ist notwendig besser als die beiden andern, und die bei-

den unvollkommneren, die sich nicht zur besseren erheben, sind von jener Krankheit der Entkräftung erfaßt,
von der nach Montesquieu das Menschengeschlecht
betroffen ist. Die dritte, die beste, welche die andern
nicht zu sich zu erheben vermag, ist offenbar unzu-
reichend für das Wohl des Menschengeschlechts; sie hat
den größeren Teil desselben in einem tieferen Zustand
ermatten lassen. Die beiden ersten Gesellschaftsbildungen sind von der Lähmung betroffen, die dritte, die
Zivilisation, von der politischen Ohnmacht; sie müssen
also alle drei aus einem krankhaften Zustand heraus, der
den ganzen Erdball in seinem sozialen Mechanismus
beunruhigt. Völker! eure sehnlichsten Wünsche verwirklichen sich, die glänzendste Mission ist dem größten der Helden aufbewahrt. Der soziale Kompaß ist
entdeckt, der euch auf den Ruinen der Barbarei und der
Zivilisation zur universellen Harmonie führen wird."

„Die modernen Sophisten haben, namentlich in
Frankreich, immer behauptet, die Einheit des Systems
der Natur zu erklären, sie haben aber nie ernste Studien
über diesen Gegenstand gemacht und man hat nie das
Geringste über die allgemeine Einheit erfahren. Sie
bildet sich aus folgenden drei Zweigen: Einheit des
Menschen mit sich, mit Gott und mit dem Weltall. Der
innere Widerspruch des Menschen mit sich selbst (Fourier meint hier den Widerspruch im Menschen, seine
Triebe befriedigen zu wollen, aber nicht befriedigen zu
können, oder nicht befriedigen zu dürfen. Der Verf.) hat
die Wissenschaft der Moral geboren, welche die Doppelseitigkeit (duplicité) der Handlung als wesentlichen

Zustand und unwandelbare Bestimmung des Menschen betrachtet. Sie lehrt: man müsse seinen Trieben widerstehen, im Krieg mit ihnen leben, also im Krieg mit sich selbst sein; ein Prinzip, wodurch der Mensch auch in den Kriegszustand mit Gott gerät, denn die Triebe und Instinkte kommen von Gott, der sie dem Menschen und allen Kreaturen zum Führer gab."

„Man antwortet zwar: Gott habe uns die Vernunft zum Führer und Mäßiger der Triebe gegeben, woraus also resultierte: 1. daß Gott uns zwei unversöhnlichen und sich antipathischen Führern, den Trieben und der Vernunft, überliefert hat; 2. daß Gott gegen neunundneunzig Prozent der Menschen sehr ungerecht handelte, weil er ihrer Vernunft nicht die Stärke gewährte, ihre Triebe bekämpfen zu können; 3. daß Gott, indem er uns zum Gegengewicht die Vernunft gab, mit einem untauglichen Mechanismus handelte, denn es ist unzweifelhaft, daß diese Schwerkraft selbst bei dem hundertsten Menschen, der allein nur damit versehen ist, ohnmächtig ist, wie ja die Distributeure der Vernunft, z. B. ein Voltaire, am meisten von ihren Trieben unterjocht wurden."

„Alle drei Hypothesen sind nichtig. Die Darlegung der Attraktion der Triebe wird beweisen, daß im sozietären Zustand Vernunft und Triebe sich ausgleichen und aussöhnen und daß sie nur im heutigen sozialen Zustand sich im Diskord befinden. Man sagt: der Mensch sei für die Gesellschaft geboren, man vergißt aber, daß es nur zwei Gesellschaftsordnungen gibt, die der Privatwirtschaft und der Gemeinwirtschaft; der isolierte Zustand und der sozietäre Zustand. Der gegenwärtige Zustand setzt die isolierte Familie voraus, der sozietäre die Arbeit und die Lebensweise in zahlreichen Vereinigungen, welche nach einer bestimmten Regel für Jeden sich Teilen und ausgleichen, nach den drei Eigenschaften: Arbeit, Kapital und Talent. Gott, als höchster ökonomischer Leiter, muß notwendig die Assoziation als den besseren Zustand wollen."

„Es gibt nunmehr viererlei Wissenschaften zu beachten: über die Assoziation, den aromalen Mechanismus, die Attraktion der Triebe und die universelle Analogie."

Die vier Hauptbewegungen und die fünfte, die soziale als pivotale oder Angelpunkt, sind bereits hervorgehoben worden. Gehen wir also über zum „Studium der Assoziation".

„Das Band ist die Basis jeder Ökonomie; wir finden die Keime in dem ganzen sozialen Mechanismus zerstreut, von der mächtigen Ostindischen Kompanie bis zu den armen Gesellschaften der für eine bestimmte Industrie vereinigten Dorfbewohner. So sieht man die Bergbewohner des Jura sich zur Käsefabrikation vereinigen; 20–30 Haushaltungen bringen täglich ihre Milch zum Fabrikanten und am Ende der Saison erhält jede ihren Teil an Käse, entsprechend der Quantität Milch, die sie lieferte. Wir haben überall im Kleinen wie im Großen diese Keime für das Wohlsein bei der Hand, es sind rohe Diamanten, welche die Wissenschaft schleifen muß. Das Problem ist, diese Fetzen einer Assoziation, die in allen Zweigen der menschlichen Arbeit zerstreut sind, zu einem Mechanismus, einer allgemeinen Einheit zu verbinden, wo sie bisher nur mit Hilfe des Instinktes entstanden. Bisher hat die Wissenschaft diese Studie vermieden, die allein wahrhaft dringlich war. Ein Jahrhundert, das sich so vieler Vernachlässigungen in wissenschaftlicher Ordnung und Erforschung schuldig machte, mußte des Überblicks über das Ganze ermangeln; es hat weder die Einteilung des ganzen Systems der Bewegung, noch die drei Einheiten wahrgenommen, woraus es hätte schließen müssen, daß die soziale und die materielle Welt im Widerspruch miteinander, also im Widerspruch mit der Einheit organisiert sind."[9]

„Was die soziale Bewegung betrifft, so sieht man jede interessierte Klasse der anderen das Böse wünschen, überall setzt sich das persönliche Interesse in Gegensatz zu dem Allgemeininteresse. Der Arzt wünscht, daß seine Mitbürger recht viel Krankheiten bekommen, denn er würde zu Grunde gerichtet sein, wenn alle Welt ohne Krankheit stürbe; dasselbe geschähe den Advokaten, wenn jeder Streit schiedsrichterlich auszugleichen wäre. Der Geistliche ist interessiert, daß es viel Tote gibt und zwar viele reiche Tote, Beerdigungen à 1000 Franks. Der Richter ersehnt jährlich wenigstens 45.000 Verbrechen, damit die Gerichtshöfe stets beschäftigt, also notwendig sind. Der Wucherer wünscht Hungersnot; der Weinhändler Hagel; Architekten und Baumeister ersehnen Feuersbrünste. So handeln in diesem lächerlichen Mechanismus der Zivilisation die Teile gegen das Ganze und jeder Einzelne gegen Alle. Die gan-

---

[9] Wir brauchen hier nicht auf die Einseitigkeit des Urteils Fouriers über das achtzehnte Jahrhundert hinzuweisen; das achtzehnte Jahrhundert hat mehr geleistet, als vor ihm viele Jahrhunderte zusammengenommen.

ze Ungeheuerlichkeit eines solchen Zustandes wird man erst begreifen, wenn man die sozietäre Organisation kennen lernt, wo die Interessen eine ganz entgegengesetzte Richtung nehmen; wo Jeder das Gesamtwohl wünscht, weil dieses seinem persönlichen Wohl am meisten entspricht. So zeigt sich überall statt der Einheitlichkeit der Handlung, welche die moralischen und politischen Wissenschaften rühmen, die allgemeine Doppelseitigkeit. Wenn je die Zivilisation über sich erröten und das Bedürfnis nach einem anderen Zustande empfinden muß, so heute, wo alle ihre Illusionen zerstört sind; wo ihre Freiheit als der Weg zur Anarchie erkannt ist, ihre Zerwürfnisse zum Despotismus führen und ihre Handelsmaximen den Wucher, den Betrug, den Bankerott begünstigen, die Nationen schließlich unter das Joch des Monopols beugen und zur Dürftigkeit und Verarmung der Masse führen. So lösen sich alle Chimären von der Vollkommenheit dieser Gesellschaft auf, wodurch man uns in ihren Schafstall führte."

„Will die Wissenschaft zum Ziele kommen, so muß sie folgende Grundsätze zur Richtschnur ihrer Betätigung nehmen:

„Sie muß 1. das ganze Gebiet des Wissens erforschen und muß festhalten, daß nichts getan ist, so lange noch etwas zu tun übrig bleibt; 2. die Erfahrung zu Rate ziehen und sie zum Führer nehmen; 3. vom Bekannten zum Unbekannten vermittelst der Analogie vorschreiten; 4. von der Analyse zur Synthese übergehen; 5. nicht glauben, daß die Natur auf die uns bekannten Mittel beschränkt ist; 6. die Spannkräfte im ganzen sozialen und materiellen Mechanismus vereinfachen; 7. sich nur an die durch das Experiment festgestellte Wahrheit halten; 8. sich an die Natur schließen; 9. beachten, daß aus Irrtümern entstandene Vorurteile keine Prinzipien sind; 10. die Tatsachen beobachten, die wir kennen lernen wollen und sich solche nicht vorstellen; 11. vermeiden, daß zum Schließen Worte mißbraucht werden, die man nicht versteht; 12. vergessen, was wir gelernt haben! Man muß die Ideen wieder an ihrer Quelle aufnehmen und die menschliche Einsicht wieder herstellen. Alsdann wird man zu der Einsicht kommen, daß Alles im System der Natur verbunden ist, und daß es zwischen ihren Teilen eine Einheit gibt. Der Mensch, als einer ihrer edelsten Teile, muß in Übereinstimmung sein mit den Harmonien des Weltalls, also mit der mathematischen oder rationellen Harmonie, der planetären oder sozialen, der musikalischen oder sprechenden. (Einheit der Sprache, Weltsprache.) Ist der Mensch also bestimmt, sich den Harmonien zu assimilieren, so muß er das Band suchen, das ihn mit Allem vereinigt, dieses Band ist die Synthese von der Attraktion der Triebe."

Fourier fährt dann fort: Er wolle an der Hand von Prinzipien, welche nicht er, sondern die Philosophen feststellten, die Erforschung der sozialen Bewegung vornehmen. Man werde sehen, wie die Sophisten, trotz solcher vortrefflichen Führer, wie ihre Prinzipien, auf alle Klippen geworfen wurden und der Menschheit nur sieben Geißeln brachten: Dürftigkeit, Betrug, Unterdrückung, Menschenschlächterei, klimatische Exzesse (Folge von Waldverwüstungen etc.), Krankheiten erzeugende Gifte, dogmatische Finsternis. Es sei in der Natur begründet, daß jede soziale Periode ihre Aufmerksamkeit auf Fragen richte, die sie zu einer höheren Stufe der Entwicklung führten; so beschäftige man sich unter den Zivilisierten mit zwei Wegen, dem Handelssystem und der Freiheit. Das seien die beiden Paradepferde der Philosophen, die sie mit Vorliebe ritten. Man wolle die freie Zirkulation im Handel und komme zum Seehandelsmonopol; man wolle die Meinungsfreiheit und komme zur Herrschaft der Denunzianten und des Schafotts.[10]

Nach der Gesundheit und dem Reichtum sei nichts Wertvoller, als die Freiheit, diese müsse man in körperliche und soziale Freiheit scheiden. Der Gewohnheit entsprechend, Alles nur einseitig anzusehen, habe man nicht erkannt, daß die Freiheit zwei- und mehrseitig sein könne. Tausend Jahre vergingen, ehe man nur an die körperliche Freiheit (die Beseitigung der Sklaverei) dachte. Plato und Aristoteles hielten die Sklaverei für notwendig. Letzterer erklärte sogar, „der Sklave sei der Tugend nicht fähig". Unter dem Christentum wurde die körperliche Freiheit allmählich durchgesetzt, aber noch existierte die Sklaverei vielfach.

„Aber was ist diese körperliche Freiheit Wert ohne die soziale? Der Bettler hat ein Einkommen, das kaum zum Leben genügt, trotzdem genießt er größere Freiheit als der Arbeiter, der, um leben zu können, an die Arbeit gefesselt ist. Doch seine Triebe bleiben unbefriedigt. Er will ins Theater gehen, aber er hat kaum genug, um sich

---

[10] Anspielung auf die Zustände in der Französischen Revolution während der Herrschaft des roten und des weißen Schreckens.

zu nähren, er möchte Volksvertreter werden, aber dazu gehört ein großes Vermögen.[11] Mit dem stolzen Titel, ein freier Mensch zu sein, hat er nur den Dunst statt der Wirklichkeit der sozialen Freiheit; er ist nur ein passives Mitglied der Gesellschaft. Streng genommen hat der Arbeiter nur einen Tag in der Woche, den Sonntag, wo er körperlich frei ist, alle anderen Tage ist er gebunden. So sehen wir die Freiheit nur sehr einfach, rein körperlich. Doppelt ist die Freiheit, wo sie körperlich und sozial aktiv ist; sie genießt der Wilde. Der Wilde beratschlagt über Krieg und Frieden, wie bei uns ein Minister; er hat, soweit dies überhaupt in seiner Horde möglich ist, den freien Aufschwung der Triebe seiner Seele, er genießt eine Sorglosigkeit, die der Zivilisierte nicht kennt. Er muß zwar jagen und fischen, um sich zu ernähren, aber das sind anziehende Beschäftigungen, die ihm die körperliche aktive Freiheit nicht nehmen. Eine Arbeit, die Freude macht, wird nicht als drückende Verpflichtung empfunden. So geht's auch dem Kaufmann; wenn er Stoffe ausbreitet, flott Lügen verzapft und dabei seine Waren verkauft, so ist ihm das ein Vergnügen; er würde sehr mürrisch und grämlich sein, wenn kein Käufer käme und er weder lügen noch verkaufen könnte."

„Die Freiheit des Wilden ist also zweifach, aber diese zweifache Freiheit weicht noch ab von der Bestimmung, die produktive Arbeit verlangt; es ist also die anziehende, produktive Arbeit nötig. Diese unterstellt eine Ein-

---

[11] In der ersten Hälfte des Jahrhunderts und zwar bis 1848 herrschte in Frankreich ein sehr hohes Zensussystem, das nur die Wahl der Reichsten ermöglichte.

heitlichkeit der Verbindung, die persönliche Zustimmung jedes Beteiligten, ob Mann, Frau, Kind, die Verbindung aus Trieb für die Ausübung der Arbeit und die Aufrechterhaltung der begründeten Ordnung. Diese vollständig freie Wahl der Arbeit, bestimmt durch die Triebe, ist die Bestimmung des Menschen. Von der Masse der Zivilisierten mag ein Achtel mit ihrer Lage zufrieden sein, aber sieben Achtel sind unzufrieden. Die große Menge ist nur auf die körperliche Arbeit beschränkt, ihre Beschäftigung ist indirekte Sklaverei, eine Qual, von der sie sich zu befreien wünscht."

„Die kleine zufriedene Minderheit besteht aus Müßigen, oder Solchen, die privilegierte Stellungen einnehmen, und doch hat kaum Einer, Monarch und Minister nicht ausgenommen, seine volle Freiheit erreicht. Kann man also behaupten, daß die soziale Freiheit besteht? Sie ist wie die Gleichheit und die Brüderlichkeit nur Chimäre. Die Brüderlichkeit sandte Einen nach dem Andern ihrer Koryphäen zur Guillotine, die Gleichheit dekorierte das Volk mit dem Titel Souverän, schaffte ihm aber weder Arbeit noch Brot; es verkauft sein Leben um 5 Sous pro Tag[12] und man schleift es, die Kette am Hals, zur Schlachtbank. So sind Freiheit, Gleichheit, Brüderlichkeit nur Phantome."

„Die Freiheit ist illusorisch, wenn sie nicht allgemein ist. Wo der freie Aufschwung der Triebe auf eine sehr kleine Minderheit beschränkt ist, da gibt es nur Unterdrückung. Um aber der Menge die Entfaltung und die Befriedigung der Triebe zu sichern, ist eine soziale Or-

---

[12] Der Sold des französischen Soldaten jener Zeit.

ganisation nötig, die drei Bedingungen erfüllt. Man muß 1. ein Regime der industriellen Attraktion suchen, entdecken und organisieren; 2. Jedem das Äquivalent der sieben natürlichen Rechte des Wilden garantieren;[13] 3. die Interessen des Volks mit denjenigen der Großen verbinden, denn das Volk wird auf sie eifersüchtig sein und sie hassen, so lange es nicht an ihrem Wohlsein gradweise Anteil hat. Nur unter diesen drei Bedingungen kann man dem Volk ein Minimum an Nahrungsmitteln, Bekleidung, Wohnung und hauptsächlich auch an Vergnügungen sichern, denn ohne das Angenehme würde dem Menschen auch der neue Zustand nicht genügen."

---

[13] Als die sieben natürlichen Rechte des Wilden betrachtet Fourier: 1. Sammelfreiheit der Früchte; 2. Weidefreiheit; 3. Freien Fischfang; 4. Freie Jagd; 5. Innere Verbindung der Horde; 6. Sorglosigkeit; 7. auswärtigen Raub (vol exterieur). Unter diesem etwas seltsam scheinenden Recht versteht Fourier das Recht des Wilden, was er außerhalb des gemeinsamen Eigentums der Horde oder des Stammes der Aneignung wert findet, nehmen zu dürfen. In der Zivilisation findet der Raub innerhalb der eigenen Gesellschaft, an Gliedern derselben statt, diesen Raub an der eigenen Genossenschaft kennt der Wilde nicht, der innerhalb der Horde, des Stammes Gemeineigentum besitzt und dieses respektiert. In der Regel lebt der Wilde mit den benachbarten Stämmen in Feindschaft und so wird dieses Recht des „auswärtigen Raubs" einfaches Kriegsrecht. Bei uns Zivilisierten sind noch die Rudimente ganz ähnlicher Auffassung vorhanden, die Kontribution der Lebensmittel im Kriege ist in unsern Augen kein raub, und die Annexion fremder Länder und Provinzen wird auch nicht als solcher angesehen. Fourier will mit seiner ganzen Auseinandersetzung sagen: der wilde hat einesteils mehr Freiheit und Wohlsein, als der arme Zivilisierte, andererseits weit mehr Solidaritätsgefühl, als die Zivilisierten überhaupt. Um das Solidaritätsgefühl, das der wilde in der Horde, im Stamm hat, in unserer Gesellschaft zu begründen, brauchen wir einen ganz neue soziale Organisation.

„Prüfen wir also, wie die sozietäre Ordnung dem Individuum die freie Ausübung der erwähnten sieben Rechte, die mit dem Mechanismus der Barbarei und der Zivilisation so unverträglich sind, in entsprechender Form gewähren kann."

„Schreiten wir zunächst dazu, sie wie ihre Angelpunkte (pivots) zu erklären."

Fourier gibt nun nachfolgendes Tableau, begleitet von drei Analogien, um Diejenigen zu enttäuschen, die es als ein von ihm systematisch angewandtes Vorurteil ansehen, daß er gewöhnlich den Zahlen 7 und 12 (also wie Pythagoras es tat) den Vorzug gebe. Er will beweisen, daß diese Zahlenverhältnisse in der Natur der Dinge liegen, also gegebene sind, nicht willkürlich erfundene.

Die Freiheit kommt nur als Folge der sieben andern Rechte, sie ist das Resultat ihrer Verbindung, so wie Weiß oder Schwarz die Verbindung oder Aufsaugung der sieben Farbenstrahlen ist.

Fourier führt dann weiter aus, daß aber die Freiheit nur einfach oder falsch sei, wenn sie nicht von der Hauptsache, dem Prinzipalen aller Rechte, dem Minimum begleitet sei, was die Periode der Wildheit nicht biete. Auch genießen die Freiheit in der Wildheit nur die Männer, die Frauen sind ausgeschlossen und ist ihre Lage schlimmer, als in der Zivilisation. Es genügt weder die Freiheit, wie sie die Zivilisation bietet, noch genügen die sieben Naturrechte, die der Wilde besitzt, um einen befriedigenden Zustand herzustellen. Der neue sozietäre Zustand müsse also alle drei Geschlechter gleichmäßig berücksichtigen und ihren Trieben Befriedigung gewähren.

		Rechte		Triebe	Farben	geometrische Linien
1.	Kardinale o. industrielle Rechte	Sammelfreiheit	Haupt-Triebe	Freundschaft	Violett	Kreis
2.		Weide		Liebe	Azur	Ellipse
3.		Fischfang		Familiensinn	Gelb	Parabel
4.		Jagd		Ehrgeiz	Rot	Hyperbel
1.	Distributive Rechte	Innere Verbindung	Distributive Triebe	Kabaliste	Indigoblau	Spirale
2.		Sorglosigkeit		Papillone	Grün	Muschellinie
3.		Auswärtiger Raub		Komposite	Orangegelb	Logarithmus
X.		Minimum		Einheitlichkeit	Weiß	
		Freiheit		Gunst	Schwarz	Nebenkreis

Die bezügliche Auffassung Fouriers von der Lage der Wilden und der Zivilisierten lassen wir, da sie charakteristisch ist, hier ausführlicher folgen.

„Die Sorglosigkeit, dieses Glück der Tiere, dieses Recht des Wilden, genießt man in der Zivilisation nur im Besitz großer Schätze. Aber neun Zehntel der Zivilisierten, weit entfernt, dem nächsten Tag ohne Sorgen entgegensehen zu können, sind mit täglichen Sorgen überladen und müssen eine widerwärtige und aufgezwungene Arbeit erledigen. Den Sonntag eilen sie dann in die Schenken und an die Vergnügungsorte, um wenigstens für einige Augenblicke eine Sorglosigkeit zu genießen, die so viele Reiche, von der Unruhe verfolgt, vergebens suchen."

„Die Rechthaber (ergoteurs) werden sagen, die Sorglosigkeit sei eine Charaktereigenschaft und kein Recht; aber sie wird ein Recht, indem sie im Zustand der Zivilisation geächtet ist, wo man die Leichtlebigkeit als entehrend betrachtet und laut verurteilt. Versucht ein mit wenig Glücksgütern bedachter Familienvater sich mit den Seinen einem Vergnügen zu überlassen und verläßt er seine Werkstatt, ohne für Steuern, Miete und die künftigen Bedürfnisse gesorgt zu haben, so belehrt ihn die öffentliche Meinung durch ihre Kritiken und der Steuereinnehmer durch seine Exekutoren, daß er kein Recht zur Sorglosigkeit habe, und er muß, trotz seines Hangs dazu, sich derselben entschlagen. Überdies ist schon die zivilisierte Erziehung systematisch darauf bedacht, den Geschmack an der Sorglosigkeit zu bekämpfen, ein Vergnügen, dessen freie Entfaltung in der Harmonie durch nichts beeinträchtigt wird."

„Der Wilde genießt diese Sorglosigkeit und beunruhigt sich nicht über die Zukunft. Wäre es anders, fürchtete er daß seine Kinder, seine Horde Hunger litte, er würde die Anerbietungen an Ackerbaugeräten und den notwendigen Gegenständen für die Kultur des Bodens, welche die Regierungen der Zivilisierten ihm machen, annehmen. Aber er will keins seiner Rechte einbüßen. Gäbe er seine Sorglosigkeit auf, er würde allmählich seine ganze Freiheit, alle seine Rechte verlieren. Er macht freilich diese Berechnung nicht, aber die Natur macht sie für ihn. Die Attraktion leitet ihn auf den rechten Weg, wie man später sehen wird."

„Den einzigen plausiblen Einwand, den man gegen dieses Glück des Wilden machen kann, ist, daß die Frauen es nicht genießen: die Frauen bilden die Hälfte des Menschengeschlechts und sie haben bei den Wilden eine sehr tiefe und unglückliche Stellung."

„Nichts wahrer als das. Aber wenn ich diese Tatsache nicht anführte, die Philosophen würden keine Notiz davon nehmen, denn sie selbst haben die Gewohnheit, die Frauen für Nichts anzusehen. Von den drei Geschlechtern, aus denen das Menschengeschlecht sich zusammensetzt, dem oberen, den Männern, dem niederen, den Frauen, und dem gemachten oder neutralen Geschlecht, den Kindern, sehen sie nur ein Geschlecht und arbeiten nur für dieses, für das obere oder männliche. Aber welches Glück verschafften diesem die Philosophen? Statt der sieben Rechte, aus welchen die Freiheit sich zusammensetzt, nur die sieben Geißeln."

„Ich bin einem vorauszusehenden Einwand bereits begegnet, indem ich die Freiheit des Wilden als divergierend zusammengesetzt bezeichnete; sie ist in doppelter Weise divergierend; sozial, durch die Unverträglichkeit des sozialen Körpers, Horde genannt, mit der industriellen Arbeit oder Bestimmung, materiell durch Ausschließung des weiblichen Geschlechts, das wenig oder gar nicht an den sieben natürlichen Rechten teilnimmt."

Trotzdem, so führt Fourier weiter aus, stehe der männliche Wilde durch den Genuß der genannten sieben Rechte an Freiheit über der großen Mehrheit der Zivilisierten, welche die immense Mehrheit beider Geschlechter von diesen Vorteilen ausschlösse. Die Zivilisation schulde für das Ausgeben dieser natürlichen Rechte einem Jeden ein Minimum an Lebensnotwendigkeiten, Kleidung, Wohnung, und zwar proportional der sozialen Stellung, zu der er gehöre, denn Notdürftig genährt, gekleidet und logiert werde man auch in den Armenhäusern, wo der Mensch aber nichts als ein Gefangener und sehr unglücklich sei.

Statt den Zivilisierten für den Verlust seiner sieben natürlichen Rechte durch eine menschenwürdige Existenz zu entschädigen, garantierten ihm unsere Publizisten einige Träumereien und Gaskonaden, wie: „daß er stolz sein dürfe auf den Namen eines freien Mannes und das Glück habe, unter einer Verfassung zu leben." Diese Lächerlichkeiten verdienten nicht einmal den Namen der Illusion und befriedigten keinen Arbeitenden, der vor Allem nach seinem Geschmack zu essen, sorglos und vergnügt zu leben wünsche.

„Der sozietäre Zustand garantiert dem Volk die sieben Rechte des Wilden in Fülle, indem er ihm ein ausreichendes Äquivalent bietet; er gewährt jedem Menschen so viel Wohlsein, daß z. B. Niemand mehr auf den Gedanken kommt, zu stehlen, was er so haben kann, oder daß er sich durch eine Handlung in der öffentlichen Meinung mehr zu Grunde richtet, als er durch eine schlechte Handlung zu gewinnen vermag. Schließlich werden alle Kinder in den Begriffen der Ehre erzogen und können alle Bequemlichkeiten des Lebens reichlich genießen. Es wird also Niemand mehr an Diebstahl denken, wo Alle im Überfluß leben."

„Die Zivilisation, indem sie den Menschen der sieben Rechte des Wilden beraubt, gewährt ihm keinerlei entsprechende Äquivalente. Fragt einmal einen unglücklichen Arbeiter der Zivilisation, der keine Arbeit und kein Brot hat, vom Gläubiger und Exekutor bedrängt wird, ob er nicht lieber wie der Wilde das Recht der Jagd und des Fischfangs, des Früchtesammelns und der freien Weide seinem Zustand vorziehe und er wird keinen Augenblick zögern, sich für den Wilden zu entscheiden. Was gibt ihm die Zivilisation für seinen Verlust? Das Glück, unter der Verfassung zu leben. Dem Hungernden ist nicht damit gedient, daß er, anstatt eine gute Mahlzeit zu genießen, die Verfassung lesen kann; es heißt den Notleidenden in seinem Elend beleidigen, wenn man ihm eine solche Entschädigung bietet."

„Daraus folgt: in der industriellen Gesellschaft wird die Freiheit illusorisch und verhängnisvoll, wenn man sie nur in einfacher Anwendung einführt."

Fourier sagt also: die Freiheit ohne Garantie eines Minimums, die Freiheit ohne Brot, ist für die große Menge der Bevölkerung unter Umständen nur die Freiheit des Verhungerns. Die Freiheit hat nur Wert, ja sie ist erst dann vorhanden, wenn auch der Mensch zu leben hat, und diesen Lebensunterhalt garantiert die Zivilisation nicht. „So haben unsere Träumereien von den Menschenrechten und der Freiheit, die man in Versuch setzte, nichts als Täuschungen und verhängnisvolle Erschütterungen erzeugt. Unsere Gesellschaft hat zu ihren Angelpunkten zwei Triebfedern, welche der Einheitlichkeit der Freiheit und dem proportionalen Existenzminimum des sozietären Zustandes schnurstracks gegenüberstehen: allgemeiner Egoismus und Zweideutigkeit aller Handlungen. Diese beiderseitigen Charaktereigenschaften lassen sich nicht vereinigen, sie schließen sich aus."

„Volle einheitliche Freiheit und menschenwürdige Existenz lassen sich nur durch die Anwendung des Mechanismus der Serien der Triebe erreichen, außerhalb desselben ist das ganze System der Triebe im Widerspruch mit sich, es herrschen Egoismus und Zweideutigkeit."...

Es gilt also für Fourier, eine entsprechende Organisation zu schaffen, bei welcher alle Klassen gleichmäßig, unter voller Berücksichtigung ihrer sozialen Lebensstellung, zufriedengestellt werden.

„Vermittelst der gradweisen Abstufung der Interessen ist der Niedere an dem Wohlsein des Höheren interessiert; die gewohnte Begegnung bei den anziehenden

Arbeiten in den Intrigen der verschiedenen Serien dient als Kitt für die Einheitlichkeit. Man hat nichts mehr von der vollen Freiheit des Volkes zu fürchten, das in dem gegenwärtigen Zustande des Elends und der Eifersucht gegen die Höheren seine Unabhängigkeit nur zur Plünderung und Erwürgung derselben benutzen würde."

„Aus dieser Darlegung resultiert, daß die Gewährung einer auskömmlichen Lebenshaltung ausschließlich von der Entdeckung des sozietären Regimes und der anziehenden Arbeit abhängt. Wie kann man dem Volk von Freiheit zu sprechen wagen, wenn man ihm selbst nicht einmal die widerwillige Arbeit, von der heute seine Existenz abhängt, zu garantieren vermag? In einem solchen Zustande der Dinge, wie dem gegenwärtigen, wird alle Freiheit nur ein Keim des Aufruhrs. Die Agitatoren fühlen das wohl und darum haben sie die Macht an sich gerissen. Ihre erste Sorge ist, dem Volk den Maulkorb anzulegen und die philosophischen Schwätzer, die Bonaparte knebelte und Robespierre in Masse aufs Schafott schickte, zu unterdrücken."

„In der Zivilisation kann also keine wirkliche Freiheit existieren, sie existiert nur im Zustande der Wildheit, aber dort unvollständig und gefährlich, weil sie die Horde dem Hunger, dem Krieg, der Pest aussetzt und weder sich auf die Frauen, noch auf die Greise ausdehnt, welch letztere man opfert, wenn sie unbrauchbar werden."

„Obschon die Freiheit des männlichen Wilden dem Schicksal unserer Arbeiter und Bettler vorzuziehen ist, ist sie nur ein rohes, der Vernunft unwürdiges Glück, weil die industrielle Tätigkeit ihm fremd ist. Andererseits ist der Zustand des Elends und der Unterdrückung, in dem unsere Arbeiter seufzen, nicht die Frucht des sozialen Genies, sondern des Mangels an einem solchen und eine Schmach für die Wissenschaft. Weit entfernt, daß diese verstand, uns zur Freiheit zu erheben, hat sie nicht einmal sie zu definieren gewußt, noch vermochte sie ihre verschiedenen Charaktereigenschaften darzulegen. Der Wissenschaft bleibt die Schande, unter dem Vorwand, uns ein Gut zu geben, dessen Wesen sie selbst nicht kannte, tausend politische Stürme erregt zu haben. Sie ist mit der Freiheit wie mit dem Handel verfahren, sie hat einen Hebel zu literarischen Intrigen aus ihnen gemacht und weit entfernt, einen Schatten von Ehrlichkeit in ihre Debatten zu tragen, hat sie selbst weder die Probleme bezeichnet, noch empfohlen, welche aufs Lebhafteste die Anstrengungen des Genies herausfordern, nämlich:

„In Sachen des Handels: das Bedürfnis der Assoziation, die Garantie der Wahrheit und die Unterdrückung der zahlreichen Verbrechen der handeltreibenden Körperschaften: der Bankrotte, des Wuchers, des Börsenspiels etc."

„In Sachen der Freiheit: das Bedürfnis der industriellen Attraktion; ein Äquivalent für die natürlichen Rechte (die der Wilde hat) und Garantien für ein gradweise abgestuftes Minimum für die verschiedenen Klassen."
...

„Der Streit über die Freiheit hat erst neuerdings vier Millionen Köpfe gekostet (Fourier spielt hier auf die der großen Revolution folgenden Kriege an), die den politischen Sophismen und der Handelseifersucht geopfert wurden, genügend, um dieses Chaos von irrigen Lehren über die Freiheit und den Handel zu entwirren."

„Es gehört zu den Gebräuchen der Zivilisierten, einem Dogma zu Ehren, dessen Sinn, noch dessen praktische Wirkungen man kennt, sich gegenseitig an die Gurgel zu fahren. Beweis dafür sind die aus den Debatten über die Verwandlung (Transsubstantiation) und die Wesenseinheit (Consubstantialité) hervorgegangenen Kriege. Unser Jahrhundert hat ähnlich über die Menschenrechte spekuliert; um sie zu erhalten, massakrierte man sich und doch kannte man ihr wahres Wesen nicht."

Nach Fourier liegt das wahre Wesen der Freiheit in der Anerkennung „des Rechts auf Arbeit", das „für den Armen allein Wertvoll ist." Die Erfahrung hat uns zur Genüge gelehrt, daß mit dieser Anerkennung auch nichts getan ist. Es ist auch über dieses „Recht" gar viel gestritten worden und zuletzt, im Jahre 1848 in Paris in den Junitagen, viel Blut geflossen. Das Recht auf Arbeit steht in Bezug auf seine Phrasenhaftigkeit um kein Haar breit hinter der „Freiheit" und den „Menschenrechten" zurück, Jeder legt sich dieses „Recht" zurecht, wie er es braucht und es seinem Interessenstandpunkt entspricht. Gewisse Sozialisten betrachten noch heute das Wort als eine Art Schibboleth, das die soziale Frage löse; bei den Anhängern des preußischen Landrechts, die dieses „Recht" ebenfalls anerkennen, schrumpft es zu einem Recht auf Armenhausarbeit und Armenunterstützung zusammen. Auch nach der Junirevolution hat es noch die Köpfe in der französischen Kammer erhitzt, man schlug große Redeschlachten und dabei ist es bis heute geblieben. Schließlich waren bei all diesen Schlagworten es immer und immer die Vertreter der kleinbürgerlichen Demokratie, die sich am eifrigsten für sie begeisterten und sich zu ihren Champions aufwarfen. Ganz begreiflich. Diese Demokratie repräsentiert eine Gesellschaftsschicht, die zwischen der großbürgerlichen und der proletarischen Klasse mitten innesteht, in Folge davon ohnmächtig ist und in Bezug auf die Heilung der sozialen Übel an chronischer Impotenz leidet und daher ihr Tatenbedürfnis in großen Worten und Kraftphrasen zu verpuffen genötigt ist. Die bürgerlichen Ideologen lieben es, am Klang der Worte sich zu berauschen, sie sind aber allmählich sehr einflußlos und harmlos geworden.

Fourier war allerdings ein viel zu mathematisch denkender und logisch schließender Kopf, um sich durch eine Phrase, die er bei Andern klar durchschaute, beirren zu lassen, und so folgert er: es gibt keine wie immer zusammengesetzte Freiheit ohne das Minimum; kein Minimum ohne die industrielle Anziehung (attraction); keine industrielle Anziehung in der zerstückelten (morcelé) Arbeit, womit er sagen will, in der auf Privatwirtschaft beruhenden Arbeit. Die industrielle Anziehung kann nur aus den Serien der Triebe geboren werden; also:

Das Minimum, gestützt auf die industrielle Anziehung, ist der einzige Weg zur Freiheit, einen andern gibt es nicht. Aber um in diesen Weg einzutreten, muß man die Zivilisation verlassen, muß man ihre Produktions- und Distributionsform aufheben; und da es hierzu, nach ihm, zwölf Wege gibt, muß man den günstigsten wählen, um zur Assoziation zu gelangen.

Es handelt sich also darum, den neuen Zustand dergestalt zu organisieren, daß folgende sieben Funktionen voll angewendet und ausgeübt werden können: häusliche Arbeiten, ländliche Arbeiten, industrielle Arbeiten, Austausch, Unterricht, Wissenschaften, schöne Künste. Es muß vorhanden sein: Anziehung für alle Beschäftigungen, proportionale Verteilung des Erzeugten, Gleichgewicht der Bevölkerung, Ökonomie in den Hilfsmitteln.

Die Anziehung an die Arbeiten kann nur vorhanden sein, wenn jede Arbeit angenehm und lukrativ ist. Die Verteilung findet statt nach den drei industriellen Fähigkeiten: Arbeit, Kapital, Talent. Die Bevölkerungszahl einer Phalanx darf 1800–2000 Personen nicht überschreiten, weil in dieser Zahl, nach Fouriers Berechnung, die verschiedenen Triebe und Charaktereigenschaften voll und zweckmäßig verteilt enthalten sind und eine größere oder kleinere Zahl die Ausgleichung stören würde. Die Ökonomie der Hilfsmittel ergibt sich aus dem möglichst zweckmäßigen Zusammenwirken aller mit einander Operierenden, die alle gleichmäßig an der Ersparnis von Materialien, Zeit und Kraft interessiert sind. So wird man in einer Phalanx von 400 Familien nicht 400 Küchenfeuer, 400 Einzelwirtschaften erhalten, sondern man wird nur 4 oder 5 große Küchenfeuer anlegen und die Bewohner in 4 oder 5 Klassen, nach dem Stande ihres Vermögens, einteilen und sie in einem gemeinsamen Palast wohnen lassen. Der sozietäre Zustand läßt keine Gleichheit zu. Ebenso werden bei dem Ackerbau wie bei der Industrie die Vorteile in positiver Beziehung – Erhöhung der Produkte durch zweckmäßigste Kombinierung und Anwendung der Kräfte und Hilfsmittel – und in negativer Beziehung – Ersparnisse an Kraft, Zeit, Materialien – sehr bedeutende sein. Es entsteht wieder rationelle Waldzucht, Quellenschonung, Klimaverbesserung. Über alle diese Vorteile, welche die assoziierte Tätigkeit erzeugen müsse, äußert sich Fourier wie folgt:

„Eine Phalanx, die sich z. B. mit Wein- oder Ölbau befaßt, wird nur einen einzigen Werkraum für die Fertigstellung nötig haben, statt der vielen, die jetzt in einer Gemeinde von 15–1800 Seelen nötig sind; statt 300 Bottiche wird sie nur ein Dutzend bedürfen. Man wird ferner für die Reben- und Ölbaumanlagen die Überwachung, die Einfriedigungen und Ummauerungen ersparen. Man wird die Lese nicht auf einmal vornehmen, wie dies jetzt der kleine Privatbesitzer, um Kosten und Zeit zu ersparen, tun muß, sondern in dem Maße, wie die Trauben reifen, und damit große Verluste an Quantität oder Qualität verhüten. Statt der 1000 Fässer, welche heute 300 Familien benötigen, werden 30 große Tonnen genügen. Man wird neun Zehntel der Kosten für die Lagerräume, neunzehn Zwanzigstel für das Faßwerk ersparen. Die richtige Behandlung des Weins ist dem kleinen Besitzer unmöglich, weder kann er ihm die nötige Lagerung gewähren in trockenen gut gelüfteten nach Norden gelegenen Lagerräumen, noch hat er die Einrichtungen und Vorrichtungen für die tägliche Kühlung der Keller und Fässer. Auch fehlt der Überzahl der Besitzer die Möglichkeit, die Weine durch verschiedene Füllungen zu verbessern, leichte mit schweren Qualitäten zu schneiden, oder sich fremde wärmere Weine zu verschaffen. Ferner wird heute der Wein, unmittelbar nach der Ernte, von vielen Eigentümern zum billigsten Preis verkauft, weil sie ihn verkaufen müssen, sei es, daß sie Geld nötig haben, der Gläubiger schon wartet, oder daß es ihnen an geeigneten Aufbewahrungsräumen fehlt, und sie der Mittel oder des Verständnisses zur Pflege entbehren. In der Phalanx wird der Wein in Folge guter Aufbewahrung und Pflege schon nach einem Jahre das Fünffache des Preises Wert sein und mit dem Alter entsprechend im Preise steigen. Die Phalanx verkauft ihn, wie ihr Interesse gebietet. Und so noch viele andere Vorteile, die aus der Gemeinwirtschaft entspringen, stets Kosten ersparen und die Produkte verbessern. Man wird bessern Samen, bessere Pflanzen anschaffen, im Ankauf nie betrogen werden; man wird für die verschiedenen Pflanzungen die besten und geeignetsten Bodenarten aussuchen können, Maschinen, Gebäude, Ställe, Lagerräume werden die zweckmäßigsten sein, die verfügbaren Kräfte werden jede Arbeit im richtigen Moment ermöglichen."

„Eine der glänzendsten Seiten der sozietären Arbeit wird die Einführung der Wahrheit in Handel und Wandel werden. Indem die Assoziation die kooperative, solidarische, sehr vereinfachte, auf Wahrhaftigkeit und Garantie beruhende Konkurrenz an die Stelle der individuellen, unsoliden, lügnerischen, verschlungenen und willkürlichen Konkurrenz der Zivilisation setzt, wird sie nur ein Zwanzigstel der Arme und der Kapitalien benötigen. Man wird also den heutigen Handel als parasitisch unterdrücken, denn parasitisch ist Alles, was unterdrückt werden kann, ohne daß der Zweck geschädigt wird. Man wird in der Phalanx statt hunderter konkurrierender und gegen einander intrigierender Kaufleute und Krämer mit ihren Verkaufshallen und Läden nur ein großes Warenlager und Verhältnismäßig sehr wenig Personen brauchen, da alle Käufe und Verkäufe nach außen die Phalanxen unter sich abschließen."

„In der Zivilisation ist der Mechanismus in jeder Art der ruinöseste und falscheste. So gibt es außer im Handel noch tausende und abertausende von parasitischen Existenzen, z. B. die in der Rechtspflege beschäftigten Personen, eine Institution, die nur auf den Fehlern der zivilisierten Ordnung beruht ... Andererseits fehlen die Mittel für das Nötigste. So mangeln Frankreich heute einige hundert Millionen Franken für die Verbesserung der Wege und Straßen; im sozietären Zustand, wo Phalanx an Phalanx sich reiht, bestehen die ausgezeichneten Verbindungsmittel, für die jedes Phalanstère (das Phalanstère ist der ganze Bezirk [Kanton] inklusive der Gebäude. Der Kanton soll nach Fourier eine Quadratstunde Flächeninhalt haben) aufzukommen hat, ohne daß es der Staatssteuern dazu bedarf. Ebenso fällt die kostspielige Katastrierung der Grundstücke für den

Staat fort. Eine Wahl, die heute unendlich viel Zeit und Geldopfer erfordert, eine Menge der widerlichsten Kabalen erzeugt, wird in der Phalanx dem Einzelnen kaum eine Minute Zeit kosten, eine Reise dazu hat er nicht nötig zu machen." ...

„Unter die Unproduktiven gehören ferner die Soldaten, die Grenzwächter, die Steuerbeamten; auch sind ein großer Teil der Dienstboten und viele von den in der isolierten Wirtschaft beschäftigten Personen unter die Parasiten zu rechnen. Sobald Männer, Frauen, Kinder, letztere vom dritten Lebensjahre ab, aus Anziehung tätig sind, wenn Trieb, Geschicklichkeit, Wetteifer, der verbesserte Mechanismus der Arbeit, Einheitlichkeit der Handlungen, freier Verkehr, Verbesserungen des Klimas, höhere Kraft und Langlebigkeit der Menschen zusammenwirken, werden die Arbeitsmittel und Kräfte ins Unberechenbare sich steigern und wird das Produkt quantitativ und qualitativ sich dem entsprechend veredeln und vermehren."

„Am meisten wird das Schicksal der Kinder in der sozietären Organisation sich verbessern. In der meist sehr übel und mangelhaft geleiteten Privatwirtschaft finden die Kinder in ihren Hütten, Hofwerkstellen, Scheuern weder die Hilfsmittel, noch die Belehrung, noch die Beurteilung, noch den Antrieb, den sie nötig haben, um sich gehörig zu entwickeln. Dabei sterben sie massenhaft in Folge ihrer ungesunden Wohn- und Lebensweise, oder sie siechen dahin. Im sozietären Zustand wird die Sterblichkeit sich außerordentlich vermindern, die Kinder werden an körperlicher und geistiger Gesundheit in heute ungeahnter Weise zunehmen. Drohende Übervölkerung wird die societäre Organisation auszugleichen wissen."

Die Zivilisation befindet sich allen diesen Fragen gegenüber in einem falschen Kreisschluß (cercle vicieux) und das erkennt man allmählich. Man ist erstaunt, zu finden, daß in der Zivilisation die Armut selbst den Überfluß erzeugt. Unser Zustand bringt nicht das Glück, sondern das Nichtglück hervor; die Exzesse der Industrie führen zu den größten Übeln, sie werfen uns von der Scylla in die Charybdis, und warum? Weil wir ohne Leitfaden in einem Labyrinthe wandeln. Das zeigt sich überall. Wählen wir als Beispiel die natürlichen Anlagen des Menschen und die Kunst, sie zum Aufbruch zu bringen. Ein Kärrner fährt Metall in eine Gießerei.[14] Bei dem Anblick ihrer Einrichtungen erfaßt ihn die Neigung, als Lehrling einzutreten. Er entdeckt bei sich einen Trieb, den bisher weder er, noch seine Eltern kannten; er tritt wirklich als Lehrling ein und macht so erstaunliche Fortschritte, daß er schon nach einem Jahre einen sehr geschickten Arbeiter ersetzte und pro Tag 22 Franken verdiente. Welche Anklage liegt in diesem einen Beispiel gegen unsere Arbeits- und Erziehungsmethoden, gegen unsere Theorie der Vervollkommnung und des Studiums des Menschen. Jedes Kind hat vom jugendlichsten Alter an Anlagen und Triebe verschiedenster Art, aber wie ermöglichen, daß wir sie kennen lernen? Dazu ist die Zivilisation unfähig. Uns mangelt

---

[14] Fourier erwähnt hier einen selbsterlebten Fall und führt die Namen an, die wir als gleichgültig weglassen.

der Kompaß, der Schlüssel, der uns dieses Zauberbuch über die Anziehungen und die industriellen und wissenschaftlichen Anlagen und Triebe entziffert. Das kann nur durch die Anwendung der Serien der Triebe geschehen; sie bilden den Schlüssel zu jedem Zweig des sozialen Mechanismus und hauptsächlich auch für die Erziehung. Das Problem, das es hier zu lösen gilt, ist, nicht nur eine, sondern selbst zwanzig Anlagen zum Aufbruch zu bringen bei einem Kinde, das kaum drei Jahre alt ist. Vom vierten Jahre ab soll es schon spielend in zwanzig verschiedenen Serien industrieller Tätigkeit geschickt sein und mehr gewinnen, als seine Nahrung und sein Unterhalt kosten; es übt abwechselnd alle physischen und intellektuellen Fähigkeiten, Alles mit Eifer ergreifend. Statt zwanzig Anlagen im Alter von vier Jahren finden wir bei dem Zivilisierten oft nicht eine im Alter von zwanzig Jahren, sie wurden unterdrückt, erstickt, weil die Eltern arm waren, oder die Triebe und Anlagen nicht anzuregen verstanden, oder die Gelegenheit fehlte. So steht es ähnlich selbst bei der wohlhabenden Klasse. Unter zwanzig jungen Leuten, die man auf die Universitäten und Hochschulen schickt, ist öfter kaum einer, der die in ihn gesetzten Hoffnungen erfüllt. Die Anlagen zum Aufbruch zu bringen, die Kunst, sie vom niedersten Lebensalter an zu entwickeln, das ist die Klippe, an der unsere Wissenschaften scheitern. Wir verstehen das nicht einmal in der Agrikultur, woher es kommt, daß diese selbst unserer Dorfjugend widerwärtig erscheint. Unsere wissenschaftliche, unsere industrielle Erziehung steht, wie Alles, außerhalb der Natur, außerhalb der Anziehung. Es ist klar, wir brauchen einen Wegweiser, eine neue Wissenschaft und diese ist die Lehre von den Serien der Triebe. Ohne sie werden die Nebel immer größer. Man behauptet, die Menschen seien heute nicht falscher als früher. Indes vor einem halben Jahrhundert konnte man für wenig Geld noch Stoffe von guter Farbe und Qualität und natürliche, d. h. unverfälschte Nahrungsmittel kaufen; heute herrschen überall Verfälschung und Betrügerei. Der Landmann selbst ist ein Fälscher geworden, wie es der Kaufmann schon vor ihm war. Milch, Öl, Wein, Branntwein, Zucker, Mehl, Kaffee, Alles ist schamlos verfälscht. Die arme Menge kann sich keine natürlichen Lebensmittel mehr verschaffen, man verkauft ihr langsam wirkende Gifte; solche Fortschritte machte der Handelsgeist selbst bis in die entlegensten Dörfer. Seit fünfzig Jahren hat sich die Zahl der Handeltreibenden vervierfacht, ohne daß die Beschäftigung für sie sich entsprechend vermehrte, der Schwindel ist in demselben Maße gewachsen und ebenso die Aufsaugung der Kapitalien."[15] „Zu allen Zeiten und an allen Orten wird die Anziehung der Triebe zu drei Zielen zu kommen suchen: Zum Luxus oder zur Befriedigung der fünf Sinne; zu Gruppenbildungen und Serien der Gruppen – Bande der Zuneigung –; zu dem Mechanismus der Triebe, der Charaktere und Instinkte; und durch sie alle drei zur universellen Einheitlichkeit."

„Der Luxus umfaßt alle sinnlichen Vergnügungen. Indem sich die Triebe nach Befriedigung sehnen, wün-

---

[15] Der Leser will nicht vergessen, daß das nicht heute, sondern schon vor dreiviertel Jahrhunderten geschrieben wurde.

schen wir uns implicite Gesundheit und Reichtum als Mittel der Befriedigung; wir wünschen uns inneren Luxus oder körperliche Kraft, Verfeinerung und Stärke der Sinne, und äußeren Luxus oder Reichtum. Man muß diese beiden Mittel besitzen, um den ersten Zweck der Anziehung der Triebe zu erreichen. Wir müssen also befriedigen: Geschmack, Gefühl, Gesicht, Gehör, Geruch. Für das zweite Ziel sucht die Anziehung Gruppen zu bilden und zwar in der Zahl von vier: Gruppe der Freundschaft, des Ehrgeizes, als höhere; der Liebe, der Elternschaft oder der Familie, als niedere Ziele. Alle Gruppen, die sich in voller Freiheit und nach Neigung bilden, beziehen sich auf eins dieser vier Ziele. Wird eine Gruppe zahlreich, so Teilt sie sich in Untergruppen, indem sie eine Serie von Teilen bildet, abgestuft in Nuancen nach Neigungen und Geschmack. Alle Gruppen suchen eine Serie (Reihe) oder Stufenleiter zu bilden, verschieden in Gattung und Art. Die Serien der Gruppen sind also zweites Ziel der Anziehung, indem sie sich für alle Funktionen der Sinne und der Seele bilden. Das dritte Ziel ist der Mechanismus der Triebe oder der Serien von Gruppen. Es ist das Bestreben der fünf sinnlichen Triebe (1. Geschmack, 2. Gefühl, 3. Geruch, 4. Gesicht, 5. Gehör) mit den vier affektiven: 6. Freundschaft, 7. Ehrgeiz, 8. Liebe, 9. Elternschaft, in Übereinstimmung zu bringen. Diese Übereinstimmung vollzieht sich durch Vermittlung der drei wenig bekannten und viel verkannten Triebe. 10. der Kabalist, Trieb durch Intrige nach Vereinigung der Gleichstrebenden; 11. der Papillon, Trieb nach Abwechslung, nach Kontrasten;

12. der Komposit, Trieb der Aneiferung, der Begeisterung, des Strebens nach Vervollkommnung."

„Diese zwölf zusammenwirkenden Triebe stellen die Harmonie der Triebe her. Ein Jeder wünscht im Spiel seiner Triebe eine solche Ausgleichung sich zu verschaffen, daß der Aufschwung des einen Triebes den Aufschwung aller übrigen begünstigt. Z. B. Liebe, Ehrgeiz wollen ihr Ziel erreichen und nicht enttäuscht sein; die Gourmandis hat die Absicht, die Gesundheit zu verbessern, und nicht zu schädigen ... Gegenwärtig ist der Mensch im Kriege mit sich selbst. Seine Triebe geraten aneinander. Der Ehrgeiz wirkt der Liebe, die Elternschaft der Freundschaft entgegen, und so befinden sich alle Triebe beständig in Disharmonie. Aus diesem Kampf der Triebe entstand die Wissenschaft der Moral, die verlangt, man solle die Triebe unterdrücken; aber unterdrücken heißt nicht organisieren, harmonieren. Unser Zweck ist, den freiwillig ineinander greifenden Mechanismus der Triebe zu schaffen, ohne einen zu unterdrücken. Dies geschieht, wenn jedes Individuum, indem es sein persönliches Interesse verfolgt, damit auch dem Allgemeininteresse beständig dient. Heute ist das Gegenteil der Fall. Die Zivilisation ist ein Krieg des Einen gegen Alle und Aller gegen Einen; eine Ordnung, wo Jeder sein Interesse dabei findet, alle anderen zu täuschen, sie ist ein den Trieben fremder Diskord; aber das Ziel der Triebe muß sein, zur inneren und äußeren Harmonie zu kommen."

„Die Kunst zu assoziieren, besteht darin, eine Phalanx von Serien der Triebe in voller Übereinstimmung bilden und entwickeln zu können, die vollkommen frei nur durch Anziehung bewegt sein sollen und angewendet werden auf die sieben bereits erwähnten industriellen Funktionen. Hauswirtschaft, Ackerbau, Industrie, Handel und Verkehr, Unterricht, Wissenschaften, schöne Künste ... Eine Serie der Triebe ist eine Verbindung verschiedener in auf- und absteigender Stufenfolge verbundener Gruppen, die vereinigt sind durch Übereinstimmung des Geschmacks für irgendeine Tätigkeit, wie den Anbau einer Frucht, und in welcher für jeden Zweig der Arbeit hierbei eine spezielle Gruppe sich bildet. Wenn die Serie Hyazinthen oder Kartoffeln baut, muß sie ebenso viel Gruppen bilden, als Arten von Hyazinthen oder Kartoffeln kultiviert werden sollen. Jede Gruppe bildet sich aus Gliedern der Serie, die für eine bestimmte Art inklinieren. Es sind mindestens 45–50 Serien notwendig, wenn einigermaßen die nötige Abwechslung und Ausgleichung herbeigeführt werden soll. Die Serien benutzen die Verschiedenheiten der Charaktere, des Geschmacks, der Instinkte, der Vermögen, der Ansprüche, der Bildungsstufen. Jede Serie setzt sich aus kontrastierenden und abgestuften Ungleichheiten zusammen, sie erheischt ebenso viel Gegensätze oder Antipathien als Übereinstimmungen oder Sympathien, wie ja auch in der Musik ein Akkord dadurch sich herstellt, daß man ebenso viel Noten ausfallen läßt, als man zusetzt. Die Kontraste der Töne erzeugen den Akkord. Eine Vereinigung von Serien der Triebe hat für die soziale Harmonie glänzende Eigenschaften, sie erzeugt Bewegung, Wahrheit, Gerechtigkeit, direkte und indirekte Übereinstimmung, Einheitlichkeit. Die Zivilisation hat alle entgegengesetzten Eigenschaften: Entkräftung, Ungerechtigkeit, Betrug, Mißstimmung, Zweideutigkeit. Aber die Serie der Triebe würde nicht richtig funktionieren, wenn sie nicht drei Eigenschaften besäße. Die verschiedenen Gruppen müssen miteinander rivalisieren oder gegeneinander in Bewegung geraten; das ist nur möglich, wenn die Gruppen nicht grundverschiedene Leistungen vollziehen, sondern nur gradweise verschiedene, also z. B. nicht verschiedene Arten von Obst, sondern verschiedene Sorten einer Art bauen. Ferner müssen die einzelnen Sitzungen kurz sein, sie dürfen sich nicht über zwei Stunden ausdehnen, weil sonst die Ermüdung eintritt. Soll eine Arbeit anziehend sein, so muß sie kurzzeitig sein und man muß dann zu einer andern kontrastierenden Tätigkeit übergehen können. Endlich muß Jedes in der Gruppe eine bestimmte Arbeit haben, die es im Wetteifer mit den Übrigen am besten zu machen sucht. So kommen die Kabalist, die Papillon, die Komposit in Anwendung. Eine Gruppe genügt, wenn sie sieben Mitglieder zählt; sie ist vollkommen, wenn sie neun hat; sie Teilt sich dann unwillkürlich wieder in Untergruppen, in die beiden Flügel und das Zentrum. Vierundzwanzig Gruppen ist die niedrigste Anzahl für eine Serie."

„Die Zivilisierten treffen überall instinktiv das Falsche, sie ziehen immer das Falsche dem Waren vor und so ist auch der Angelpunkt ihres Systems eine falsche Gruppe, die sie auf die kleinste Zahl, auf zwei beschränkten.

116

Diese Gruppe ist das Ehepaar. Diese Gruppe ist falsch durch die Beschränkung der Zahl, falsch durch das Fehlen der Freiheit, falsch durch das Auseinandergehen und die Spaltungen des Geschmacks. Diese Differenzen machen sich schon nach den ersten Tagen fühlbar; man differiert bezüglich der Gerichte, der ehelichen Besuche, der Ausgaben, der Unterhaltung, und wegen hundert anderer Dinge. Nun, wenn die Zivilisierten nicht einmal die ursprünglichste ihrer Gruppen harmonisieren können, dann können sie dies noch weniger mit dem Ganzen. Der Mensch ist aus Instinkt Feind des Zwanges und der Gleichheit, er strebt in jeder Beziehung beständig nach Veränderung."

Da nach Fourier also der Mensch in jeder Beziehung Feind der Gleichheit ist, weshalb auch die Vermögensunterschiede bestehen bleiben müssen, gibt es in der Phalanx eine hierarchische Ordnung, die freilich, bei Lichte besehen, sehr harmlos ist, und sich auch nur zum Besten des Ganzen betätigen kann. Freund militärischer Einrichtungen, die ihm durch ihre strenge Ordnung und ihre regelmäßige Funktionierung imponieren – er soll mit großer Vorliebe bis an sein Lebensende den militärischen Übungen und Paraden beigewohnt haben –, gibt er seiner phalansteren Hierarchie einen militärisch-monarchischen Anstrich, obgleich ihr Grundtypus ein rein demokratischer ist. Die Leiter der Serien und Gruppen werden Offiziere genannt und haben militärische Grade. Es sind Hauptleute, Lieutenants, Fahnenjunker; es gibt ganze Stäbe in der Phalanx und werden alle Würden ohne Rücksicht auf das Geschlecht erworben.

Sind in einer Gruppe oder Serie hauptsächlich Frauen, so werden die Offiziersstellen hauptsächlich Frauen bekleiden. Dasselbe gilt von den Kindern, Knaben wie Mädchen. Die Mitglieder der Serien und Gruppen wählen zu ihren Leitern Diejenigen, die sich innerhalb ihres Kreises am meisten auszeichnen und dadurch die Sympathien der Übrigen erwerben. Fourier ist ferner der Ansicht, daß die Menschen, mit sehr wenig Ausnahmen, an äußeren Auszeichnungen, an schönen Farbenzusammenstellungen in ihrer Kleidung, an Uniformen, glänzenden Schaustellungen und Festen, opulenten Einrichtungen, prächtigen Denkmälern und Bauten ihre Freude haben. Nach all diesen Richtungen soll die Phalanx das Höchste bieten.

Zur Leitung werden zweierlei Arten von Offizieren gewählt; die Einen, welche die eigentliche geschäftliche Leitung haben, und die Andern, welche den sogenannten äußeren Dienst versehen, die für den Glanz und das würdige Auftreten der Gruppen und Serien bei Festen, Aufzügen, Schaustellungen und für die Ausschmückung sorgen. Auch in letzterer Beziehung wird ein lebhafter Wetteifer zwischen den einzelnen Serien und Gruppen entstehen. Man wird für die zuletzt erwähnten Funktionen hauptsächlich solche Personen zu Offizieren erwählen, die größeren Reichtum besitzen. Denn da in der Phalanx das Kapital fünf- und sechsfach höhere Zinsen erlangt, als in der Zivilisation, ohne daß Arbeit und Talent dabei zu kurz kommen, und die reichen Leute in der Phalanx sehr bedeutend billiger und doch viel besser leben, als in unserer gegenwärtigen sozialen Ordnung, werden sie eine Ehre darein setzen, ihren eigentlich sonst gar nicht unterzubringenden Überfluß zum Besten des Ganzen anzuwenden. Sie werden also öfter für ihre Serien- und Gruppengenossen besonders opulente Mahlzeiten veranstalten, die ihnen gar nicht so außergewöhnlich teuer kommen, weil sie nur das Plus des Preises über die regelmäßige Mahlzeit, deren Kosten Jedem Tag für Tag von der Phalanx angerechnet werden, zu bezahlen haben; ferner werden sie den Bau prächtiger Pavillons, die Aufstellung von Statuen, Altären und dergleichen in dem Teile des Kantons, in dem die Serie oder Gruppe, in welcher sie die hervorragende Rolle spielen, beschäftigt ist, auf ihre Kosten betreiben.

Alle Arten von Serien und Gruppen, gebildet in Übereinstimmung mit den Trieben, deren Ordnung und Mechanismus der Zivilisation als ein undurchdringliches Geheimnis erscheint, sind nach Fourier das Ergebnis geometrischer Berechnungen auf Grund der Anziehungen und der Bestimmungen. Die Richtigkeit dieser von ihm unternommenen Berechnungen ist nach seiner Meinung unzweifelhaft. Er kennt das Geheimnis des ganzen Mechanismus der Gesellschaft und von einem guten Teil des Weltalls; Alles organisiert sich nach bestimmten mathematischen Zahlenverhältnissen, die zunächst nur ihm bekannt sind.

Wenn einmal Jemand sich im Besitz eines solchen Geheimnisses und solcher Kenntnisse wähnt, so ist natürlich, daß jede andere Theorie, die auf dasselbe Ziel hinaus läuft, ihm als eine Art Profanation seiner eigenen Ideen, als eine Art Sakrilegium erscheint, und daß er die fremden Theorien dementsprechend als Scharlatanerie behandelt und verurteilt. Da nun um dieselbe Zeit, als Fourier mit seinen Theorien vor die Öffentlichkeit trat, Owen in England mit seinen Assoziationsversuchen ebenfalls hervortrat und großes Aufsehen erregte, später auch schriftstellerisch und persönlich agitatorisch für dieselben wirkte, konnten diese Bestrebungen Fourier nicht unbekannt bleiben. Er griff Owen heftig an, als einen Mann, der vom Mechanismus der Assoziation nichts verstehe, nur Sophismen verbreite und mit seinem Kommunismus und Atheismus das größte Unheil anstifte. In ähnlicher Weise wandte er sich später auch gegen die Saint Simonisten, die er mit ihrer neuen Religionsgründung lächerlich machte. Unbegreiflich war ihm nur, daß Beide, Owen und Saint Simon, mehr Beachtung und Anhang fanden, als er.

Fourier fährt nun weiter fort:

„Das Bedürfnis nach periodischer Verschiedenheit, kontrastierenden Situationen, Szenenveränderungen, nach pikanten Zufällen, nach Neuigkeiten, welche die Illusion erregen, ist dem Menschen eingeboren. Dieser Trieb ist die Papillon. Das Bedürfnis nach Abwechslung macht sich bei dem Menschen von Stunde zu Stunde, lebhaft von zwei zu zwei Stunden bemerkbar. Wird es nicht befriedigt, so verfällt er der Lauheit und Langeweile. Auf der Befriedigung dieses Triebes nach Veränderung beruht das Glück der Pariser Sybariten. Es ist die Kunst, „gut und rasch zu leben". Verschiedenheit und Verkettung der Vergnügungen, Raschheit der Bewegung ist notwendig."

Indem nun im sozietären Zustand alle Beschäftigung in kurzen Sitzungen von etwa einundeineinhalbstündiger Dauer sich vollzieht, kann Jeder im Laufe des Tages acht bis zehn ihn anziehende und seine Triebe befriedigende verschiedene Tätigkeiten ausüben, die durch die Art ihrer Ausübung ihm nur Vergnügen bereiten. Den nächsten Tag besucht er Gruppen und Serien, die von denen des vorhergehenden Tages in ihrer Zusammensetzung wie in ihrer Tätigkeit verschieden sind. So eilt der Mensch, entsprechend seinen Trieben, selbst indem er nützlich tätig ist, von Vergnügen zu Vergnügen, ohne in Exzesse zu verfallen, denen der Zivilisierte nicht entgeht. Denn dieser widmet einer Arbeit sechs Stunden und mehr, einem Fest sechs Stunden, einem Ball die ganze Nacht auf Kosten seines Schlafes und seiner Gesundheit. Dann sind auch die Vergnügungen der Zivilisierten immer unproduktiv, während im sozietären Zustand die Arbeiten selbst zu Vergnügen und also produktiv werden. Sehen wir zu, wie ein Unbemittelter und wie ein Reicher in der Phalanx ihren Tag verbringen. Wir nehmen den Monat Juni als Beispiel der Lebensweise für den Unbemittelten.

„Früh 3½ Uhr erheben und ankleiden; 4 Uhr Sitzung[16] in einer Gruppe für die Pflege der Tiere in den Stallungen; 5 Uhr Sitzung in einer Gruppe der Gärtner; 7 Uhr Frühstück; 7½ Uhr Sitzung der Mäher; 9½ Uhr Sitzung der Gemüsebauer, und zwar werden diese Gartenarbeiten bei größerer Wärme unter künstlich konstru-

---

[16] Jede dieser kurzzeitigen Beschäftigungen nennt Fourier Sitzung (séance).

ierten transportablen Zelten vorgenommen; 11 Uhr
zweite Sitzung in den Stallungen; um 1 Uhr Mittags-
tisch; 2 Uhr Waldarbeiten; 4 Uhr Beschäftigung in einer
Manufaktur; 6 Uhr Bewässerung; 8 Uhr Börse; 8½ Uhr
Abendessen; 9 Uhr Unterhaltungen; 10 Uhr Schlafenge-
hen.

Die Börse der Phalanx beschäftigt sich nicht mit dem
Handel von Papieren und dem Schacher der Lebensmittel, sondern es werden hier die Abmachungen für den
nächsten Tag getroffen; es bilden sich neue Gruppen
und Serien. Auch wird später, wenn die Phalanx in voller Wirksamkeit ist, die Zahl der Ruhepausen und
Mahlzeiten sich auf fünf erhöhen und werden die Sitzungen kürzer. Der Reiche, dessen Tagesbeschäftigung
wir nun folgen lassen, ist ein Gutsbesitzer, der probe-
weise in die Phalanx trat.

Früh 3½ Uhr erheben und ankleiden; 4 Uhr Zusam-
menkunft im Morgensaal, Unterhaltungen über die
Nachterlebnisse; 4½ Uhr erste Erholung, gefolgt von
der industriellen Parade – Kinder und Erwachsene,
Männer und Frauen ziehen mit Fahnen und Emblemen
unter Musik in ihren Gruppen und Serien auf das Feld –;
5½ Uhr Jagd; 7 Uhr Fischfang; 8 Uhr Frühstück; Zei-
tungen; 9 Uhr Gartenkultur unter Zelten; 10½ Uhr Fa-
sanerie; 11½ Uhr Bibliothek; 1 Uhr Mittagessen; 2½
Uhr Gewächshäuser; 4 Uhr Pflege exotischer Pflanzen;
5 Uhr Pflege der Fischteiche; 6 Uhr Vesperbrot auf dem
Felde; 6½ Uhr Schafzucht; 8 Uhr Börse; 8½ Uhr
Abendessen; 9½ Uhr Schaustellungen; 10½ Uhr Schla-
fengehen.

Die kurze Schlafzeit – sechs Stunden – erklärt Fourier damit, daß die Harmonisten in Folge ihrer vernünftigen und angenehmen Lebensweise, die Niemand überanstrenge, weniger Schlaf brauchten, als die Zivilisierten, auch würden sie von Kindheit an an diese Lebensweise gewöhnt. Bei der minutiösen Ausarbeitung, die Fourier allen Einrichtungen seiner Phalanx zu Teil werden läßt, hat er sich auch ausführlich mit den baulichen Einrichtungen befaßt und die entsprechenden Pläne seinen Werken einverleibt. Die Phalanx ist eben ein Uhrwerk, das nach den Plänen seines Erfinders konstruiert werden muß, wenn es den beabsichtigten Zweck erreichen soll. Das Gebäude der Phalanx, das Phalanstère, besitzt ringsum Galerien, die im Winter gleichmäßig durchwärmt, im Sommer von erfrischender Kühle sind. Der Länge nach laufen durch das mächtige Gebäude, in dem die 1800–2000 Angehörigen der Phalanx wohnen, Säulenhallen, die nach allen Teilen führen, nach den Sälen, den Wohnungen, der Börse. Verdeckte Gänge stellen bequeme Verbindungen nach den Ateliers, Werkstätten und Stallungen her. Man behaupte, meint F., durch die kurzen Sitzungen werde viel Zeit verbraucht, um von einem Ort zum andern zu kommen. Das sei Indes falsch, da das Gebäude mitten im Bezirk liege und von allen Seiten in 5–10, höchstens 15 Minuten zu erreichen sei. Auch kämen die Kosten des Baues nicht in Betracht, da die Arbeitsweise in der Phalanx gegen diejenige in der Zivilisation immense Vorteile biete, und der Eifer, mit dem Jedermann sich beteilige, herbeiführe, daß in einer Stunde geleistet werde, was in der Zivilisation kaum in drei Stunden geleistet werden könne. Man betrachte nur einmal unsere Arbeiter auf dem Felde, die, wenn ein Vogel vorüber fliege, sich hinstellten und ihm nachsähen, die Hände auf die Hacke gestützt. Das komme daher, weil unsere Arbeiten Überdruß erweckten und ermüdeten und jeden Reizes entbehrten.

„Die Beschäftigung in der Phalanx erzeugt das die Gesundheit fördernde körperliche Gleichgewicht. Die Gesundheit muß notwendig geschädigt werden, wenn der Mensch sich zwölf Stunden einer gleichmäßigen Arbeit überlassen muß, die, welcher Art sie immer ist, die verschiedenen Glieder des Körpers und seinen Geist nicht genügend beschäftigt. Dies wird noch schlimmer, wenn dieselbe Arbeit Tag für Tag das ganze Jahr hindurch sich wiederholt. Daraus entstehen neben dem allgemeinen Widerwillen an der Arbeit die vielen Berufskrankheiten; so sind gewisse chemische Fabriken wahre Mördergruben, in denen eine Beschäftigung von zweistündigen Sitzungen, zwei- oder dreimal die Woche für den Einzelnen, ohne jeden Nachteil ertragen wird. Die reiche Klasse verfällt wieder andern Krankheiten, der Gicht, der Apoplexie, dem Podagra, Krankheiten, die dem Landmann fremd sind. Die Fettleibigkeit, bei den Reichen so gewöhnlich, ist ein Zustand, der körperliches Gleichgewicht und Wohlbefinden gröblich stört. Fast alle Beschäftigungen und Vergnügungen der Reichen stehen mit der Natur im Widerspruch. Die sanitäre Bestimmung schreibt dem Menschen beständige Abwechslung in der Tätigkeit sowohl für den Körper als für den Geist vor, diese hält allein die Aktivität und das Gleichgewicht aufrecht."

„Was vorzugsweise das körperliche Wohlbefinden fördert, wird auch das seelische fördern. Vereinigt in der Zivilisation das Interesse Freunde, so vereinigt es im sozietären Zustand sogar die Feinde, es söhnt die antipathischen Charaktere durch indirekte Kooperation aus, und zwar, weil in einer großen Reihe von Serien und Gruppen, in die jeder Einzelne nach der Verschiedenheit seiner Neigungen und Triebe nach und nach eintritt, er durch die Berührung findet, daß Diejenigen, die ihm auf dem einen Gebiet antipathisch waren, ihm auf anderen sympathisch sind. Auch wird das Nebeneinanderarbeiten nach demselben Ziel unwiderstehlich seine aussöhnende Wirkung üben."

„Die seelischen Triebe verlangen so gut wie die sensuellen Abwechslung, um befriedigt zu werden; es sind also auch die Herzen der großen Mehrheit der beiden Geschlechter dem Bedürfnis nach Veränderung und Abwechslung unterworfen. Der Mann wie die Frau wünschte sich ein Serail, wenn Abhängigkeit, Sitte und Gesetz sich dem nicht widersetzten. Die ernsten Holländer, die in Amsterdam so hoch moralisch scheinen, haben in Batavia ihre Serails, gefüllt mit Frauen aller Hautfarben. Da haben wir das Geheimnis unserer Moral; sie wird zur Heuchlerin, wenn die Umstände es gebieten, und sie wirft die Maske ab, wenn sie dies ungestraft tun kann."

„Pflanzen und Tiere haben das Bedürfnis nach Wechsel und Kreuzung. Mangels eines solchen Wechsels arten sie aus. Ebenso hat der Magen das Bedürfnis nach Wechsel; entsprechende Veränderung in den Speisen erleichtert die Verdauung und erhöht das Behagen und die Befriedigung; aber man gebe dem Magen dieselbe ausgesuchteste Speise täglich und er wird sie mit Widerwillen zurückweisen. Geist und Seele sind von dem Trieb nach Veränderung beherrscht; oft wirken zwei und drei Triebe gleichzeitig; so Liebe und Ehrgeiz."

„Die Erde selbst hat ihre internierenden Zeiten, die der Besamung, der Erzeugung. Der Boden bedarf alternierender Anwendung der Pflanzen; die ganze Natur verlangt nach Wechsel. In der ganzen Welt existieren nur die Moralisten und die Chinesen, welche die Einförmigkeit, die Uniformität verlangen; aber die Chinesen sind auch die falschesten, der Natur am meisten widerstrebenden Wesen."

Fourier, der, wie wiederholt hervorgehoben wurde, Alles haßte, was mit dem Handel zu tun hatte, haßte die Chinesen besonders, weil sie, nach dem Vorurteil seiner Zeit, die größten Diebe und Betrüger im Handel seien. Wir wissen heute, daß dies eine falsche Ansicht ist, obgleich die Vorurteile gegen die Chinesen noch sehr stark in Europa sind. Ebenso wie die Chinesen waren Fourier als hauptsächlich handeltreibendes Volk die Juden verhaßt, die er unmittelbar den Chinesen in der Rangordnung folgen ließ. Er war sehr unglücklich, als man in Frankreich den Juden die vollen bürgerlichen Rechte einräumte, was ihn freilich nicht abhielt, wie wir sahen, Herrn von Rotschild unter die Kandidaten für seine Versuchsphalanx zu reihen und ihm ein König-reich Jerusalem in Aussicht zu stellen.

„Die Moral", führt Fourier weiter aus, „welche die drei Triebe: Kabalist, Papillone, Komposit, am heftigsten kritisiert, ist selbst im stärksten Widerspruch mit der Natur. Diese drei Triebe spielen eine große Rolle im sozialen Mechanismus, wie die Natur es will; sie haben die Herrschaft, denn sie dirigieren die Serien der Triebe; jede Serie ist in ihrem Mechanismus gefälscht, wenn sie nicht den kombinierten Schwung dieser drei Triebe begünstigt; sie bilden die neutrale Gattung in der Tonleiter der zwölf Triebe."

„Aktiver Gattung sind die vier Triebe der Seele: Freundschaft, Ehrgeiz, Liebe, Elternschaft; passiver Gattung die fünf sensuellen Triebe: Gehör, Geruch, Geschmack, Gesicht, Gefühl. Die neutrale Gattung – die mechanisierenden Triebe – macht sich besonders bemerklich bei den Kindern, denen die zwei affektiven Triebe – Geschlechtsliebe und Elternschaft – noch fehlen; sie überlassen sich den mechanisierenden Trieben in ihren Spielen am meisten, welche sie sehr selten über zwei Stunden ausüben, ohne zu wechseln.

Diese Disposition wird man für sie bei der Organisation ihrer Erziehung und Beschäftigung besonders in Anwendung bringen."

„Die Anziehung kann dreierlei Art sein: direkt oder übereinstimmend; indirekt oder gemischt; verkehrt oder abweichend, d. h. gefälscht. Direkt ist sie, wenn sie aus Freude an dem Gegenstand selbst die Tätigkeit ausübt. So haben Archimedes in der Geometrie, Linné in der

Botanik, Lavoisier in der Chemie nicht des Gewinnes wegen, sondern aus heißer Liebe zur Wissenschaft gearbeitet. So kann ein Fürst aus Liebe an dem Gegenstand Orangen- oder Nelkenzucht treiben, oder wie Ludwig XVI. die Schlosserei; kann eine Fürstin Zeisige oder Fasanen pflegen. Hier herrscht direkte Anziehung zur bestimmten Beschäftigung, und so werden in der sozietären Gesellschaft sieben Achtel der Arbeiten beschaffen sein."

„Die indirekte Anziehung ist vorhanden, wenn Jemand eine Tätigkeit mehr des Gewinnes wegen, oder der Resultate seiner Arbeit als des Gegenstandes selbst wegen ausübt. Zum Beispiel ein Naturforscher, der widerliche Reptile oder Giftpflanzen unterhält. Er liebt weder das Eine, noch das Andere an sich, aber er überwindet seinen Widerwillen durch den Eifer, den die in Aussicht stehenden wissenschaftlichen Resultate in ihm erwecken. Solche indirekte Anziehung wird sozietäre Funktionen erregen, die einer besonderen Anziehung beraubt sind, aber größeren Gewinn oder größere Anerkennung finden. Dieser Art Arbeiten wird es ein Achtel geben."

„Die verkehrte oder gefälschte Anziehung herrscht dort, wo die Arbeit den Trieben Verstimmung erzeugt. Das ist der Fall, wo der Arbeiter nur dem Zwang gehorcht, wo seine Arbeitskraft gekauft ist, wo moralische Erwägungen ihn treiben, aber weder Freudigkeit für, noch Geschmack an der Tätigkeit vorhanden ist. Diese Nichtattraktion kann in der Phalanx nicht existieren, sie herrscht aber in sieben Achteln der Arbeiten der Zivilisation vor. Diese Zivilisierten hassen ihre Tätigkeit, sie

128

üben sie entweder aus Hunger oder Langeweile, sie erscheint ihnen eine Strafe, zu der sie trägen Schrittes, mit trübsinnigem, niedergedrücktem Aussehen gehen."

„Der Gewinnanreiz, der bei den für Lohn oder Gehalt Arbeitenden nur eine divergierende Anziehung ausübt, kann in der Assoziation oft ein edles Hilfsmittel sein. Zum Beispiel es handele sich um eine Erfindung wie die, die Rauchverbrennung herbeizuführen. Hier handelt es sich um Gewinn und Ruhm. Wer das Mittel entdeckt, empfängt von der Phalanx fünf Franken, da aber eine Million Phalanxen auf dem Erdboden bei dieser Erfindung interessiert sind, so erhält er fünf Millionen Franken und empfängt außerdem als Erfinder das Diplom als einer der Magnaten des Erdballs, wodurch er auf der ganzen Erde die diesem Rang zugebilligten Ehrenbezeugungen empfängt."

„Durch diese Form der Belohnung für allgemein nützlich oder angenehm erkannte Leistungen wird selbst in den kleinsten Dingen der Gewinn enorm sein. Wird für eine Ode oder Symphonie eine Belohnung von zwei Sous gewährt und erklären sich bei der Abstimmung 500.000 Phalanxen für dieselbe, so werden dem Dichter oder Komponisten 50.000 Franken ausgezahlt. Er empfängt zu diesem Zweck die entsprechende Anzeige von dem Weltkongreß, und wird diese Summe ihm in Konstantinopel, der Hauptstadt der Welt, ausgehändigt. So wird Jeder für außergewöhnliche Leistungen in demselben Verhältnis Belohnungen und Ehren empfangen, als diese Anerkennung finden. Denn nur diejenigen Phalanxen steuern, die sich zu Gunsten einer

Leistung aussprachen, sie also für würdig erachteten und wertvoll fanden."

„Die indirekte Anziehung wird man in der Zivilisation selten finden, sie kann nur durch einen mächtigen Anstoß angeregt werden. Ein Beispiel. Im Jahre 1810 geriet bei Lüttich eine Kohlenmine in Brand und wurden achtzig Arbeiter, ohne Nahrungsmittel zu haben, darin eingeschlossen. Um sie zu befreien, mußte in wenig Tagen ein bedeutender Durchstich fertiggestellt werden. Alle Kameraden der Eingeschlossenen gingen mit Feuereifer an die Arbeit, Jeder setzte eine Ehre darein, das Höchste zu leisten, und nach vier Tagen war eine Arbeit vollbracht, zu der man sonst mindestens zwanzig gebraucht hätte. Es war nicht der Geldgewinn, der sie trieb, denn die Arbeiter wiesen jede Belohnung als eine Beleidigung zurück, es war der Drang, ihre Genossen um jeden Preis zu retten. So kann also die widerlichste unangenehmste Arbeit indirekt anziehend werden, wenn edle Impulse ihr zu Hilfe kommen."

Fourier erläutert nun weiter die innere Organisation und Verwaltung der Phalanx. „In der Zivilisation kennt man keine andere Rangordnung, als die nach Stand und Vermögen; die sozietäre Ordnung dagegen wendet eine uns heute gänzlich unbekannte Klassifikation an, diejenige der Charaktere nach dem Lebensalter und nach Temperamenten. Die verschiedenen Alter vom dritten Lebensjahre an bis zum Greisenalter Teilen sich in sechzehn Stämme (tribus) und, den beiden Geschlechtern entsprechend, in zweiunddreißig Chöre." Die Kinder vom frühesten Lebensalter – bis zu einem Jahre

Säuglinge, bis zum zweiten Poupons und bis zum dritten Lutins genannt – zählen als unentwickelt noch nicht mit. Jeder der sechzehn Stämme hat seine besondere Bezeichnung. Stamm Nr. 1, 3–4½ Jahre zählend, umfaßt die Bambins; Nr. 2, 4½–6½ Jahre, die Cherubins; Nr. 3, 6½–9 Jahre, die Seraphins; Nr. 4, 9–12 Jahre, die Lyzeisten; Nr. 5, 12–15½ Jahre, die Gymnasiasten; Nr. 6, 15½–20 Jahre, die Jugendlichen. Die weiter folgenden Stämme sind nicht streng nach den Lebensaltern geregelt; die drei letzten, aus den höchsten Lebensaltern gebildet, heißen: die Ehrwürdigen, die Verehrten, die Patriarchen. Abgesehen von den sechs ersten Stämmen, für die eine besondere Organisation und ein besonderes Erziehungssystem besteht, wobei beim Aufsteigen von einem Stamm in den andern besondere Prüfungen verlangt werden, hat diese Stammeseinteilung kaum einen praktischen Zweck, wenigstens ist er nicht zu erkennen. Nur die ältesten Stämme haben gewisse Ehrenposten in der Phalanx inne, sie sind aber ohne wesentlichen Einfluß.

Die wertvollste Anwendung von dieser Stufenleiter wird bei den Kindern gemacht, sie soll die natürliche Erziehung erleichtern und den Korpsgeist erzeugen, mit Hilfe dessen sie mit Eifer zu den Studien und zu den Arbeiten hingezogen werden. Sobald die Kinder in das Reifealter übergetreten sind, besuchen sie wie die älteren Lebensalter täglich die Börse, wo alle Abmachungen für die Arbeiten und die Vergnügungen des nächsten Tages besprochen und geordnet werden.

Die oberste Leitung der Phalanx liegt in den Händen der Regentschaft. Diese wird aus den Mitgliedern des

Areopags gewählt, der sich zusammensetzt: 1. aus den Chefs aller Serien; 2. aus den drei ältesten Stämmen: den Ehrwürdigen, Verehrten und Patriarchen; 3. aus den Aktionären und 4. aus den Magnaten und Magnatinnen der Phalanx. Der Areopag hat wenig zu tun, da sich Alles durch Anziehung und den Korpsgeist der Stämme, Chöre und Serien regelt; er gibt nur über wichtige Geschäfte, wie die beste Erntezeit, die Weinlese, Neubauten etc., seine Meinung kund, doch ist diese Meinung nicht verpflichtend. „Weder sind der Areopag noch die Regentschaft mit lächerlichen Verantwortlichkeiten belastet, wie z. B. ein Finanzminister in der Zivilisation." Das Rechnungswesen ist Sache einer besonderen Serie, welche die Bücher führt, die jedes Mitglied der Phalanx einsehen kann. Überdies ist das Rechnungswesen so einfach wie möglich. Tägliche Zahlungen gibt es nicht, jedes Mitglied hat, entsprechend seinem Vermögensanteil und dem voraussichtlichen Arbeitsertrag, Kredit. Ebenso rechnen die verschiedenen Phalanxen auf Grund ihrer Bucheintragungen von Zeit zu Zeit miteinander ab. Die Rechnung für die Einzelnen wird am Ende des Jahres, wenn die Bilanz gezogen ist und die Verteilungen vorgenommen werden, beglichen. Dasselbe Verfahren wird seitens der Phalanxen dem Fiskus gegenüber beobachtet, der vierteljährlich seine Steuern für die Gesamtheit der Mitglieder einer Phalanx pünktlich, und bei dem viel ergiebigeren Ertrag aller Arbeit auch in entsprechend höheren Beträgen, abgeführt erhält. Herr Fiskus erspart also seine gesamten Steuerbeamten, Exekutoren und die für diesen Zweck in

Tätigkeit zu setzenden Gerichtsbeamten. Ebenso geben die industriellen Armeen, worunter diejenigen Abordnungen der Phalanxen verstanden werden, welche sich in einem mehr oder weniger entfernten Lande oder in einer Provinz mit Abordnungen anderer Phalanxen zu gemeinsamen, besonders gearteten größeren Arbeitsleistungen zusammenfinden, auf ihrer Reise einfache Schuldverschreibungen ab, die der betreffenden Phalanx präsentiert und von dieser berichtigt werden. Da nun solche industriellen Armeen ziemlich oft zusammentreten und Reisen unternehmen, ist jedes Phalansterium mit den entsprechenden Unterkunftsräumen für Menschen und Tiere versehen. Ferner haben die Kinder keinen Vormund mehr nötig, das große Buch der Phalanx hat für jedes derselben sein Konto und verwaltet seinen Besitzstand und sein Einkommen. Die Kinder können sogar vom fünften Lebensjahre ab schon über ihr Einkommen verfügen.

Fourier geht nun über zur Kostenberechnung für die Gründung einer Phalanx. Diese veranschlagt er auf fünfzehn Millionen Franken. Das Hauptgebäude, ungefähr 500 Fuß lang und 250 Fuß tief, bilden zwei hintereinander liegende, durch Galerien verbundene parallel laufende Bauten und besteht aus Parterre, Entresol und vier Etagen. Das Zentrum des Gebäudes tritt nach hinten zurück, wodurch ein großer freier Platz zwischen den Flügeln entsteht, der als Paradeplatz Verwendung findet. Der Raum zwischen den beiden parallel laufenden Bauten ist mit Blumenparterren, Orangerien, Springbrunnen ausgefüllt. Der große Mitteleingang führt in eine mächtige Säulenhalle, von wo Galerien und Treppen nach allen Teilen des Gebäudes fuhren. Im Parterre des Mittelraums befindet sich der große Wintergarten. Die Alten wohnen in den Parterreräumen, die Kinder im Entresol. In den Flügeln der ersten Etage logieren die reichen Phalansterianer, in der Mitte der ersten Etage befindet sich der Börsensaal, die Speise- und Vergnügungssäle. Außerdem gibt es eine Menge Räume für kleine Gesellschaften. Die oberste Etage bleibt für die Fremden und die Besucher reserviert. Küchen und Bäder befinden sich im Souterrain. Die Werkstätten, Waren- und Getreidelager und Stallungen liegen symmetrisch geordnet dem Hauptgebäude gegenüber, getrennt durch eine breite mit Bäumen und Blumenbouquets bepflanzte Straße. Alle Passagen und Übergänge sind gegen die Unbilden der Witterung geschützt und im Winter erwärmt. Hinter den beiden Flügeln des Hauptgebäudes liegen rechts und links die Kirche und das Theater, beide ebenfalls durch verdeckte Gänge mit dem Wohngebäude in Verbindung stehend.

Die Tätigkeit der Phalanx wird sich besonders erstrecken auf die Vieh- und Geflügelzucht, eine Tätigkeit, die namentlich in der ungünstigsten Jahreszeit ausgenutzt werden kann. Garten- und Feldbau wird im ausgedehnteren Maßstab betrieben, und wird während der milden Jahreszeit die meisten Hände in Anspruch nehmen. Die Küchenarbeiten mit ihren umfänglichen Vorarbeiten erfordern Tag für Tag eine große Anzahl verschiedener Kräfte. Der Küche werden die Phalansterianer eine besondere Sorgfalt schenken, denn gut zu essen betrachten sie als eine ihrer vornehmsten Pflichten, und daher wird allen Tätigkeitszweigen, die mit der Küche in Verbindung stehen, eine besondere Aufmerksamkeit entgegengebracht werden. Dazu gehören also insbesondere Gemüse und Obstzucht, Vieh- und Geflügelzucht, Fischzucht, Wildpflege, Konservenbereitung. Manufakturen und Gewerbe sollen nach Bedürfnis eingerichtet und hauptsächlich im Winter betrieben werden.

Die Phalanx richtet ihre ganze Tätigkeit und ihr Bestreben dahin, daß Alles, was sie leistet, sich durch Solidität wie durch Schönheit und Geschmack auszeichnet, sie sucht mir einem Wort in Allem das Vollendete zu liefern. Dadurch wird sie im Vergleich zu der Zivilisation in vielen Dingen geringere Quantitäten an Produkten verbrauchen, z. B. an Tuchen, Kleidungsstoffen, Möbeln, Werkzeugen.

In einer gut und voll eingerichteten Phalanx werden nach Fouriers Berechnung nötig sein: für Tier- und Geflügelzucht 30 Serien; für Garten- und Landwirtschaft, inklusive Wiesenbau und Waldbewirtschaftung, 50 Serien; für die Manufakturen 20 Serien; für Hauswirtschaft und Erziehung 40 Serien; für Küche und Kellerei 60 Serien; im Ganzen also 200.

In der Manufaktur wird man wieder diejenigen Beschäftigungen, die täglich in Anspruch genommen werden, wie: Schneiderei, Schuhmacherei, Tischlerei, Schlosserei, Sattlerei u. s. w., von denen unterscheiden, in denen eigentliche Massenfabrikation, wie die Anfertigung der Halbfabrikate, Wäschefabrikation u. s. w., betrieben wird. Diese Massenfabrikation läßt sich auf bestimmte Zeiten beschränken. Die Anwendung in den verschiedenen Tätigkeiten bleibt der freien Wahl der Geschlechter überlassen, auch werden die rivalisierenden Serien nach den verschiedensten Methoden tätig sein und immer neue Methoden zu erfinden suchen. Manche Gewerbe werden besonderen Anklang finden, wie die Kunsttischlerei, die Parfümerie – letztere hauptsächlich bei den Frauen –, die Konditorei. Die Geschlechter werden sich dabei die ihrer Natur besonders zusagenden Tätigkeiten ganz von selbst auswählen. So wird in der Konditorei das Anmachen des Teigs hauptsächlich Männerarbeit sein, die Frauen werden sich mit der Herrichtung der Früchte und Materialien beschäftigen, die Kinder werden bei dem Formen, dem Auslesen und Einlegen in Anspruch genommen sein. Auch wird, weil alle Einrichtungen auf das Beste und Zweckmäßigste getroffen sind, die peinlichste Reinlichkeit in den Werkstätten und Arbeitsräumen aufrechterhalten werden können. Ist Butter- und Käsefabrikation vorzugsweise Frauen- und Kinderbeschäftigung, so die Fleischerei Männerarbeit. Fourier führt dies Alles sehr im Detail aus, um zu zeigen, wie alle Geschlechter in zweckmäßiger Weise ihrem Charakter und ihren Anlagen entsprechend ihre Beschäftigungen zu finden vermöchten. Der ganze Mechanismus der industriellen Anziehung würde umgestürzt und die Phalanx unmöglich werden, wenn man in der Assoziation, sowie heute in der Zivilisation, keine Rücksicht auf die verschiedenen Triebe nehmen und die Arbeitssitzungen über das zulässige Maß ausdehnen wollte.

Die Fabriken werden aus den Städten allmählich auf das Land verlegt, damit der Arbeiter die volle Abwechslung der Beschäftigung, wie die Vorteile und Annehmlichkeiten des Landlebens und der ländlichen Beschäftigung genießen kann.

„Für den neuen sozietären Zustand ist die Erziehung von der größten Wichtigkeit; sie hat zum Zweck, alle körperlichen und geistigen Fähigkeiten zur vollen Entwicklung zu bringen, und soll überall, selbst in den Vergnügungen, produktiv angewendet werden. Unsere heutige Erziehung wirkt entgegengesetzt; sie unterdrückt und verschlechtert die Fähigkeiten des Kindes; sie leitet die Jugend im Widerspruch mit der Natur, denn der erste Zweck der Natur oder der Anziehung ist der Luxus – körperliche Kraft und Verfeinerung der Sinne. Der Luxus erzeugt bei dem Kinde eine lebhafte Anziehung für produktive Tätigkeit, die ihm heute verhaßt ist. Seine Entwicklung ist also eine falsche, die heutige Erziehung schwächt seine Gesundheit. Man nehme hundert Kinder, ganz nach Zufall, aus der reichen Klasse, die gute Pflege und gute Nahrung haben, und man wird finden, daß sie weniger kräftig sind, als hundert halbnackte Dorfkinder, die mit Schwarzbrot genährt werden und wenig Pflege haben. Aber der treffendste Beweis für unser falsches Erziehungssystem ist, daß es die Anlagen des Kindes nicht zur Entfaltung bringt, sondern dies dem Zufall überläßt. Abgesehen von den verschiedenen Systemen der Erziehung, man zerstört die Anlagen, sei es in der Häuslichkeit, sei es in der Welt, durch ein Dutzend ganz entgegengesetzter Methoden, die dem Kinde ganz widersprechende Impulse geben, seine erste Erziehung durch eine ganz neue absorbieren. Das geschieht durch das, was man den Geist der Welt nennt. Ist ein junger Mann sechzehn Jahre alt geworden und tritt in die Welt ein, so lehren ihn Väter, Verwandte, Nachbarn, Diener, Kameraden, sich über die Lehren, die ihn im jüngeren Alter einschüchterten, lustig zu machen, sich mit den Sitten der galanten Welt in Einklang zu setzen; sie Raten ihm, über die Lehren der Moral, die den Vergnügungen feind sind, zu lachen und sich darüber hinwegzusetzen, um später von den Liebeleien, nachdem er sie genügend genossen, zu den Geschäften des Ehrgeizes überzugehen. Welch eine Absurdität unserer Erzieher, dem Kinde ein System von Ansichten einzutrichtern, die jetzt bei ihm über den Haufen zu werfen alle Welt sich bemüht! Man wird keinen jungen Mann von zwanzig Jahren treffen, der, eine glückliche Gelegenheit zum Ehebruch findend, das Beispiel des keuschen Joseph nachahmt, „der Moral und den gesunden Doktrinen" folgt. Fände man ihn, er würde dem Publikum und den Moralisten selbst ein Rätsel sein. Ebenso würde sich die ältere Welt über einen Finanzmann mokieren, der, obgleich er es ungestraft tun kann, sich mit fremdem Eigentum die Taschen nicht füllte: er würde als ein Dummkopf, ein Visionär betrachtet, der nicht weiß, „daß, wenn man an der Krippe sitzt, auch essen soll". In welch falscher Stellung befinden sich da nicht unsere Erziehungsdoktrinen."

„Der große Zweck und die Aufgabe der Erziehung muß sein, Charaktere wie die von Nero, Tiberius, Ludwig XI. ebenso nützlich für die Gesellschaft zu machen, wie diejenigen eines Titus, Marc Aurelius, Heinrich IV.[17] Um diesen Zweck zu erreichen, muß von der Wiege an das Naturell des Kindes sich frei entwickeln, während wir bemüht sind, von der Wiege an dieses Naturell zu ersticken und zu verkünsteln. In der Zivilisation denkt man bei dem niedrigsten Lebensalter nur an die rein physische Sorge, wohingegen der sozietäre Zustand schon vom Alter von sechs Monaten ab sehr wirksam auf die intellektuelle wie materiellen Fähigkeiten des Kindes achtet."

„Zunächst sei festgestellt, daß in der Assoziation die Pflege und Unterhaltung der extremen Alter, der Kinder bis zu drei Jahren und der Patriarchen, als Liebeswerk der Gesamtheit angesehen wird. (Man halte fest, daß nach Fourier vom dritten Jahre ab die Kinder in der Phalanx sich schon so nützlich erweisen, daß sie ihre Erziehungs- und Unterhaltungskosten voll decken.) Das Prinzip in der Erziehung ist dasselbe wie in allen andern Funktionen der Assoziation. Man bildet Serien für die Funktionäre, wie für die Funktionen."

„Die Bonnen bilden Serien, und ebenso werden die Kinder nach den Charaktereigenschaften und Temperamenten, die sie alsbald nach ihrer Geburt offenbaren, in

---

[17] Der Letztere dürfte wohl kein passend gewähltes Muster sein, indes, man muß stets beachten, wann das Gesagte geschrieben wurde. Die historische Forschung stak damals noch in den Kinderschuhen, Fourier folgte hier dem allgemeinen Vorurteil, das zu Gunsten Heinrichs IV sprach. Der Verf.

Serien geordnet und in die bezüglichen Säle verteilt. Da bildet sich eine Serie der Friedlichen, der Widerspenstigen, der Verwüster oder Teufelchen. Die Bonnen, die Tag und Nacht ihre Posten versehen, wechseln ihren Dienst wie in allen übrigen Beschäftigungen alle ein und eineinhalb bis zwei Stunden. Die Bonnen werden von Unterbonnen – jungen Mädchen, die für die Pflege der Kleinen Neigung haben – unterstützt. Die Mütter können – wie schon erwähnt – ebenfalls als Bonnen eintreten, anderen Falles finden sie sich zu den Stunden ein, wo sie dem Kinde die Mutterbrust geben oder sich nach seinem Befinden erkundigen wollen. Die Mutter ist also nicht, wie die meisten Mütter in der Zivilisation – namentlich wenn sie unbemittelt sind und keine Pflegerin halten können –, Tag und Nacht an das Kind gefesselt.

Die Bonnen wählen sich die Säle, in denen sie ihre Pflichten versehen wollen; Jede ist bemüht, für ihr Verhalten und die Pflege, die sie den Kindern zu Teil werden läßt, den Beifall und den Dank der Mütter zu erwerben. Auch ist Tag und Nacht ärztlicher Beistand vorhanden, sobald er gebraucht wird. Die Ärzte nehmen in der Phalanx eine ganz andere Stellung ein, als in der Zivilisation; sie erhalten ihre Belohnung nicht nach der Zahl der Kranken, sondern nach der Zahl der Gesunden; sie sind also dabei interessiert, daß die Phalansterianer möglichst gesund bleiben, wohingegen heute sich die Ärzte recht viel Kranke, namentlich reiche Kranke wünschen.

Um den Zweck guter Pflege und Gesundheit zu erreichen, sind alle Einrichtungen für die Kleinen auf das denkbar Beste und Zweckmäßigste getroffen. Die Klei-

140

nen befinden sich in einer Lage, wie sie in der heutigen Ordnung kaum die Reichsten ihren Kindern zu schaffen vermögen, bei denen die Bonnen Tag und Nacht ununterbrochen in Anspruch genommen sind und ermüden. Sobald das Kind sechs Monate alt ist, ist man bemüht, seine Sinne zu wecken. Was es hört und sieht, ist darauf berechnet, seine Sinne zu raffinieren: es hört nur guten Gesang und gute Musik, es sieht nur die schönsten Bilder, die elegantesten Spielsachen, es empfängt später die passende Unterweisung und freundliche Belehrung. In Folge dieser Erziehung wird das Kind in der Assoziation mit drei Jahren intelligenter und geschickter sein, als es bei uns mit sechs Jahren ist. In der Zivilisation trägt Alles dazu bei, Geist und Sinne des Kindes zu fälschen, wenn sie nicht gar unterdrückt werden. Eltern, Dienstboten, Verwandte verderben durch ihr widersprechendes Verhalten und häufigen Unverstand den Charakter des Kindes und hindern die Erziehung.

„In der Phalanx ist man bemüht, die Triebe, sobald sie sich zeigen, in geeigneter Weise zu befriedigen und die Anlagen des Kindes dadurch zu wecken. Die Bonnen führen das Kind in die Spielwerkstätten und Küchen, wo es Alles sieht und durch das Beispiel der älteren Kinder der Nachahmungstrieb bei ihm geweckt wird. Es wird sich alsdann zeigen, daß der Trieb des Kindes, Alles zu sehen, Alles zu untersuchen, Alles anzuwenden; die Liebhaberei für lärmende Beschäftigung; die Sucht, Alles nachzuahmen und selbst zu hantieren, und namentlich die Neigung, sich den Älteren, Stärkeren und Geschickteren anzuschließen und diese als seine Lehrer zu betrachten, in ungeahnter Weise seine Entwicklung fördert. Diese letztere Eigenschaft ist die wesentlichste, weil sie am besten alle Anlagen im Kinde weckt. Hierzu kommt der Eifer, es Seinesgleichen zuvor zu tun."

„Es gibt eine ganze Reihe von Mitteln, die das Kind anreizen und anziehen und seine Anlagen zum Aufbruch bringen. Dahin gehören also vorzugsweise: Die Freude an kleinen Werkzeugen, den verschiedenen Altern angepaßt; der Reiz zum Schmuck: Uniformen, Waffen, Fahnen, die nach Graden gegeben werden; Paraden der kleinen Geschmückten; passende Tischgenossenschaften, wobei der Geschmack geweckt wird; Stolz des Kindes, wenn es glaubt, etwas von größerem Wert geleistet zu haben, ein Glaube, in dem man es bestärkt; der Nachahmungstrieb, der veranlaßt wird, wenn es von älteren Kindern für seine Leistungen Lob empfängt; volle Freiheit in der Wahl seiner Beschäftigung, es muß jeden Augenblick eine solche unterbrechen und zu einer andern übergehen können; der Korpsgeist, der sich bei Kindern leicht entwickelt; die Rivalitäten zwischen den einzelnen Chören, Gruppen, Serien."

Fourier führt vierundzwanzig solcher Anreize auf, wir begnügen uns mit den aufgezählten neun. Den Kindern wird ferner mit der größten Wahrheitsliebe begegnet, Niemand schmeichelt ihnen. Ihre natürlichen Lehrer sind die älteren und erfahreneren Kinder, denen sie mit großer Anhänglichkeit folgen; jedes wird streben, über seine Altersklasse hinauszukommen. Ein Verweis, den es von einem älteren Kinde bekommt, das es als Beispiel sich vorgenommen, wird ihm die härteste Strafe sein, ein Lob der höchste Lohn. Will das Kind in eine höhere Erziehungsstufe aufrücken, so hat es eine Prüfung seiner Fertigkeiten abzulegen; je nach dem Ausfall derselben bekommt es eine Ehrenerweisung oder einen Grad. Bis zum neunten Lebensjahre ist die Erziehung physisch und materiell, dann beginnt auch die intellektuelle. Der Körper muß erst die nötige Festigkeit erlangt haben, ehe die geistige Tätigkeit mit gutem Erfolg beginnen kann. Trieb und Anlagen der beiden Geschlechter werden später in Folge der verschiedenen Natur ganz von selbst differieren. Man darf annehmen, daß für die Wissenschaften zwei Drittel Männer und ein Drittel Frauen, für die Künste ein Drittel Männer und zwei Drittel Frauen neigen. Zwei Drittel der Männer werden mehr Neigung für die große Kultur und ein Drittel mehr für die kleine haben, bei den Frauen umgekehrt. Ähnlich werden sich die Ausgleichungen auf allen Gebieten finden.

„In dem Alter, wo bei uns die Erziehung erst beginnt, mit fünf Jahren, sind bei dem Kind der Assoziation bereits alle Anlagen zum Aufbruch gekommen. Bis zum 20. Jahre wird kein Zweig der Agrikultur, der Industrie, der Gewerbe, der Künste und Wissenschaften ihm fremd sein; seine körperliche und geistige Erziehung ist dann eine harmonische. Der Unterschied des Erziehungssystems in der Zivilisation und der Assoziation ist: Dort wird die Erziehung auf der kleinsten häuslichen Verbindung, der Familie, begründet, in der Assoziation auf drei großen Gruppen: Chöre, Serien von Gruppen und die Serien der Phalanx. Dort überall Störungen,

Mangel an Mitteln, Unfreiheit, Unterdrückung, Einseitigkeit, hier volle Freiheit, Überfluß der Mittel, Vielseitigkeit. Dort Klassen- und Standesunterschied, hier Gleichberechtigung für Alle, kein anderer Unterschied als der, welchen die natürlichen Anlagen und Fähigkeiten ergeben."

„In der Harmonie nehmen die Kinder lebhaften Anteil an den Rivalitäten der einzelnen Kantone, die selbst wieder als Erziehungsmittel benutzt werden. Zum Beispiel: In der Phalanx von Meudon kultiviert eine Gruppe Kinder Aurikeln und ist pikiert, daß die bezügliche Gruppe in der Phalanx von Marly bei dem Wettbewerb den Preis davon trug. Die Kinder wollen also die Ursache ihres Mißerfolgs kennen lernen, der vielleicht in der Verschiedenheit des Bodens zu suchen ist. Der Reverend, welcher die bezügliche Gruppe leitet, gibt ihnen darauf Unterweisung über die Verschiedenheit der Bodenarten, und dieses Studium, in den andern Gruppen wiederholt, bringt ihnen allmählich die Elementarkenntnisse über einen Zweig des Mineralreichs bei. Diese Belehrungen werden der Köder, daß die Kinder in der Schule nach bezüglichen Lehrbüchern verlangen, und so bilden sie sich weiter."

„Diese Verbindung der verschiedenen Hebel und Anreize existiert in der Zivilisation nicht, und dann ist man erstaunt, daß das Kind sich weder zur Landkultur, noch zu den exakten Wissenschaften hingezogen fühlt, wohingegen die Rivalitäten in der Serie in ihm schon sehr frühzeitig das Bedürfnis nach Wissen und Unterweisung wecken, ohne daß man ihm merkbar die Anregung dazu beibringt. Bei den Kindern in der Zivilisation finden wir überall den Zerstörungstrieb und den Hang zum Müßiggang, in der Harmonie überall Antrieb zu nützlicher Beschäftigung und zu Studien. Das ist der Unterschied zwischen den beiden Gesellschaftsformen. Die Zivilisation, die kleine Vandalen züchtet, darf sich nicht wundern, wenn sie später so viele erwachsene Vandalen besitzt."

Nach Fourier sollen aber die Kinder auch in höherem Grade für die Allgemeinheit sich nützlich machen. Wie in der Assoziation das Vergnügen selbst materiellen Nutzen schafft, so auch die Erziehung. Wie schon bemerkt, umfassen die beiden ersten Stämme: die Cherubins und Seraphins, das Alter von 4½–9 Jahren, und die dritte Phase der Kindheit umfaßt die Stämme der Lyzeisten und Gymnasiasten im Alter von 9–15½ Jahren; Lebensalter, in denen die Beteiligten der Assoziation wichtige Dienste leisten können, immer, indem sie sich vergnügen. Bei den Kindern treten gewisse Charaktereigenschaften auf, die für die Gesamtheit nützlich verwandt werden können. Es ist eine bekannte Tatsache, daß die Knaben durchschnittlich zur Unsauberkeit neigen, dagegen die Mädchen für den Putz eingenommen sind. Nun gibt es in der Assoziation Beschäftigungen, die unangenehm sind, für diese sind die Charaktereigenschaften der Kinder nützlich zu verwerten. Fourier rechnet, daß unter den Knaben zwei Drittel und unter den Mädchen ein Drittel zu unsauberen Beschäftigungen eine gewisse Neigung haben. Diese nennt er die „kleinen Horden". Umgekehrt sind zwei Drittel der Mädchen und ein Drittel der Knaben für den Putz und die Reinlichkeit eingenommen, diese nennt er die „kleinen Banden". Die kleinen Horden und die kleinen Banden setzen sich aus den 4 Stämmen im Alter von 4½–15½ Jahren zusammen. „Die kleinen Horden streben zum Schönen auf dem Weg des Guten, die kleinen Banden streben zum Guten auf dem Wege des Schönen."

„Die kleinen Horden, die von lebhaftem Ehrgefühl und mit Unermüdlichkeit erfüllt sind, vollziehen jede unangenehme Arbeit, für welche sich sonst kaum Jemand findet. Sie sind überall, wo der Einheitlichkeit der Phalanx durch Unordnung Gefahr droht; sie stehen stets in der Bresche." (Fourier will hiermit sagen, daß, ohne die Hingabe der kleinen Horden an die unangenehmen Arbeiten, die Phalanx zum Zwang würde greifen müssen, wodurch der auf voller Freiwilligkeit und Anziehung beruhende Mechanismus der Phalanx tödlichen Schaden erlitte. In der Phalanx darf kein Schatten von Zwang vorhanden sein, wenn sie ihren idealen Zweck erreichen soll.)

Die kleinen Horden Teilen sich in drei Klassen; die erste beseitigt den Unrat, reinigt Straßen und Rinnen, schafft die Küchen- und Fleischereiabfälle fort; die zweite vollzieht die gefährlichen Arbeiten, sie verfolgt die Reptilien, tötet die kleinen Raubtiere, sie muß stets am Platze sein, wo große Gewandtheit erfordert wird: Klettern, Springen. Die dritte Klasse bildet gewissermaßen die Reserve, sie hilft, wo sie gebraucht wird. Die kleinen Horden haben ferner das Raupen, Unkrautjäten und die Vertilgung der Giftschlangen zu besorgen; sie halten Straßen und Wege in Ordnung und legen großen

Wert darauf, von Fremden für ihre Ordnungsliebe belobt zu werden. Um überall rasch bei der Hand zu sein, reiten sie auf Zwergpferden.

Obgleich die Arbeit der kleinen Horden wegen Mangel an direkter Anziehung die schwierigste ist, werden sie von allen Serien materiell doch am niedrigsten gelohnt; sie nehmen aber auch kein Geschenk an, selbst wenn es in der Assoziation für anständig gelte, ein solches anzunehmen; sie setzen ihren Stolz darein, aus Hingabe für die Assoziation, die für ihren Bestand so nützlichen und notwendigen Arbeiten zu verrichten. Für ihre freiwillige Hingebung tragen sie den Titel „Verbindung für Verbesserungen".

„Die kleinen Horden sind also in Wahrheit der Ausbund aller bürgerlichen Tugenden; sie üben zur Ehre der Gesellschaft die Selbstverleugnung, die das Christentum empfiehlt, und verachten die Reichtümer, wie die Philosophen empfehlen; sie verwirklichen alle erträumten Tugenden der Zivilisation. Bewahrer der sozialen Ehre, zertreten sie nicht nur bildlich, sondern physisch und tatsächlich der Schlange den Kopf, befreien sie die Gesellschaft von dem schlimmen Gift der Viper; sie ersticken den Stolz und verhüten das Aufkommen des Kastengeistes."

Für alles das Gute, das sie der Gesellschaft leisten, werden sie hoch geehrt. Bei allen Paraden und Festlichkeiten marschieren sie an der Spitze. Handelt es sich um besonders schwierige und rasch zu erledigende Arbeiten – z. B. daß ein Gewitter Straßen und Wege verletzt, Bäume und Sträucher schwer beschädigte, oder daß eine

Überschwemmung eingetreten ist –, so versammeln sich die kleinen Horden von vier oder fünf Nachbarphalanxen zu gemeinsamer Handlung; sie treffen Morgens gegen fünf Uhr zusammen, und nachdem sie einer religiösen Hymne beigewohnt, brechen sie mit voller Begeisterung unter einem Waren Höllenlärm auf. Die Sturmglocke und alle übrigen Glocken werden geläutet, Trompeten schmettern, Trommeln wirbeln, die Hunde heulen, das Vieh brüllt. So geht es im Sturm an die Arbeit. Gegen acht Uhr kehren sie, noch erregt von ihren Taten, zurück und machen Toilette. Darauf gibt es gemeinsames Frühstück. Nach demselben erhält jede der kleinen Horden zur Belohnung einen Eichenkranz, den sie an ihre Fahne heftet, darauf steigen sie zu Pferde und kehren unter Musikbegleitung zu ihren Phalanxen zurück.

„Um von unsern Kindern Wunder von Tugenden zu erhalten, muß man nach Ansicht der Zivilisierten zu übernatürlichen Mitteln greifen, wie es in unsern Klöstern geschieht, wo durch ein sehr strenges Noviziat die Neophyten zur Selbstverleugnung erzogen werden. Die sozietäre Ordnung kommt auf einem ganz entgegengesetzten Wege zum Ziel, indem sie die kleinen Horden durch den Anreiz des Vergnügens sich dienstbar macht. Analysieren wir die Hilfsmittel für diese Tugenden. Es sind vier, die alle vier unsere Moral verwirft: Geschmack an Unreinlichkeit, Stolz, Unverschämtheit, Ungehorsam."

„Indem die kleinen Horden sich diesen angeblichen Lastern überlassen, erheben sie sich zu allen Tugenden. Sehen wir zu: Die Theorie der Anziehung erfordert, daß

148

alle Triebe, die Gott dem Menschen gab, sich nützlich machen können, ohne, daß man die Triebe selbst ändert. So sehen wir, daß bei den jüngsten Kindern die Neugier und die Unbeständigkeit sich nützlich erwies, weil sie das Kind zu einer Menge von Gruppen hinzogen, wodurch seine Anlagen sich offenbarten. Der Trieb, die Ungezogenheiten Älterer nachzuahmen, wird, wie wir sahen, in der Assoziation Impuls zur Anziehung zu nützlichen Arbeiten. Ebenso der Ungehorsam gegen Eltern und Erzieher, die nicht erziehen können. Die Erziehung muß durch kabalistische Rivalitäten der Gruppen herbeigeführt werden. So werden alle Impulse bei kleinen wie großen Kindern in der Harmonie gut, vorausgesetzt, daß man sie durch Serien der Triebe zur Übung bringen kann. Man wird nicht vom ersten Tage an die kleinen Horden an die widerwärtigen Arbeiten bringen, man erregt zunächst ihren Stolz nach Rang. Jede Autorität, sogar der Monarch, schuldet ihnen den ersten Gruß; keine industrielle Armee rückt aus, ohne daß die kleinen Horden an der Spitze marschieren; sie haben das Vorrecht, bei allen Arbeiten der Einheit (das sind große Arbeiten, welche die Phalanxen eines oder mehrerer Reiche unternehmen, große Kanalbauten etc.) die erste Hand ans Werk zu legen; sie sind die Überall und Nirgends, ohne deren Mitwirkung nichts Bedeutendes geschieht. An ihrer Spitze stehen die kleinen Kane (Kan und Kanin), die selbst gewählten Offiziere; die kleinen Horden haben auch ihre besondere Kunstsprache und ihre kleine Artillerie. Ferner wählen sie aus der Zahl der Alten Druiden und Druidinnen, deren Aufgabe es ist, den Geschmack für die Funktionen der kleinen Horden zu bewahren; sie haben ferner bei allen religiösen Übungen bestimmte Dienste zu versehen und erhalten dafür besondere Abzeichen. Frühzeitig zu Bette gehend (acht Uhr abends), erheben sie sich um drei Uhr Morgens und geben die Initiative für alle Arbeiten der Phalanx. Es ist also eine Korporation von Kindern, die, indem sie sich allen Neigungen, welche die Moral der Zivilisation ihrem Alter verbietet, überläßt, alle Chimären der Tugend, an denen die Moralisten sich ergötzen, verwirklicht. Die kleinen Horden verachten keineswegs den Reichtum, aber heute macht nur der Egoismus Gebrauch davon; sie opfern sogar einen Teil ihres Besitzes zum Nutzen der Phalanx und erhalten so die wahre Quelle des Reichtums, die industrielle Anziehung, die sich auf alle Klassen erstreckt. Die Kinder der Reichen werden sich ebenso zu den kleinen Horden hingezogen fühlen, wie die Kinder der Geringen. Sie sind die Repräsentanten der Einheit der Phalanx, und das ist ihr entscheidender Charakter. Indem ferner die kleinen Horden die Tugend der sozialen Liebe üben, reißen sie Jedermann zur indirekten Ausübung von wohltuenden Handlungen hin, ebnen sie den Weg zur Edelmütigkeit, durch welche die Reichen in der Harmonie sich verbinden, um den Armen zu begünstigen, wogegen sie heute übereinkommen, ihn zu plündern."

„Es wird sich zeigen, daß alle Triumphe der Tugend der guten Organisation der kleinen Horden geschuldet sind; sie allein können im sozialen Mechanismus den Despotismus des Geldes balancieren, dieses elenden

Metalls, elend in den Augen der Philosophen, das aber sehr edel wird, wenn es zur Aufrechthaltung der industriellen Einheit dient. In unserer Gesellschaft, wo Diejenigen, die sich auf den Reichtum stützen, als Leute „comme il faut" bezeichnet werden, da ist das Geld die Klippe. Die es besitzen, sind die Leute, „die nichts tun und zu nichts zu gebrauchen sind." Leider ist der Beiname „comme il faut" (wie man sein muß) in unserer Gesellschaft nur zu berechtigt, denn in der Zivilisation gründet sich die Zirkulation auf die Phantasien der Müßigen, sie sind in Wahrheit die Leute „comme il faut" (wie man dazu sein muß), um die verkehrte Zirkulation und die verkehrte Konsumtion aufrechtzuerhalten."

Fourier ist hier der Meinung, daß der Hauptfehler unserer bürgerlichen Gesellschaft in der falschen Anwendung liege, welche die Geldbesitzer von ihrem Gelde machten, er ist ferner der Ansicht, daß es heute hauptsächlich die Luxusbedürfnisse der Reichen seien, welche die Geld- und Warenzirkulation bestimmten. Es ist dies die Aufstellung des auch heute noch im gewöhnlichen Leben und selbst seitens sogenannter Gelehrter vielfach wiederholten Glaubenssatzes, der namentlich in Zeiten allgemeiner geschäftlicher Stagnation, also in Zeiten der Krisen laut wird, daß die reichen Leute mehr Geld ausgeben müßten, „um das Geschäft zu heben", weil ihr Bedarf entscheidend sei. Und man macht es ihnen zu einer Art sozialer Pflicht, durch Luxusausgaben „Geld unter die Leute zu bringen".

Wir sehen auch nicht selten Aristokratie und Bourgeoisie nach diesem Rezepte handeln, wobei die Betreffenden sich noch das Mäntelchen der Gesellschaftswohltäter umhängen. Man ißt und trinkt gut, kleidet sich noch besser, tanzt und amüsiert sich in dem stolzen und befriedigenden Bewußtsein, „indem man seine Triebe befriedigte", sich und die Gesellschaft zu retten. Die Leute, die so handeln, gehören zu dem Achtel, für die, nach Fourier, die bürgerliche Welt die vollkommenste Welt ist. Wir wissen heute, daß diese Zahl kein Achtel, nicht einmal ein Zwanzigstel der Gesellschaft bildet.

Daß die Ansicht Fouriers von der Bedeutung der Reichen für die Warenzirkulation und Konsumtion irrig ist, bedarf heute für Niemand, der einigermaßen den Organismus unserer Gesellschaft kennt, eines Beweises. Nicht der Verbrauch dieser handvoll Reicher, und sei ihr Verbrauch noch so bedeutend, sondern der Verbrauch der Masse stimuliert die Zirkulation. Wo der Massenverbrauch nachläßt, weil die Masse ärmer wird, oder weil, wie in der Regel in den modernen Krisen der Überproduktion, der Konsum der Warenproduktion nicht zu folgen vermag, einesteils, weil die Kaufkraft fehlt, andernteils, weil Waren bestimmter Gattungen weit über das normale Bedürfnis erzeugt wurden, da tritt die Stagnation mit allen ihren Folgen ein. Der Luxusverbrauch der Reichen hat nie eine allgemeine Krise gehoben, noch hat er durch sein Fehlen eine solche erzeugt. Es ist aber ein charakteristisches Merkmal für einen Gesellschaftszustand, daß eine Klasse, „die nichts tut und zu nichts nütze ist", wie Fourier sich ausdrückt, so viel verbrauchen kann und doch immer reicher wird. Welch geringe Rolle der Verbrauch der reichen Klasse im Verhältnis zum Verbrauch der Masse der Bevölkerung spielt, zeigend schlagend die Ergebnisse der indirekten Steuern. „Die Steuer auf Luxusartikel der Reichen bringt nichts ein", sagte Fürst Bismarck in seiner berühmten Steuerprogrammrede im Herbst 1876 im Reichstag; „was nützt die Steuer auf Austern, Champagner, Equipagen, sie bringt nichts, nehmen wir dafür die 'Luxusbedürfnisse' der Masse, Bier, Kaffee, Branntwein, Tabak." Unsere Steuertabellen geben ihm Recht.

Indem nun Fourier, weil er die eigentlich treibenden Gesetze der bürgerlichen Gesellschaft nicht erkannte und in seinem Zeitalter noch nicht erkennen konnte, sein phalansteres System auf der Beibehaltung des Geldes gründete und dem Kapital einen erheblichen Teil des Arbeitsertrags – vier Zwölftel – zuschrieb, entging ihm nicht, daß bei dem Reichtum, den die Phalanx durch ihre Organisation der Arbeit erzeugen sollte, das Mißverhältnis im Vermögen und Einkommen der verschiedenen Klassen sich in der Phalanx noch mehr steigern müsse, als in der Zivilisation. Er mußte also ein Mittel finden, um dieser klaffenden Ungleichheit einigermaßen vorzubeugen. Er verfiel, wie sich später zeigen wird, auf das Mittel der Massenanwendung testamentarischer Legate, welche die reichen Leute der Phalanx allen Denen zuweisen würden, für die sie im Laufe ihrer phalansteren Tätigkeit aus irgendeinem Grunde eine besondere Zuneigung gefaßt, aber selbst mittellos seien. Die Frage liegt freilich nahe, was denn diese ganze Reichtumsaufhäufung in Privathänden für einen Sinn und für eine Berechtigung hat, wenn die sozietäre Arbeit diesen Reichtum erzeugt und dieser so groß ist, daß er allen Gliedern der Phalanx den größten Luxus gestattet und selbst die verwöhntesten Geschmäcker zu befriedigen vermag. Diesem Widerspruch sucht also Fourier durch das bezeichnete Mittel aus dem Wege zu gehen, es soll der Wiederkehr „der verkehrten Zirkulation nach den Phantasien der Müßigen begegnen", und die Reichen sollen durch das selbstlose Auftreten der kleinen Horden zu Akten der Edelmütigkeit gegen die Unbemittelten angeeifert werden. Das ist die große moralische Aufgabe, die er den kleinen Horden zuweist.

Fourier fährt fort:

„Die Tätigkeit und Erregung der kleinen Horden wird sich verdoppeln, wenn ihnen der Kontrast, den die Natur ihnen vorbehielt, entgegentritt, die kleinen Banden. Der Keim des Widerspruchs, der darin liegt, daß zwei Drittel der Kinder männlichen Geschlechts zur Unsauberkeit, zum Ungehorsam, zur Wildheit neigen, zwei Drittel der Kinder weiblichen Geschlechts zum Putz und zu guten Manieren, muß entwickelt und für die Phalanx ausgenutzt werden. Je mehr die kleinen Horden durch Tugend und Hingebung sich auszeichnen, Umso mehr muß die rivalisierende Korporation – müssen die kleinen Banden – Eigenschaften annehmen, welche den Wünschen der öffentlichen Meinungen entsprechend, das Gleichgewicht herstellen. Die kleinen Banden sind die Bewahrer der sozialen Anmut; dies ist ein weniger glänzender Posten als jener der kleinen Horden, Stütze der sozialen Übereinstimmung zu sein. Aber die Sorge für den Schmuck und das Ganze des Luxus in der Phalanx ist in

154

der Harmonie nicht weniger Wertvoll. In dieser Art Arbeiten sind die kleinen Banden sehr nützlich und unentbehrlich; sie haben im ganzen Kanton der Phalanx die spirituelle und materielle Ausschmückung bei allen Festen, Aufzügen, Schaustellungen auszuführen. In der Wahl der Kleider ist Niemand in der Harmonie an Vorschriften gebunden, aber sobald es sich um korporative Vereinigungen handelt, hat jede Gruppe, jede Serie ihre Kostüme und trifft die Wahl. Sache der kleinen Banden ist, die Modelle zu liefern. Im Gegensatz zu den kleinen Horden zeichnen sich die kleinen Banden durch Höflichkeit und angenehme Manieren aus. Der männliche Teil der kleinen Banden wird hauptsächlich die jungen Gelehrten stellen, die frühreifen Geister, wie Pascal, die frühzeitig Anlagen zum Studium entwickeln; ferner die kleinen Verweichlichten, die zur Weichlichkeit und Üppigkeit neigen. Weniger tätig als die kleinen Horden, erheben sie sich auch später und erscheinen erst um vier Uhr morgens in den Ateliers. Während sich die kleinen Horden mit der Pflege der großen Haustiere beschäftigen, pflegen die kleinen Banden die Brieftauben, Hühner, Vögel, Biber etc.; sie überwachen ferner die Blumen- und Gartenanlagen, damit diese nicht beschädigt oder zerstört werden. Wer Dergleichen sich zu Schulden kommen läßt, wird vor ihren Richterstuhl geführt und gebüßt; sie üben ferner die Zensur über die schlechte oder fehlerhafte Aussprache. Wie die kleinen Horden ihre Druiden und Druidinnen, so wählen sich die kleinen Banden aus den mannbaren Altern zu Kooperateuren: Korybanten und Korybantinnen. Derselbe Kontrast besteht in den beiderseitigen Beziehungen auf Reisen; die kleinen Banden verbinden sich mit den großen Banden, den fahrenden Rittern und Ritterinnen, die kleinen Horden mit den großen Horden, den Abenteurern und Abenteurerinnen. Die Natur hat eben für die Verteilung der Charaktere eine Scheidung von Grund aus in kräftige und milde Nuancen vorgenommen, eine Verteilung, die sich in allen erschaffenen Dingen zeigt; in den Farben, dem Hintergrunde der Luft, der Musik. Dieser Kontrast ist es auch, der die Scheidung der Kinder in kleine Banden und kleine Horden naturgemäß herbeiführt."

„Jede industrielle Serie würde fehlerhaft sein, wenn sie der Geschlossenheit ermangelte; um sie geschlossen zu machen, muß man die feinsten Unterscheidungen in den Geschmäckern ins Spiel setzen. Man wird frühzeitig die Kinder an diese feinen Unterscheidungen in den Neigungen gewöhnen. Das ist also die Aufgabe der kleinen Banden, welche die Kinder vereinigen, die zu den minutiösesten Raffinements im Schmuck, im Geschmack, in der Kleidung neigen; ihr Blick wird so geschärft, daß sie wie unsere Schriftsteller und Künstler einen Fehler sehen, der dem gewöhnlichen Menschen entgeht. Die kleinen Banden haben also die Gewandtheit, Spaltungen unter den Geschmacksrichtungen zu veranlassen, die Feinheiten der Kunst zu klassifizieren und durch Raffinement der Phantasien und durch Abstufungen die Geschlossenheit der Serien herbeizuführen. So schöpft die Erziehung in der Harmonie ihre Mittel der Ausgleichung aus den beiden entgegengesetzten Geschmacksrichtungen, aus dem Hang zur Unsauberkeit und zur Eleganz, zwei Richtungen die beide heute verurteilt werden. Die kleinen Horden wirken negativ ebenso viel, wie die kleinen Banden positiv. Die einen beseitigen die Hindernisse, die der Harmonie in der Phalanx sich entgegenstellen, sie vernichten den Kastengeist, der aus den unangenehmen Arbeiten leicht geboren wird; die anderen schaffen durch ihre Gewandtheit die Abstufungen der Geschmäcker und organisieren die nuancierten Spaltungen in den verschiedenen Gruppen. So gehen die kleinen Horden vom Guten auf den Weg zum Schönen, die kleinen Banden vom Schönen auf den Weg zum Guten; eine kontrastierende Handlung, die ein allgemeines Gesetz in der ganzen Natur ist."

„Die Erziehungssysteme der Zivilisierten verfallen alle dem Fehler, daß sie die Theorie über die Praxis setzen. Sie verstehen nicht, das Kind zur Tätigkeit anzureizen; sie sind genötigt, es bis zum sechsten oder siebenten Jahre untätig zu lassen, ein Alter, in dem es schon ein geschickter Praktiker sein könnte. Im siebenten Jahre wollen sie ihm dann Theorie, Kenntnisse, Studien beibringen, für die sie den Wunsch bei ihm nicht zu wecken verstanden. Dem Kinde in der Harmonie kann dieser Wunsch nicht fehlen, weil es vom dritten Jahre bereits praktisch tätig war und bis zum siebenten spielend eine Menge praktischer Kenntnisse erlangt hat. Es besitzt jetzt das Bedürfnis, sich auf das Studium der exakten Wissenschaften zu stützen ... Die Erziehung der Zivilisierten ist im Widerspruch mit der Natur des Kindes, es ist die verkehrte Welt wie ihr ganzes System, von dem ihre Erziehung ein Teil ist. Ferner: Das Kind ist auf die Arbeit des Studierens beschränkt, es bleibt vom Morgen bis Abend während neun bis zehn Monate des Jahres über den Anfangsgründen und der Grammatik sitzen, muß ihm da nicht der Widerwille gegen die Studien kommen? Das Kind hat das Bedürfnis, während der schönen Jahreszeit im Garten, im Wald, in den Wiesen sich beschäftigend zu tummeln, stattdessen muß es an schönen wie an Regentagen sitzen und studieren. Es kann keine Einheitlichkeit in der Handlung geben, wo es nur eine einfache Funktion gibt."

„Eine Gesellschaft, welche die Väter den ganzen Tag als Gefangene in die Bureaux, Komptoirs und Fabriken sperrt, kann auch die Sottise begehen, das Kind das ganze Jahr in die Schule zu sperren, wobei es sich ebenso langweilt wie die Lehrer. Unsere Politiker und Moralisten sprechen beständig von der Natur, sie ziehen sie aber keinen Augenblick zu Rate. Beobachteten sie die in den Ferien weilenden Kinder, wie sie, mit leichten Blusen bekleidet, sich im Heu kugeln, vergnüglich sich in der Weinlese, bei dem Nüsse- und Obstpflücken, bei der Jagd auf schädliche Vögel etc. anwenden, und würden sie die Kinder in einem solchen Augenblicke einladen, zu ihren Studien zurückzukehren, so würden sie beobachten können, ob es die Natur des Kindes ist, während der schönen Jahreszeit in der Umgebung von Büchern und Pedanten eingeschlossen zu werden. Man antwortet: Man muß im jugendlichen Alter lernen, damit man sich des Namens eines freien Mannes würdig macht, würdig des Handels und der Verfassung! – Gut!

Aber wenn die Kinder durch Anziehung und kabalistische Rivalitäten zum Lernen sich begeben, so werden sie in hundert Lektionen im Winter, beschränkt auf zweistündige Sitzungen, mehr lernen, als in 300 Tagen, da man sie in den Schulen oder im Pensionat eingeschlossen hält.

Das zivilisierte Kind kann nur mit Hilfe von Entziehungen, Pensums, Rutenstreichen zum Lernen angehalten werden. Erst seit einem halben Jahrhundert sucht die Wissenschaft, verwirrt über dieses elende System, durch weniger herbes Vorgehen das Kind zu gewinnen; sie versucht sich, die Langeweile der Kinder in den Schulen zu enthüllen, ein Götzenbild des Nacheifers bei den Schülern, Zuneigung für die Lehrer zu schaffen. Das beweist, daß sie erkannt hat, wie es sein sollte, aber sie hat kein Mittel, ihre Gedanken zu verwirklichen. Die mit Zuneigung verknüpfte Übereinstimmung zwischen Lehrern und Kindern kann nur in dem Fall einer als Gunst erscheinenden anregenden Unterweisung erzeugt werden. Das wird in der Zivilisation, in welcher der ganze Unterricht durch den Widersinn, die Theorie über die Praxis zu stellen, gefälscht ist, nie geschehen. Der Unterricht ist ferner gefälscht durch seine Einseitigkeit und ununterbrochene Dauer. Man findet vielleicht ein Achtel unter den Kindern, die den gegenwärtigen Unterricht mit Leichtigkeit, aber ohne davon besonders angeregt zu sein, annehmen. Daraus schließen die Lehrer, daß die übrigen sieben Achtel nichts taugen; sie argumentieren auf die Ausnahme und machen diese zur Regel. Das ist die gewöhnliche Illusion bei allen Lobliedern auf die Vollkommenheit. Es gibt überall eine kleine Zahl Ausnahmen, aber sie darf man nicht in Berücksichtigung ziehen, sondern die große Menge, welche die Regel ist. Ich fragte Kinder, die aus den berühmtesten Schulen kamen, wie von Pestalozzi und Andern, ich fand stets nur einen mittelmäßigen Schatz von Kenntnissen und eine große Unbekümmertheit für Studien und Lehrer.

„Wir haben heute eine Erziehungsmethode, und diese wird auf alle Schüler angewendet, als wenn alle vollkommen gleichartig seien. Ich kenne nun verschiedene Methoden, die alle gut wären, und es ließen sich noch andere finden. Schließlich ist jede Methode gut, wenn sie dem Charakter des Schülers entspricht. D'Alembert ward ausgelacht, als er vorschlug, das Studium der Geschichte im Gegensatz zur chronologischen Ordnung zu betreiben, dergestalt, daß man nicht von der Vergangenheit zur Gegenwart, sondern von der Gegenwart nach Rückwärts in die Vergangenheit schreite. Man warf ihm vor, den Reiz am Studium zu zerstören und die mathematische Trockenheit in die Methode des Unterrichts zu bringen. Das ist ein lächerlicher Sophismus. Keine Methode ist an sich trocken, sie sind alle fruchtbar, wenn man sie den Charakteren anzupassen und schmackhaft zu machen versteht. Man gebe den Kindern eine ganze Reihe von Methoden zur Auswahl, viele werden doch keinen Geschmack am Studium finden. Unsere Lehrmethoden ermangeln nicht nur des aktiven Hilfsmittels, sie ermangeln ebenso der materiellen Anziehung, als welche ich die Oper und die Gourmandis betrachte."

„Die Oper bildet das Kind zur maßvollen Einheit, welche für es eine Quelle des Wohlbefindens und der Gesundheit wird; sie verschafft ihm also den inneren und äußeren Luxus, welches der erste Zweck der Anziehung ist. Das Kind wird durch die Oper von frühester Jugend an in allen gymnastischen und choreographischen Übungen geschult. Die Anziehung ist darin sehr kräftig, es erwirbt die notwendige Gewandtheit für alle Arbeiten in den Serien, wo Alles sich mit Sicherheit, Maß und Einheit, wie man diese in der Oper herrschen sieht, vollziehen soll. Die Oper nimmt also unter den Hilfsmitteln für die Erziehung vom niederen Lebensalter an den ersten Rang ein. Unter der Oper sind alle körperlichen Übungen begriffen, sowohl die mit der Flinte als mit dem Rauchfaß. Diese choreographischen Evolutionen, werden sie nun mit der Flinte oder dem Rauchfaß oder in der Oper vollzogen, gefallen den Kindern außerordentlich, sie betrachten es als eine hohe Gunst, zugelassen zu werden. Man würde die Natur des Menschen vollständig verkennen, wenn man die Oper nicht in erster Linie unter die Hilfsmittel der Erziehung vom frühesten Alter an setzte, welche für die materiellen Studien nur anziehend wirkt. Um den Körper nach allen Richtungen hin möglichst vollkommen zu machen, müssen, bevor man mit der Seele beginnt, zwei unseren sog. moralischen Methoden sehr fremde Hilfsmittel ins Spiel gesetzt werden: die Oper und die Küche, oder die angewandte Gourmandis."

„Das Kind soll zwei aktive Sinne üben: Geschmack und Geruch, und zwar durch die Küche, und zwei passive: Gesicht und Gehör, und diese durch die Oper; den Taktsinn endlich durch die Arbeiten, in denen es sich auszeichnet. Die Küche und die Oper sind die beiden Hilfsmittel, die das Kind durch die Anziehung unter das Regime der Serien der Triebe führen. Die Magie und die Feerien der Oper ziehen das Kind mächtig an. Dagegen erwirbt es in den Küchen der Phalanx die Intelligenz und Geschicklichkeit in all den Vorbereitungen für die Tafel; es lernt alle Produkte kennen, für welche es sich schon durch die Tischunterhaltungen interessierte; es werden Pflanzen und Tiere besprochen, und so wird es in Hof, Stallungen und Gärten eingeführt. Die Küche wird das Band für diese Funktionen."

„Die Oper ist die Vereinigung für die materielle Übereinstimmung, sie dient allen Altern und Geschlechtern. In ihr werden geübt: 1. Gesang, oder das Maß der menschlichen Stimme; 2. Instrumente, oder das Maß künstlicher Töne; 3. Poesie, oder Ausdruck der Gedanken und Worte nach Maß; 4. Pantomimen, oder Harmonie der Gesten; 5. Tanz, oder Bewegung nach Maß; 6. Gymnastik, oder harmonische Übungen; 7. Malerei und harmonische Kostüme. Das Ganze beruht also auf einem regelmäßigen Mechanismus und in geometrischer Ausführung."

„Bei uns ist die Oper nur eine Arena der Galanterie, eine Anreizung zu Ausgaben, und da begreift sich, daß sie durch die moralischen und religiösen Klassen zurückgewiesen wird; in der Harmonie ist sie eine freundschaftliche Vereinigung, in der keinerlei bedenkliche Intrigen zwischen Leuten stattfinden können, die sich jeden Augenblick bei den verschiedensten Arbeiten in den industriellen Serien begegnen."

„Die Oper, heute so kostspielig, kostet fast nichts in der Harmonie. Tänzer, Sänger, Musiker, Maler, alle Handwerker und Künstler stellt die Phalanx aus ihrer Mitte. Ohne die Mitwirkung der Nachbarn und die Hilfe der Durchreisenden wird die Phalanx eine Auswahl von 12–1300 Akteuren haben, die in irgendeiner Weise sich beteiligen. Die geringste Phalanx wird eine besser ausgestattete Oper besitzen, als heute unsere großen Städte."

Fourier widmet dann mehrere Kapitel der Küche der Phalanx, ihrer Einrichtung und Organisation und der Verwendung der Kinder in derselben. Die Neigung zu gutem Essen, zur Gourmandis, ist in seinem System auch Erziehungsmittel. Was das Kind ißt, soll es in der Praxis kennen lernen, es soll die Substanzen, ihre Zusammensetzung und ihre Zubereitung erfahren. Wir fassen uns hierüber kurz, da aus dem bisher Gesagten der Leser wird beurteilen können, wie auch hier sich die verschiedenen Serien betätigen. Die Kinder werden zunächst an der Hand passend für sie eingerichteter Küchen in die Geheimnisse der Kochkunst spielend eingeweiht, Neugier und Interesse wird geweckt; sie treten allmählich in die großen Zentralküchen mit ihren Appendixen für die Vorbereitung der Speisen über, lernen eine Anzahl interessanter Details kennen – das Einmachen, die Konservierung –, in denen sie nützliche Verwendung finden. Die Zubereitung der Materialien führt ganz von selbst dazu, auch das Werden und Entwickeln der verarbeiteten Materialien zu beobachten. Mit zunehmendem Alter wird das Kind mit der Geflügelzucht, der Stallwirtschaft, der Obst- und Gemüsezucht bekannt und darin eingeweiht. In allen diesen Betätigungen kommt, wie im ganzen Mechanismus der Phalanx, die Serien- und Gruppenbildung nach Trieben, die Abwechslung durch kurze Sitzungen und die Kontrastwirkung zur Geltung; die Rivalitäten regen den Eifer und die Erfindungsgabe an.

Nach diesen selben Grundsätzen und Methoden werden darauf die Kinder in die verschiedenen Wissenschaften eingeweiht; überall entscheiden die eigenen Triebe, die durch das Beispiel der Mitschüler und das Vorbild der älteren Schüler angeregt und stimuliert werden. Die Auswahl der Lehrmittel ist die größte. Alles ist auf das Vortrefflichste eingerichtet, Zwang ist nirgends vorhanden, ebenso wird kein Unterschied zwischen den beiden Geschlechtern gemacht. „Die Studien sollen nicht an zweiter Stelle figurieren, aber das Interesse soll durch die physische Betätigung für die verschiedenen Zweige des Studiums geweckt werden. Die Arbeiten der Schule sollen mit denen in den Werkstätten und in den Gärten eng verbunden sein, die letzteren sollen die ersteren unterstützen."

Mit 15 bis 16 Jahren treten die Kinder in das Reifealter, es beginnen die Jahre der Pubertät und der Geschlechtstrieb macht sich allmählich geltend; damit beginnt auch für die Phalanx die Aufgabe, die Erziehung entsprechend umzugestalten.

„Hier ist der Punkt", fährt Fourier fort, „wo alle unsere auf die Unterdrückung der Geschlechtsliebe berechneten Methoden, die in den Beziehungen der Liebe nur die allgemeine Heuchelei zu begründen wissen, in die Brüche gehen. Das geschieht von hier ab im ganzen Verlauf des Liebeslebens. In keiner Angelegenheit zeigt sich unsere Wissenschaft so unfähig und ungeschickt, als hier. Für alle anderen Mißbräuche und Übel haben unsere Philosophen wenigstens die Anwendung einiger Gegenmittel versucht, aber keine in Sachen der Liebe, von wo demnach ihr ganzes Werk in Unordnung gestürzt wird, denn sie haben nur die Unwahrheit und die geheime Rebellion gegen die Natur und die Gesetze begründet. Indem die Liebe keinen anderen Weg zur Befriedigung findet, als mit Anwendung der Doppelzüngigkeit, wird sie ein permanenter Verschwörer, der unaufhörlich daran arbeitet, die Gesellschaft zu desorganisieren, alle ihre Regeln zu untergraben."

„Ich habe gefunden, daß die Zivilisation in Bezug auf die Liebe nur unausführbare Gesetze hat, die überall der Heuchelei die Ungestraftheit sichern; die Übertreter werden Umso mehr protegiert, je kühner sie sind. In allen Salons, in der ganzen Gesellschaft sind jene die Angesehensten, die in Liebesangelegenheiten die Leichtherzigsten sind, welche die meisten Eroberungen aufweisen können, d. h. mit dem, was die zivilisierte Sitte und Moral verlangt, auf dem gespanntesten Fuße stehen. Nirgends ist die Scheinheiligkeit und Düpiere größer, als in unserem Ehe- und Liebesleben, ist zwischen dem, was die Natur beansprucht und die Moral vorschreibt, ein schärferer Widerspruch. Anstatt dieser Skandale, welche die Zwangsgesetzgebung der Zivilisation erzeugt, muß die Harmonie, indem sie die volle Freiheit der ersten Liebe sichert, hervorzurufen wissen: 1. die Begeisterung der verschiedenen Alter für die Arbeit; 2. die Konkurrenz der Geschlechter für die guten Sitten; 3. Belohnung der wirklichen Tugenden; 4. Anwendung dieser Tugenden für das öffentliche Wohl, von dem sie in der Zivilisation getrennt sind."

„Die wesentlichste Aufgabe Derer, die in der Harmonie die erste Liebe genießen werden, ist, daß sie die beiden Lebensalter, die unmittelbar unter und über der Pubertät sind, zur Arbeit anziehen. Man muß also unter den Jugendlichen zwei Korporationen bilden, die ähnlich wie die kleinen Banden und die kleinen Horden aufeinander wirken. Diese beiden Korporationen sind das Vestalat, bestehend aus zwei Drittel Vestalinnen und ein Drittel Vestalen, und des Damoiselat, bestehend aus zwei Drittel Damoiseaux und ein Drittel Damoiselles. Die Korporation des Vestalats widmet sich bis zum achtzehnten oder neunzehnten Jahr der Keuschheit, die Korporation des Damoiselats widmet sich der frühen Liebe. Die Wahl steht allen Teilen frei. Jedes kann nach Belieben in die eine oder in die andere Korporation ein- und austreten, aber man muß, so lange man zu einer der Korporationen gehört, auch die Gewohnheiten und Regeln derselben beobachten: Keuschheit im Vestalat, Treue im Damoiselat. Die jungen Männer neigen in der Regel selten dazu, dem Beispiel des keuschen Joseph zu folgen, sie sind dementsprechend auch im Vestalat in

166

der Minorität. Im Allgemeinen werden es die festen Charaktere sein, welche für das Vestalat sich entscheiden, während die milderen für das Damoiselat die Wahl treffen. Hingegen werden die jungen Mädchen, die eben erst aus dem Chor der Gymnasiastinnen austreten, in der Regel einige Zeit im Vestalat zubringen." ...

„Damoiselles und Damoiseaux, die der Versuchung nachgaben, müssen von da ab den Morgenzusammenkünften der Kinder fern bleiben; sie besuchen nunmehr Abends einen der Liebeshöfe der Erwachsenen – die sich allabendlich zwischen neun und zehn Uhr in den Sälen zusammenfinden – und erheben sich in Folge dessen auch später von der Nachtruhe. Dagegen erhebt sich das Vestalat mit den Kindern. Wegen dieser fortdauernden Beziehungen zu den Kindern wird das Vestalat mit besonderer Achtung und Anhänglichkeit von diesen behandelt, umgekehrt wird das Damoiselat von ihnen mißachtet. Die älteren Stämme von zwanzig und mehr Jahren haben wieder aus anderen Motiven für das Vestalat und die Virginität eine tiefe Zuneigung. So vereinigt das Vestalat in sich den höchsten Grad der Gunst der Kindheit und des männlichen Alters. Die Keuschheit der Vestalinnen und Vestalen ist Umso besser gesichert, da sie die volle Freiheit haben, jederzeit die Korporation zu verlassen und auf die Vorteile der Rolle zu verzichten."

„Mit Ausnahme der Schlafzeit, welche die Vestalen und Vestalinnen nach Geschlechtern getrennt in verschiedenen Räumen zubringen, haben sie ihre volle Freiheit; sie gehen den gewohnten Beschäftigungen in den verschiedenen Serien und Gruppen nach; sie haben aber auch ihre besonderen Sitzungen und gewähren den Besten unter sich den Titel „Bewerber" oder „Bewerberin". Diejenigen, die diesen Titel führen, haben den Vorteil, in der industriellen Armee, in der sie eine besondere Stellung einnehmen, auch mit besonderen Ehren empfangen zu werden. Übertritt ein zum Vestalat gehöriges Mitglied die vorgeschriebenen Gepflogenheiten und wird dies festgestellt, so macht man ihm aus seiner Unbeständigkeit kein Verbrechen, aber es hat aus der Körperschaft auszuscheiden. Nichts verschafft einem Mädchen von 16–18 Jahren mehr Achtung, als eine nicht bezweifelte Keuschheit, eine warme Hingabe an die Arbeit und die Studien. Mit Ausnahme der schmutzigen Arbeiten sind die Vestalinnen die Kooperativen der kleinen Horden; ist Gefahr im Verzuge, handelt es sich z. B. darum, wegen drohenden Unwetters rasch eine Ernte zu bergen, so sind sie stets an der Spitze. Jede Phalanx wird sich bemühen, die gefeiertsten Vestalinnen zu besitzen und sie nach der Art ihres Verdienstes als Reine durch Titel auszuzeichnen, wie die Schöne, die Hingebende, die Talentierte, die Gunstbezeugende. Das Vestalat wählt aus seiner Mitte die präsidierende Quadrille, welche bei den Zeremonien den Ehrenwagen besetzt und an den Fest- und Ehrentagen der Phalanx die Honneurs macht. Kommt ein Monarch, so sendet man ihm nicht wie bei uns beglacéhandschuhte Schwadroneure entgegen, die vor ihm über die Schönheiten der Verfassung und das Glück des Handels perorieren, sondern man deputiert die liebenswürdigsten Vestalinnen, die ihn an der Grenze begrüßen. Kommt eine Fürstin, so wählt man Vestalen. Versammelt sich eine industrielle Armee, so sind es die Vestalen, die ihr die Oriflamme übergeben und die erste Rolle bei den Festen wie bei den Arbeiten einnehmen. Die Arbeiten dieser Armeen werden durch die Anwesenheit der Vestalen und Vestalinnen einen besonderen Reiz gewinnen und sie werden, so stimuliert, ihre Arbeiten, ohne daß sie Ermüdung verursachen, ausführen. Indem man ferner den Armeen jeden Abend glänzende Feste gibt, hat man nicht nötig, mit der Kette am Hals die jungen Leute hinzuführen, wie das bei unseren jungen Ausgehobenen geschieht, die stolz auf den schönen Namen „freie Männer" sind. Die industrielle Armee wird zu einem Drittel aus Bacchantinnen, Bajaderen, Heroinen, Feen gebildet sein, und so werden mehr junge Männer und Frauen her zuströmen, als man nötig hat. Ferner werden Fürsten und Fürstinnen diese Armeen besuchen, um sich dort nach ihrem Geschmack ihre Gattin oder ihren Gatten zu wählen, und es ist anzunehmen, daß eine solche Wahl meist auf eine Vestalin oder einen Vestalen fällt. Diese Herrschaften werden in der Harmonie nicht mehr die Sklaven sein, wie in der Zivilisation, in welcher man ihnen nach chinesischer Manier einen Mann oder eine Frau aufnötigt, die sie niemals gesehen haben."

„Von allen Seiten mit den günstigsten Blicken betrachtet, wird der vestalische Körper Gegenstand einer sozialen Abgötterei, eines halbreligiösen Kultus. Die Menschen lieben einmal, sich Idole zu schaffen, und so wird in Folge dieses Bedürfnisses das Vestalat ein Idol der Phalanx. Die kleinen Horden, die keiner Macht der Erde den ersten Gruß bewilligen, werden vor dem Vestalat ihre Fahne neigen und ihm als Ehrengarde dienen."

Die Ehren, die Fourier dieser Körperschaft für das Opfer, ihre Keuschheit einige Jahre zu bewahren, zugedenkt, sind noch größerer Art. Ist die ganze Erde einmal mit Phalanxen bedeckt, so wird sich auch die Notwendigkeit einer allgemeinen Einteilung im Reiche verschiedener Grade ergeben, die, wie Alles bei ihm, geometrisch abgemessen sind. Der oberste Leiter des Erdballs ist der Omniarch, der in Konstantinopel, der Hauptstadt der Welt, seinen Sitz hat; dann folgen 3 Auguste, 12 Cäsarinnen, ungefähr 48 Kaiserinnen, 144 Kalifen, 576 Sultane, 1721 Königinnen, 6912 Kaziken u. s. w. Man fragt sich freilich vergeblich, was alle diese Fürsten, Fürstinnen und hohen männlichen und weiblichen Würdenträger in dieser sozialen Organisation für einen Zweck und eine Bedeutung haben, inwiefern ihre Funktionen für das Gedeihen dieser phalansteren Gesellschaft notwendig sind. Darüber gibt auch Fourier keine Auskunft. Sie gehören eben in sein System, das bemüht ist, den Trieben und Neigungen, wir pflegen auch zu sagen Schwächen, der Menschen nach Titeln und Auszeichnungen Rechnung zu tragen. Auch hofft er, daß sein System in Umso höherem Grade die Unterstützung der höheren Klassen finden werde, als es ihnen besondere Aussicht für die Erlangung von Titeln und Würden eröffnet.

Eine solche Schar hoher Würdenträger und Würdenträgerinnen bedarf entsprechender Frauen und Männer, und da haben Vestalinnen und Vestalen in erster Linie die schönste Aussicht, zu diesen Ehren zu kommen.

„Auch bewilligt die Harmonie der Virginität Ehrentafeln. Welch ein Unterschied zwischen dieser und der Zivilisation, wo die Virginität nur Geringschätzung findet und Gunstbezeigungen nur Denen zu Teil werden, die sich einen falschen Heiligenschein für die Gaukeleien der Libertins zu geben wissen. Diese Wüstlinge, die in ihren Liaisons die Kunst gelernt haben, die Menschen zu betrügen und zu düpieren, werfen sich unter den Spitzbuben, welche die öffentliche Meinung leiten, als Lobredner der Tugend auf. Welche Ermutigung findet unter uns ein junges, schönes Mädchen, um ihre Virginität zu bewahren? Ist sie arm, wird sie ihre Anbeter, die alle gute Rechner sind, nicht betören, sie wissen, daß die Tugend keinen Lebensunterhalt für die Haushaltung schafft. Ihre Eltern werden gezwungen, auf einen Sechzigjährigen oder irgendeine andere Schamlosigkeit zu spekulieren und sie wird durch diese Spekulation prostituiert; sie findet kaum einen Mann von mittlerem Alter, der ihr eine anständige Existenz zu bieten vermag. So wird ihre Schönheit ein Gegenstand elterlicher Beunruhigung, ihre Tugend wird für die Zukunft verdächtig sein. Hat sie einiges Vermögen, so ist sie während langer Zeit zwischen männlichen und weiblichen Maklern Gegenstand eines gemeinen Handels. Endlich wird sie einem durch Laster verdorbenen Manne überliefert; denn es gibt weit mehr verdorbene als gute Ehemänner."

„Findet ein Mädchen unter uns bis zum fünfundzwanzigsten Lebensjahre keinen Ehemann, so beginnt man sich über sie lustig zu machen, man glossiert sie wie eine verdächtig gewordene Ware. Um den Preis einer in Entbehrungen verlebten Jugend sammelt sie in dem Maße, wie sie älter wird, eine Ernte gemeiner Witze, mit der jedes alte Mädchen überschüttet wird. Das ist eine der Zivilisation würdige Ungerechtigkeit. Das Opfer, das sie fordert erniedrigt sie; undankbar, wie sie ist, belohnt sie die Hingebung der jungen Mädchen an ihre Morallehren mit Beschimpfungen und Ärgernissen. Da braucht man sich nicht zu wundern, daß man bei jungen Mädchen, die nicht überwacht werden, nur eine Maske der Keuschheit findet. Leistet ein junges Mädchen Gehorsam, so wird es, als Mädchen alt geworden, von derselben öffentlichen Meinung bestraft, die es zwang, seine schöne Jugend ihrem Vorurteil zu opfern. Was kann es Unnützeres geben, als diese ewige Virginität? Sie ist eine Frucht, die man, statt sie zu genießen, verderben läßt. Das sind Ungeheuerlichkeiten, die vollkommen würdig sind dieser zivilisierten Ordnung, welche stolz auf ihre Weisheit und ihre Wissenschaft ist. Aber wenn man einem schönen Mädchen, um den Preis, ihre Keuschheit zu bewahren, eine Vergeltung in Aussicht stellt, ist diese ihr gewiß? Sie läuft nicht geringe Gefahr, einen Spieler, oder einen durch Ausschweifung brüchig Gewordenen, einen rappelköpfischen oder brutalen Mann zum Gatten zu erhalten. Ferner hat ein anständiges Mädchen selten genug Finesse, um die Heucheleien, die trügerischen Aufmerksamkeiten ihrer Bewerber zu erkennen, durch die eine ein wenig erfahrene Frau nicht mehr getäuscht wird. Hat sie aber eine gute Partie in Aussicht, so wird irgendeine Intrigantin, die in der Kunst zu bezaubern geübt ist, sie ihr entfremden. Das anständige Mädchen wird darum betrogen, es erhält nur einen unfruchtbaren Tribut der Achtung und altert oft in der Ehelosigkeit."

„Ich kann mich nicht so, wie ich es wünschte, hier aussprechen, weil die Erörterung dieser Fragen dem allgemeinen Vorurteil zuwider ist, und doch sollte man sie gründlich behandeln, um die Unanständigkeit, die Heuchelei und die schlechten Sitten der Zivilisierten in Allem, was das Verhältnis der Geschlechter betrifft, an den Pranger zu stellen. Die Sitten in der Harmonie mögen auf den ersten Anblick Anstoß erregen, sie werden aber alle Tugenden gebären, von denen sehr überflüssiger Weise die Zivilisation nur träumt."

„Wenn ich das Erziehungssystem darlege, nach dem die Kinder in der Harmonie sich entwickeln, so werden die meisten Väter rufen. ‚Ah, das ist schön, das ist, was ich längst gewünscht, so sollte und müßte es sein'; aber wenn ich es auch unternehme, die Liebesbeziehungen darzulegen, so schreien die bissigen Moralisten, daß ich die guten Sitten verletze. Sie werden über jede Parallele verwundert sein, die ich zwischen den Gewohnheiten der beiden Gesellschaftsordnungen ziehe. Zum Beispiel, wenn ich die vestalischen Vermählungen mit denen der Zivilisation vergleiche, deren Moral nur unanständige und skandalöse Gewohnheiten zu Grunde liegen: so die zweideutigen Zeremonien, die der Verbindung des Paares vorausgehen; die zweideutigen Wortspiele, die Trunkenheit der Festbeteiligten, das Herfallen mit schlechten Scherzen über die Braut. Die Gepflogenheit der Saufgelage kann einer dezenten Gesellschaft, wie sie die Vestalen sind, nicht gefallen; sie haben die Methode, ihre Vereinigung zu vollziehen, ohne daß sie zuvor den Spöttereien und Witzeleien ausgesetzt sind, die den nächsten Morgen noch immer früh genug kommen. Es bleibt weder Zeit für die ewigen zweideutigen Wortspiele, noch für die moralischen Schlemmereien."

„Man begeht, wie man sieht, in der Harmonie nicht die Inkonsequenz, Vestalinnen zu schaffen ohne Vestalen, sie ahmte sonst den Widerspruch der Zivilisation nach, die den Mädchen die Keuschheit vorschreibt, aber die Ausschweifungen der jungen Männer toleriert, d. h. man provoziert bei den Einen, was man den Andern verbietet, eine Zweideutigkeit, die der Zivilisation würdig ist. Welcher Art werden die jungen Männer sein, die in der Harmonie sich für das Vestalat erklären? – Diejenigen, die, wie die Söhne des Theseus, für aktive Tätigkeiten, aber wenig für die Liebe neigen. Wenn Hippolyt die Jagd allein genügte, um ihn von der Liebe abzuziehen, so wird eine soziale Ordnung, die jedem Jugendlichen dreißig und mehr Gelegenheiten bietet, wo er seine Kräfte üben und seinen Ehrgeiz befriedigen kann, interessanter sein, als das mittelmäßige Vergnügen der Jagd."

„Vergegenwärtige man sich immer wieder, daß alle diese anscheinend so romantischen Gepflogenheiten den Zweck verfolgen, den wirklichen Reichtum der Phalanx zu steigern, indem sie die Liebe in allen ihren Unterarten für den Fortschritt der Arbeit und der Entwicklung nutzbar machen. Der Reichtum steigt in demselben Maße, wie allen Trieben der freie Aufschwung gesichert ist. Es wird geschehen, daß die Alten, die in der Harmonie den Reichtum und die Vergnügungen mehr lieben werden, als man sie heute liebt, die Ersten sein werden, welche die Freiheit der Liebe herzustellen verlangen. Die nötigen Gegengewichte werden sich in genügender Zahl aus der Konkurrenz der Instinkte und der Geschlechter ergeben." ...

„Man sieht, daß meine Theorie überall eine einheitliche ist, alle Probleme haben dieselbe Lösung, die Bildung von Serien, freien Gruppen, und diese nach den drei Regeln zu entwickeln: geschlossene Abstufung der Triebe (Kabalist), Wechsel in der Ausübung aller Tätigkeiten (Papillone), kurze Sitzungen (Komposit). Das ist die feste Regel für die Bildung und Entwicklung der Serien; ihr Zweck muß sein, überall die Konkurrenz der Geschlechter, der Lebensalter und der Instinkte zu begründen."

„Den Leser schockiert die Idee der freien Liebe, weil daraus ein Durcheinander der Kinder verschiedener Abstammung resultiere; um diese Vorurteile zurückzuweisen, müßte ich zu sehr weitläufigen Auseinandersetzungen greifen, die ich hier nicht geben kann; ich werde beweisen, daß das zivilisierte Regime alle die Übel erzeugt, die man von der Freiheit der Liebe befürchtet, daß aber diese Freiheit, auf eine Phalanx mit Serien der Triebe angewandt, alle Unordnungen, die sie in der Zivilisation hervorruft, vermeidet. Wie es in der Zivilisation aussieht, dafür mögen einige Beweise folgen. Die

Statistik von Paris ergibt, daß ein Drittel der Väter ihre Kinder verlassen und verleugnen. Auf 27.000 Geburten rechnet man über 9000 Bastarde, und doch ist Paris der Mittelpunkt der „moralischen Erleuchtung" und die „Vollendung der Vervollkommnung der Vervollkommnungsfähigkeit". Wenn überall ebenso viel Vollkommenheit existiert als in Paris, ist ein Drittel der Kinder von ihren Vätern verlassen. Ferner sind da die syphilitischen Krankheiten, die in unserer Ordnung zahlreiche Opfer erfordern. Die Jugend wird bei unseren Sitten zur Unaufrichtigkeit erzogen, sie macht sich ein Spiel daraus, diese Krankheiten zu verbreiten, deren Gefahr jede kluge Person zwingt, sich von der galanten Welt zu isolieren und so die unnatürliche Befriedigung der Triebe herausfordert. Ferner: Wenn im jugendlichen Alter die Mädchen über die Treue getäuscht werden, so täuschen später ihrerseits die Frauen; sie nehmen einfach Repressalien. Wenn in Paris, „dem Hort der Moral", man jährlich über 9000 Väter sieht, die ihre Kinder verlassen, so wird die Rache der Mütter eine entsprechende sein. Auf 27.000 Geburten schwören die Frauen 9000 Kinder ihren Ehemännern zu, die sie von ihren Liebhabern bekommen haben. Das ist Reziprozität der Väter und Mütter für ihre Kinder. Ferner: Nach dem Liebesalter gefallen sich die Alten inmitten ihrer zärtlichen Kinder und Enkel, die natürlich in den gesunden Doktrinen der Philosophie erzogen wurden, und freuen sich der ihnen erwiesenen Zuneigung. Es ist meist nur Düpiere und Scheinheiligkeit. Alle diese Aufmerksamkeiten gelten nicht ihnen, sondern ihrem Vermögen.

Um sich davon zu überzeugen, brauchten sie nur den Zusammenkünften beizuwohnen, bei welchen die Liebenden ihre Eltern glossieren. Sie werden als lächerliche Harpagons oder unbequeme Argusse behandelt; man unterhält sich mit Wünschen, wie, daß der Augenblick bald kommen möge, um ein Vermögen genießen zu können, das nach der Meinung der Jungen die Alten nicht anzuwenden verstehen. Man antwortet: daß ehrenhafte Familien vor geheimen Orgien sicher sind. Ja, so lange die Furcht darin herrscht. Aber sind die Väter und die Argusse tot oder abwesend, in demselben Augenblick kommt auch die Orgie, oft selbst während die Väter leben. Die jungen Leute überzeugen die Väter, daß sie nicht kommen, ihre Töchter zu verführen, daß sie wahre Freunde der Moral und der Verfassung sind, andererseits überzeugen sie die Mutter, daß sie ebenso hübsch wie die Tochter ist, „was manchmal wahr ist". Gestützt auf diese Argumente, organisieren sie im Hause die maskierte Orgie. Der Vater gewahrt den Kniff und versucht widerspenstig zu werden, aber die Frau beweist ihm, daß er nicht die rechte Einsicht habe und er schweigt. Und selbst wenn die Väter solche Fallen zu vermeiden wissen, geraten sie nicht in zwanzig andere Unannehmlichkeiten, in einen wahren Cercle vicieux von moralischen Sottisen? Hier fällt eine gehorsame Tochter in Krankheit und stirbt, weil ein Band ihr versagt blieb, das die Natur gebot. Dort wird eine entführt oder schwanger und alle väterlichen Berechnungen werden zu Schanden. Und welch eine Verlegenheitsquelle sind Töchter ohne Aussteuer? Um sich zu erleichtern, schließt der Vater die Augen über die Freiheiten der Schönsten, damit ihm die Kosten ihres Flitterstaats erspart bleiben. Die wenigst Schöne steckt er in ein ewiges Gefängnis,[18] ihr sagend, daß sie glücklicher sein werde, wenn sie Gott diene. Oder er hat eine Tochter Verheiratet, aber die Verbindung geht zu Grunde, und statt eine Tochter los und ledig zu sein, hat er sie und ihre ruinierte Familie zu erhalten. Und so ließen sich noch viele Fälle der Enttäuschung anführen."

„Da kommt die Moral und beweist an einigen glücklichen Ausnahmen, welche segensreiche, Glück bringende Einrichtung diese Ehe unserer Zivilisation sei, aber die große Majorität, die dieses Glückes beraubt ist, sieht und empfindet dieses Glück nicht. Väter wie Kinder sind in falscher Position, die gute Ordnung beruht auf einem mehr oder weniger maskierten Zwang, und dieser Zwang erstickt die Zuneigung; er reduziert das Familienleben zu einem Trugbild. Die Eltern erhalten das wahre Glück nur in einer Ordnung, die den Wünschen der Natur entspricht, aber unsere Moralisten haben nie eine Studie über die Beziehungen der Liebe gemacht. Ein Beispiel lehrt dies."

Fourier bezieht sich hier zum Beweis für die Richtigkeit seiner Anschauung über die Moralisten auf einen Vorgang, der ihm zufolge im Pensionat des berühmten Pestalozzi in Yverdon vorgefallen sein soll, und er verspottet hierbei zugleich die sogenannte intuitive Metho-

---

[18] Das Kloster, ein in Frankreich in sogenannten besseren Familien, wo das nötige Vermögen zu einer Aussteuer fehlt, oft vorkommendes Auskunftsmittel, sich unbequem gewordener Töchter zu entledigen. Der Verfasser.

de, nach der Pestalozzi bei seinem Erziehungssystem verfuhr. Wie weit der zu erzählende Vorfall auf Wahrheit beruht, können wir nicht kontrollieren, Indes sind ähnliche Vorgänge auch heutzutage durchaus nichts Seltenes. Fourier erzählt also, daß, während Pestalozzi in seinem Institut nach seiner intuitiven Methode Jünglinge und junge Mädchen unterrichtete, er gar nicht gewahr wurde, wie diese unter sich nach der sensitiven Methode handelten. Daraus entstand denn eines Tages eine schreckliche Entdeckung. Es gab ein fürchterliches Durcheinander. Es ward entdeckt, daß eine Anzahl der Schülerinnen Teils durch Lehrer, Teils durch Schüler schwanger geworden war, worüber, sehr begreiflich, der berühmte Lehrer ganz außer sich geriet, der, wie Fourier boshaft hinzusetzt, „bei dem Grübeln über seine intuitiven Subtilitäten ganz und gar vergessen hatte, der Intuition der Liebe Rechnung zu tragen". „Während so die Philosophen die Triebe unterdrücken wollen, kommen diese und unterdrücken unvermuteter Weise die arme Philosophie. Es zeigt sich hier, daß, wie immer man sich in der Zivilisation der Freiheit nähern will, sei es in Sachen der Liebe, sei es in Sachen der anderen Triebe, man fällt stets in einen Abgrund von Sottisen, weil die Freiheit nur im sozietären Zustand zur Geltung kommen kann, wovon die Moral keine Ahnung hat."

Fourier sagt dann weiter: Die Freiheit zu besitzen und zu sichern, sei der Wunsch des Menschengeschlechtes, aber das könne man nicht, ohne den Mechanismus der Gegengewichte zu kennen, die den Mißbrauch der Freiheit verhüteten. Deshalb tappte bisher der menschliche

Geist im Finstern und fielen alle Neuerer, die revolutionären Politiker, mit ihren Versuchen, wie die Pestalozzi und Owen und andere politische Halsbrecher, stets von der Charybdis in die Skilla.

Es ist nicht uninteressant, hier auch ein Urteil anzuführen, das Fourier über Kant und, indem er über die Methode Pestalozzis spricht, über die Deutschen überhaupt fällt. Er sagt über Kant: Welches Wesen habe man von ihm gemacht. Er sei der erste Metaphysiker der Schule. Kein anderer solle wie er mit analytischer Gründlichkeit über die Wahrnehmungen der Anschauungen des Erkenntnisvermögens, die Willensäußerung der Empfindungen, Klarheit gebracht haben. Er sei ein Eroberer, der Alles an sich reiße, der das Angesicht der Wissenschaft gänzlich ändere. Er (Fourier) habe zu diesem Urteil „Ja" gesagt, obgleich er nicht die Fähigkeit besitze, über Kant oder die anderen Ideologen ein Urteil abzugeben; er habe nie eine Zeile von ihrer Wissenschaft begriffen, was ihn aber nicht verhindere, über ihre Bedeutung auf Grund der vorliegenden Resultate zu urteilen. Heute rangiere man die alten Ideologen unter die Alchimisten, man betrachte ihre Lehren als Visionen; damit sei nicht gesagt, daß die modernen Ideologen mit den Chemikern auf eine Stufe zu stellen seien, denn diese stützten sich auf die Erfahrung. Die Ideologen, Kant nicht ausgenommen, seien Schöngeister, Rechthaber (ergoteurs), die in einem Jahrhundert zu Ansehen kämen, das, wie das unsere, neue Götzenbilder brauche.

Charakteristisch an diesem Urteil ist die Offenheit, womit Fourier zugibt, Kant nie verstanden zu haben;

180

damit, könnte man sagen, sei auch das Urteil über Fourier gesprochen, und doch täte man ihm Unrecht, denn für ihn entscheiden, wie er selbst sagt, die greifbaren Resultate, und diese allein. Fourier ist trotz aller Spekulationen, denen er selbst in seiner Ideenentwicklung verfällt, eine durchaus auf das Konkrete gerichtete Natur. Eine Spekulation, die keine praktischen Resultate für das Leben verspricht, verwirft er. Daß Kant mit Begriffen operierte, über Begriffe spekulierte, scheint ihm eine unfruchtbare Arbeit; eine solche Wissenschaft kann für die Menschen, die, nach ihm, nur das Glück wollen und zwar sichtbar und greifbar, keine Wissenschaft sein. Die Philosophie müht sich ab, den Begriff des Glücks zu definieren, Fourier ist damit sehr rasch fertig: Glück heißt volle Befriedigung aller Triebe des Menschen, suchen wir also ihm diese Befriedigung zu verschaffen. Was nicht darauf abzielt, ist, nach seiner Meinung, vom Übel, metaphysische Spekulation ohne Wert; die Praxis und die Erfahrung entscheiden.

So urteilt er auch weiter absprechend über Pestalozzi. Nach ihm ist Pestalozzi der praktische Metaphysiker, wie Kant der theoretische. Sein (Pestalozzis) Institut sei jedenfalls das beste in Europa, es werde nach einer Methode geleitet, die von Montaigne bis Jean Jacques Rousseau empfohlen worden sei. Das Pensionat sei renommiert, und die Kinder seien stolz, ihm anzugehören, wie der Soldat stolz sei, in einem schönen Regiment zu dienen. Aber um das Kind anzuregen, seinen Wetteifer zu entfachen, habe man nichts als die intuitive Methode. Aber kein Kind beiße an die Angel. Pestalozzi gestehe selbst, daß er nur selten Kinder gewinne, und daß zwei Drittel desertierten und ungeduldig würden. Dazu komme, daß er wegen Mangel an Vermögen das Pensionat nur mangelhaft ausstatten könne. „Man traktiert vergeblich die Kinder mit der intuitiven Methode, um sie über ihre Unbehaglichkeit zu trösten, sie wollen nicht die von diesem ideologischen Dunst Getäuschten sein." Schließlich habe man die deutschen Kinder an diesen metaphysischen Jargon gewöhnt. Das sei nicht zu verwundern. Deutsche Kinder seien sehr geschmeidig, man bringe Tausende zum Gehorsam mit der Erklärung: „Es muß sein." Die Deutschen seien eine Nation „von Freunden der Ordnung", der Deutsche sei ein Mechanismus, den man jederzeit mit dem: „es muß sein" in Bewegung setzen könne, da sei es leicht, die Kinder nach irgendwelchen Zierereien der Metaphysik, wie diese intuitive Methode, zu bilden, aber für die Vortrefflichkeit der Erziehung beweise das nichts.

In Ausführung seiner Theorie erklärt Fourier weiter, daß, bevor die Bedingungen, unter denen die von ihm dargelegten Prinzipien freier Liebe sich verwirklichen könnten, mehrere Generationen im phalansteren System vergehen müßten. Das Geschlecht müsse erst dazu gesund erzogen und vorbereitet sein. Zunächst gelte es, die Syphilis, die ganze Geschlechter geschwächt habe, vollständig auszurotten, dann die politischen Hindernisse des Verkehrs der Geschlechter zu beseitigen; das Schwierigste aber sei, zu verhindern, daß nicht in dem Augenblick, wo man der Liebe größere Freiheit gebe, die geheime und korporative Orgie – worunter Fourier den ungeregelten, durch kein System der Serien der Triebe gezügelten Geschlechtsgenuß versteht – hervorbreche. Die Orgie könne nicht durch Unterdrückungsmittel verhütet werden, sondern durch die Oberherrschaft von Ehre und Tugend, erzeugt durch Einrichtungen, wie er sie in Bezug auf das Vestalat vorgeschlagen. Er glaubt ferner die Richtigkeit seiner Ansichten über die Liebe aus dem neuen Testament beweisen zu können, eine Beweisführung, die bekanntlich bis in die neueste Zeit von den auf religiöser Grundlage beruhenden kommunistischen Sekten sowohl für die Gemeinschaft der Güter, wie für die Freiheit des Geschlechtsverkehrs und die Gleichheit von Mann und Frau ins Treffen geführt worden ist, aber von Anderen und durch andere Stellen des neuen Testaments ebenso bekämpft wird.

Die Liebesbeziehungen, wie sie in der Zivilisation möglich seien, behauptet Fourier, zögen die Jugend von den Arbeiten und den Studien ab, sie erregten die Indolenz, die Frivolität und verführten zu unsinnigen Ausgaben. Umgekehrt werde in der Harmonie die Liebe zur Kultur und zum Studium anreizen und den Eifer dafür verdoppeln.

Fourier geht nun dazu über, zu untersuchen, wie die verschiedenen Geschlechter und Klassen für die neue Ordnung zu gewinnen seien und wo man den Hebel ansetzen müsse. Das einflußreichste Geschlecht seien die Kinder. Die Kinder wirkten auf die Mütter und die Mütter und Kinder zusammen auf die Väter; einem solchen Ansturm könnten letztere nicht widerstehen. Unter den Klassen seien es die Reichen, die auf die niederen Klassen den Einfluß hätten. Es gelte, die Reichen zu verführen, denn bequemten diese sich zur Arbeit in der Serie, so würden die übrigen Klassen, durch deren Beispiel angefeuert, erst recht eifrig bei der Sache sein. Welche Arbeiten würden es also sein, die Reiche und Kinder am ehesten zum Eintritt in die sozietäre Ordnung verführen könnten? Man merke wohl, es handelt sich nicht um ein Überzeugen, um ein Wirken auf den Verstand, sondern um ein Verführen, ein Wirken auf die Leidenschaften und Triebe. Auf die Kinder wird den größten Anreiz gutes Essen und Trinken üben, also die Gourmandis. Eine Küche für sie und die freie Befriedigung ihrer Geschmäcker wird ihre ganze Phantasie in Beschlag nehmen und gewinnen. Man wird also die Kinder in Serien und Gruppen organisieren und sie mit der Herstellung der gewünschten Herrlichkeiten vertraut machen. Von jetzt ab werden sie die eifrigsten Werber für die Phalanx werden. Dazu kommen die schon erwähnten anderen Anreize: Kleine Ateliers, kleine Werkzeuge, körperliche Exerzitien und choreographische Übungen mit Vorstellungen, Ferien etc. in der Oper.

Die reiche Klasse wird anfangs zögern; die Einzelnen werden in diese und jene Serie treten und die Arbeit auf kurze Zeit versuchen. Aber eingetreten, naht die Verführung. Da ist ein reicher Mann, namens Mondor, der von Natur Hang zu Gartenarbeiten hat. Er interessiert sich namentlich für Pflanzensamen, das Sammeln der Früchte und ihre Konservierung. Nun liebt Mondor besonders Rotkohl, den er an der Tafel der Phalanx ausgezeichnet findet; auch hat er davon schöne Beete auf den Feldern der Phalanx gesehen. Mondor läßt sich den Samen zeigen, untersucht ihn und gibt einer Gruppe von Säern einige gute Winke, worüber diese Mondor ihr Lob zollen, dessen Eigenliebe dadurch geschmeichelt wird. Er tritt in die Gruppe der Säer ein und beteiligt sich an ihren Arbeiten, aber ohne andern Gruppen beizutreten. Den Tag nach diesem Engagement erlebt Mondor, daß bei der Frühparade die Kinder ihn mit einer Fanfare begrüßen, worauf ein Herold vortritt und ihn zum Baccalaureus des Rotkohls, in Rücksicht auf seine Kenntnisse für diesen Zweig des Gartenbaues, ausruft. Dann tritt eine Vestalin vor, welche ihm die Abzeichen dieser Serie überreicht und ihn umarmt. Darauf empfängt er die Beglückwünschungen der Chefs, die durch die Kinder mit einer neuen Fanfare begleitet werden. All das gefällt Mondor so, daß er sich entschließt, ganz in die Phalanx einzutreten und an ihren Arbeiten seinen Neigungen entsprechend teilzunehmen.

„Auf ähnliche Weise wird jeder reiche Mann und jede reiche Frau", meint Fourier weiter, „nachdem sie einige Tage in der Phalanx zugebracht haben und allen Vorgängen gefolgt sind, gewonnen, und sie werden überrascht sein, plötzlich zwanzig und mehr industrielle Anziehungen bei sich zu entdecken, die sie bisher selbst nicht kannten. Es ist der häufige Wechsel in der freien Wahl der Tätigkeit, was ihnen besonders gefällt. Der Einfluß dieser parzellären Anwendungen, bald hierin, bald darin, wird die Wirkung haben, daß sieben Achtel der Frauen sich für die verschiedensten Beschäftigungen der Hauswirtschaft interessieren, die ihnen heute meist widrig erscheinen. Diese liebt nicht, sich mit der Pflege kleiner Kinder abzugeben, sie wird aber gern in eine Gruppe eintreten, die sich mit einem Zweig der Schneiderei oder Näherei befaßt; die andere will nicht am Herde stehen, sie ist dagegen eingenommen für die Herstellung verzuckerter Krême und die Arbeiten der Konservierung; umgekehrt werden Andere angenehm finden, was Jene verwerfen. So werden die Frauen zwanzig und mehr Beschäftigungen finden, für die sie in der Zivilisation nicht die Mittel und die Einrichtungen besaßen, oder die sie ermüdeten und mißstimmten, weil sie dieselben ohne Abwechslung und bis zum äußersten Maß ihrer Kräfte erfüllen mußten."

„Gewöhnlich geben die Ehemänner und Moralisten der Frau in der Ehe wenig Geld, aber viel gute Ratschläge, und so finden die Frauen in der Haushaltung nur Plackerei und Entbehrungen, wie die Männer in der Bodenkultur nur Ermüdung und Spitzbüberei finden. Der immerwährende Wechsel der Beschäftigung nach Wahl wird die Hauptquelle der industriellen Anziehung und daraus werden andere Anreize hervorgehen. Chloe hat mehrere Male an einer Tafel der Serie der Lautenmacher serviert und hat aus den gepflogenen Unterhaltungen Interesse für diese Beschäftigung gewonnen; sie faßt eines Tages den Entschluß, das Atelier derselben zu besuchen, und was sie sieht und hört, gefällt ihr so, daß sie beschließt, in die Serie der Lautenmacher einzutreten. Ohne daß sie diese Gesellschaft kennen lernte und ihr Atelier besuchte, würde sie nie Interesse und Trieb für diese Beschäftigung empfunden haben. Weiter: Sebastian, ein junger Mann ohne Vermögen, zerreißt eines Tages an einem Haken sein schönstes Kleid. Den nächsten Tag entdeckt dies bei der Ordnung von Sebastians Zimmer eine der Zimmerordnerinnen und diese bringt das Kleid zu den Ausbesserinnen, wo Celiante, eine reiche Dame von fünfzig Jahren, die Leitung hat. Celiante ist sehr passioniert für solche Arbeiten und betrachtet sich selbst mit Stolz als die Geschickteste in der Serie. Celiante kennt Sebastian, dem sie mehrfach in Gruppen, in welchen er sich auszeichnete, begegnete und empfindet Wohlwollen für ihn. Sie benutzt also diese Gelegenheit, ihm ein Zeichen ihrer Wohlgeneigtheit zu geben, indem sie selbst in meisterlicher Weise an Sebastians Kleid die Reparatur vornimmt. So wird der unvermögende Sebastian in der Phalanx von einer Dame bedient, die Millionärin ist. Solche Begegnungen und Zufälle gibt es in der Phalanx täglich in Menge, die häufig auch zu ernsteren Beziehungen führen."

„Die Leistung wird nie von Person zu Person bezahlt, die Phalanx stellt sie in Rechnung; die Leistung erlangt dadurch den Charakter der rein unpersönlichen Beziehung. Arm arbeitet für Reich, Alt für Jung und umgekehrt. Die Greise und Greisinnen, die zu keiner Leistung mehr verpflichtet sind, werden es sich zum besonderen Vergnügen machen, die Kinder in den Tätigkeiten zu unterweisen, für die sie selbst ein lebhaftes Interesse besaßen, oder noch besitzen; sie werden in diesen Kindern die Erben und Nachfolger ihrer Lieblingsbeschäftigungen erblicken, und ein Kind ohne Vermögen wird häufig von ihnen adoptiert oder mit Legaten bedacht werden. In der Phalanx hat Jeder die Gewißheit, daß er in seinen Lieblingsvergnügen und Beschäftigungen Nachfolger findet, in der Zivilisation nicht. Die Natur scheint ein solches Verhältnis zwischen Eltern und Kindern häufig nicht zu begünstigen, indem die Söhne oft ganz andere Neigungen und Anlagen als die Väter haben, worüber in der Zivilisation die Eltern oft bitter klagen."

„Im Widerspruch mit dem auf Ausgleichung und Übereinstimmung berechneten Charakter der Harmonie läuft die Zivilisation darauf hinaus, die verschiedensten Klassen und Lebensalter miteinander zu überwerfen. Eltern und Kinder, Vorgesetzte und Untergebene, Unternehmer und Arbeiter befinden sich meist in Differenzen über Anschauungen und Neigungen, Befugnisse und Pflichten. Gehalt- und Lohnfragen führen zu Streitigkeiten ohne Ende, und das persönliche Kommando wird Gegenstand des Hasses, denn jedes willkürliche Befehlen ist demütigend für den, welcher gehorcht. Das persönliche Regiment ist in der sozietären Ordnung unmöglich; Alles ordnet sich nach freier Übereinkunft und passioneller Zustimmung. In einem Solchen Zustande gibt es keine Willkür in der gegebenen Ordnung, nichts Beleidigendes im freiwilligen Gehorchen. Da, wo die zivilisierte Ordnung mit ihrer Privatwirtschaft und ihren abhängigen Existenzen stets zwei- und dreifache Disharmonie und Unordnung schafft, erzeugt der sozietäre Zustand drei- und vierfache Freude, Bande der Übereinstimmung jeder Art."

„Aber der sozietäre Zustand wird auch häufig zu gemischten Gruppen und Serien greifen müssen, in denen ein uns fremder und von uns verächtlich behandelter Geschmack, für den wir keine Verwendung haben, zur Anwendung kommt. Zum Beispiel, wenn es sich um Ausführung einer schwierigen, nicht sehr angenehmen Arbeit handelt, wie die, einen Berg mit der Anpflanzung eines Forstes zu krönen. Hierfür wird man kaum eine Serie finden, die sich aus Trieb mit der ganzen Arbeit belasten will; man wird also gemischte Serien, die nacheinander folgen, ins Spiel setzen müssen, denn man wird Erdtransporte und grobe Arbeiten vorzunehmen haben. Man schickt also zunächst die Beginner (initiateurs) ins Treffen, d. h. Leute, die alles Neue mit Feuereifer beginnen, aber nichts zu Ende bringen, deren Strohfeuer nach einigen Sitzungen verraucht ist, die aber überall, wo es einen gefährlichen oder unangenehmen Schritt zu tun gibt, bei der Hand und darum sehr Wertvoll sind.

Es sind Charaktere, die man leicht stimulieren kann und die vor keiner Schwierigkeit zurückschrecken. Bis sie ermüdet sind, hat das Werk ein anderes Angesicht gewonnen, und nun kommen die Gelegenheitscharaktere oder die Wetterfahnen an die Reihe, Leute, die sich mit jedem Winde drehen, immer die Ansicht des zuletzt Gekommenen haben und für jede Neuheit, die Kredit erlangt hat, zu gewinnen sind. Sie schwören, wenn sie das Unternehmen in Angriff genommen sehen, daß es sehr plausibel sei, und werden sich mit den Beginnern, die zurückgeblieben sind, verbinden. Darauf folgen die Wunderlichen oder ewig Beweglichen, Leute, die sich in Alles mischen, was halb getan ist, es modifizieren und umändern, beständig ihre Tätigkeit wechseln, einen guten Posten für einen schlechten hergeben, ohne einen anderen Grund, als ihre natürliche Unruhe. Sie machen sich eifrig an die Anpflanzung, sobald sie sehen, daß die Arbeiten vorgeschritten sind, und man wird ihnen jede nichts bedeutende Änderung gestatten, um sie zu streicheln. Diese werden mit dem Rest der Vorhergehenden einige Zeit bei ihrer Arbeit aushalten. Dann folgen die Chamäleons oder Veränderlichen, eine in der Zivilisation sehr zahlreiche Klasse, die immer dabei sind, wo eine Sache Erfolg hat. Sie werden bei einem Werk nicht untätig bleiben wollen, das zu zwei Dritteln beendet ist, sie werden die Arbeit bis ziemlich zu Ende führen, aber dann sie verlassen.

Jetzt ist der Moment gekommen, wo die Fertigmacher (finiteurs) antreten können. Das sind die Leute, die sich immer erst dann für ein Werk begeistern, wenn sie es fast vollendet sehen. Niemals erhält man für einen Anfang ihre Stimme, sie erklären jedes Unternehmen für unmöglich, für lächerlich und ergehen sich in übertreibenden Anklagen gegen die, welche eine Verbesserung beginnen, und behandeln als Narren oder hirnlosen Neuerer Jeden, der etwas Großes unternimmt. Ist aber das Werk zu drei Vierteln fertig, dann ändern diese Aristarchen den Ton; sie werden Lobredner von dem, was sie erst beschrien und behaupten, daß sie von vornherein das Unternehmen unterstützt, das ohne ihre Hilfe nicht geworden wäre. Sie werden ihre Inkonsequenz nicht gewahr und machen sich jetzt voll Hingebung an das Werk. Dieser letztere Charakter ist sehr häufig in Frankreich; nach geschehener Tat fordern die Franzosen alle Neuerungen zurück, die sie anfangs verlachten."

Fourier benutzt diese Gelegenheit, um seinen Landsleuten den Text zu lesen über die Art, wie sie ihn selbst und seine Entdeckung behandelten. In Sachen der Harmonie oder industriellen Anziehung ermangelten sie nicht, sich als echte Fertigmacher, d. h. Leute, die zuletzt kommen, wenn die Hauptarbeit getan ist, zu zeigen. Sie haben begonnen, ihn, den Entdecker und Autor der Phalanx, zu beschimpfen, später werden sie die Gründungsaktionäre verlachen, dann, wenn sie die Vorbereitungen zu der Versuchsphalanx vorschreiten sehen, werden sie sich eines Besseren besinnen und schließlich in dem Moment der Eröffnung die Aktien zum drei- und vierfachen Preise zurückkaufen. Nun werden sie behaupten, daß sie den Autor von Anfang an protegiert und bewundert haben und ihn in seiner Entdeckung ermutigten. Und wie die Extreme sich berührten, so seien die Franzosen große Unternehmer für bekannte Dinge, die Andere probiert. Kein Volk neige mehr dazu wie sie, Alles zu beginnen, aber ohne etwas zu beenden, den Plan der Arbeit zu ändern, wenn er zur Hälfte vollendet sei. Nie sehe man einen Sohn einen Plan vollenden, den der Vater begonnen, nie einen Architekten einen Plan fortführen, den sein Vorgänger angefangen. Die Franzosen seien Wetterfahnen, die sich nie an einen bestimmten Geschmack, nie an eine Meinung bänden, plötzlich von einem Extrem ins andere fielen und das Widerstreitendste zu verbinden suchten. Vor einem halben Jahrhundert seien sie voll Verachtung für den Handel gewesen und heute lägen sie voll kriechender Schmeichelei vor ihm auf dem Bauch; ehemals rühmten sie sich ihrer Rechtschaffenheit und heute seien sie ebenso betrügerisch im Handel wie Chinesen und Juden. Kurz, der nationale Charakter der Franzosen sei in jeder Beziehung ein Gemisch von Gegensätzen, und wenn künftige Geschichtsschreiber, in der Harmonie die Geschichte der Zivilisation schreibend, die Charaktere klassifizierten, würden die Franzosen als Typus der Widersprüche an der Spitze der Stufenleiter stehen.

Wie Fourier seine Landsleute kannte, geht auch noch aus einer anderen Stelle seiner Schriften selbst hervor, wo er von zwei Personen ein Zwiegespräch über sich und sein Werk führen läßt. Wir lassen die amüsante Stelle hier folgen:

„Was steht in diesem Buch über die Anziehung? – Bah! Narrheiten. Der Mensch, der es schrieb, behauptet, daß man bisher die Entdeckung über die Bestimmungen verfehlt habe; daß dem Menschengeschlecht ein unermeßliches Glück vorbehalten sei; daß eine Berechnung über die universelle Harmonie der Triebe existiere; daß diese strebten, eine neue soziale Ordnung zu gründen, welche nichts mit der Unordnung der Zivilisation zu tun habe und ihr entgegengesetzt sei; eine Ordnung, in der alle Völker in Freuden schwämmen und trotz der Ungleichheit der Vermögen für Alle Überfluß herrsche; eine Ordnung, wo die Arbeit anziehender werde, als unsere Bälle und Schauspiele; eine Ordnung, die, sobald sie nur versuchsweise an einem Orte eingeführt sei, von allen Völkern der Erde ohne Unterschied des Kulturgrades mit Begeisterung angenommen werde! – Das ist ein gigantischer Roman, wie je einer existierte; großartig in

Wahrheit, aber unmöglich. Alle unsere Philosophen hätten sich also getäuscht, wenn der Autor Recht hätte; so viel wissenschaftliche Erleuchtung von Plato und Seneka bis Montesquieu und Rousseau sollte ein Nichts sein? Unmöglich; sicherlich träumt dieser Mensch. Und wer ist er? Ein Akademiker, ein berühmter Philosoph? – Nein! es ist einer der unbekanntesten Provinzialen. – Bah, ihm mangelt der gesunde Verstand! Ja, ja, die Provinz liefert solch originelle Käuze!"

Fourier stellt im weiteren Verlauf seiner Ausführungen ferner die These auf, daß im sozietären Regime die Gourmandise die Quelle der Einsicht, der Aufklärung und sozialen Übereinstimmung werde und begründet diese uns sehr fremd erscheinende These also:

Kein Trieb sei übler angesehen, als die Gourmandise (Leckermäulerei). Könne man aber annehmen, daß Gott als Laster einen Trieb betrachtet haben wolle, dem er eine so große Herrschaft gegeben? Seine Herrschaft sei die allgemeinste. Andere Triebe, wie Liebe, Ehrgeiz übten nur auf das reife und männliche Alter mehr Einfluß, aber die Gourmandise verliere niemals ihre Herrschaft über die verschiedensten Alter, Klassen und Völker, sie sei permanent bis zum Lebensende; sie herrsche über die Kinder wie über die Erwachsenen. Man habe Soldaten Revolutionen machen sehen, um sich betrinken zu können, und der Wilde, der die Zivilisation verabscheue, gebe sich für eine Flasche Branntwein zur Arbeit her und verkaufe für eine Flasche starken Liqueurs seine Frau und Tochter. Würde das Menschengeschlecht so gebieterisch diesem Trieb unterworfen sein, wenn er nicht zu einer hochwichtigen Rolle in dem Mechanismus unserer Bestimmung ausersehen wäre? Und wenn nun dieser Mechanismus die industrielle Anziehung sei, müsse dieser sich dann nicht innig mit diesem gastronomischen Trieb – der Gourmandise – verbinden? Sie müsse in der Tat das allgemeine Band der industriellen Serien, die Seele ihrer alles bewegenden Intrigen bilden. In der Zivilisation könne die Gourmandise nicht mit der Arbeit verbunden sein, weil der Produzent selbst nicht genieße, was er erzeuge. Die Befriedigung dieses Triebes sei hier Vorrecht der Müßigen und dadurch allein werde er lasterhaft, wenn er es nicht schon durch die Ausgaben und die Exzesse, die er erzeuge, wäre. –

„In der Harmonie spielt die Gourmandise die entgegengesetzte Rolle, sie ist nicht Belohnung des Müßigganges, sondern der Arbeit, denn der Ärmste nimmt Teil an den Wertvollsten Genußartikeln. Sie wird ihn, Kraft der Abwechslung vor Exzessen bewahren, aber indem sie die Intrigen der Konsumtion mit denen der Produktion verbindet, wird sie die Arbeit stimulieren. Wollen Alle die höchsten Tafelfreuden genießen, so müssen Alle sich anstrengen, die vorzüglichsten Qualitäten der Nahrungsmittel zu erzeugen. Das Mittelmäßige wird verschwinden und binnen weniger Jahre wird aller Boden so kultiviert sein, daß er nur noch das Beste trägt. Man wird die Eigenschaften des Bodens zur höchsten Vollkommenheit zu bringen suchen; man wird gute Erde anfahren, wo jetzt schlechte ist, und wo der Boden nicht zu verbessern ist, ihn aufforsten. Acker- und Gartenbau müssen mit der Industrie wetteifern. In der ganzen Phalanx muß das Prinzip herrschen, durch alle möglichen Verbesserungen: Nahrungsmittel, Kleidung, Möbel und Alles, was zur Erhöhung der Lebensannehmlichkeiten beiträgt, zu stetig steigender Vervollkommnung zu bringen. Dies Prinzip erkennen auch die Moralisten an, die gegen den schlechten Geschmack des Publikums eifern. Aber in diesem, wie in allen anderen, ist die Moral in Widerspruch mit sich selbst; sie will Literatur und Künste heben und verbessern, aber sie will uns in der wesentlichsten Branche, in der materiellen Lebenshaltung, im Zustand der Rohheit halten, obgleich grade hier der Keim ist, der die industrielle Anziehung gebiert und das Bedürfnis nach Vervollkommnung weckt. So wenden die Moralisten da ihr Prinzip zuerst an, wo es zuletzt angewandt werden sollte."

„Man muß in der Phalanx alle Geschmäcker entwickeln, selbst die bizarrsten, namentlich auch bei den Frauen, die oft eine starke natürliche Neigung zu Genüssen haben, die mit dem guten Ton sich schwer vertragen. Die Gastronomie ist es zunächst, welche die Zurückführung zur Natur bewerkstelligen wird, wenn man ohne Aufschub das Hervorbrechen industrieller Serien für die Ausgleichung der Triebe erreichen will. Beispiel: Ein neunjähriges Mädchen liebt allem Lächerlichmachen zum Trotz den Knoblauch. Man spekuliert also auf diesen Geschmack durch ein doppeltes Ineinandergreifen von Umständen. Zunächst auf die Vermischung der Geschlechter in einer Serie; denn die Serie,

welche zwiebelartige Gewächse kultiviert, wie Knoblauch, Zwiebeln, Schnittlauch, Schalotten, besteht gewöhnlich aus Männern. Man muß ihr also ein Achtel
Frauen zuführen, die man aber meist im jugendlichen
Alter wird suchen müssen, da selten ein Mädchen über
16 Jahren am Knoblauch Geschmack finden dürfte. Man
wird zweitens aber auch die Vermischung der Arbeiten
bei den Individuen herbeiführen müssen. Ein junges
Mädchen liebt den Knoblauch, aber es liebt nicht das
Studium der Grammatik, wohingegen ihre Eltern wünschen, daß sie den Genuß des Knoblauchs unterlasse,
aber sich den Studien hingebe. Diese Wünsche sind in
doppelter Beziehung gegen ihr Naturell. Man sucht also
lieber Beides in doppeltem Sinne zu entwickeln. Sie
steht im Garten und an der Tafel mit Liebhabern des
Knoblauchs in Beziehung, und so erhält sie eines Tages
von Marzellus eine Ode zum Lobe des Knoblauchs
behändigt. Lebhaft pikiert über die Lästerer des Knoblauchs, ist sie beeifert, die Ode kennen zu lernen. Man
benutzt also die Gelegenheit, um sie in freier Weise in
die Schönheiten der lyrischen Poesie, des Versmaßes
einzuführen; vielleicht kann sie sich eher für die Poesie
als für die Grammatik begeistern, und so führt man sie
von einem Studium zum andern. In dieser Weise verbindet die sozietäre Erziehung den kabalistischen Geist
und den Hang zum Bizarren, um bei einem Kinde die
Neigung für die Studien zu wecken, es indirekt zu einem Studium zu führen, das es ohne irgendeine stimu-
lierende Intrige zurückgewiesen haben würde. Es ist
unzweifelhaft der natürlichste Weg, mit Hilfe solcher

Intrigen die Kinder zur Initiative für die Arbeit zu gewinnen; man benutzt die Gourmandise als Mittel zum Zweck."

Fourier vergleicht den Geschmackssinn mit einem Wagen, der auf vier Rädern läuft, die bezeichnet werden könnten mit Gastronomie, Küchenwirtschaft, Konservierung und Kultur der Lebensmittel. In der Zivilisation finde man es zwar häufig gerechtfertigt, die Kinder in die drei letzteren Tätigkeitszweige nach Möglichkeit einzuweihen, aber von der ersteren, der Hauptsache, halte man sie fern, sie gelte als ein Übel. Die Gastronomie werde allerdings erst dann als Wissenschaft zu Ehren kommen, wenn sie den Bedürfnissen Aller genüge. Gegenwärtig sei es Tatsache, daß die Menge, statt in Bezug auf guten Tisch Fortschritte zu machen, mehr und mehr zurückkomme und immer schlechter sich nähre; ihre Nahrungsmittel ließen sowohl bezüglich ihrer Nahrhaftigkeit als ihrer Menge zu wünschen übrig. Wohl sehe man in Paris einige Tausend sich den Bauch pflegen und am Besten sich gütlich tun, aber Hunderttausende bekämen nicht einmal eine natürliche Suppe. Die Bouillon sei nur Schein, man bereite sie aus ranzigem Speck, Talg und fauligem Wasser. Der Handelsgeist sei im Wachsen und die niederen Klassen würden mehr und mehr von seinen Betrügereien erdrückt. Die Gastronomie sei nur unter zwei Bedingungen lobenswert, einmal, daß sie direkt für die produktiven Funktionen angewendet, mit den Arbeiten für die Kultur des Bodens und der Vorbereitung in Haus und Küche verbunden werde und der Gastronom, also der Genießende, selbst dabei tätig sein müsse; dann, daß sie zum Wohlsein der arbeitenden Menge in Anwendung komme und so das Volk an den Raffinements eines guten Tisches Teil nehme, der jetzt nur für die Müßiggänger vorhanden sei. Dieser Zweck werde erreicht, wenn alle auf die Konsumtion abzielenden Funktionen sich so zu sagen um die Gourmandise raillierten, denn letztere werde stets anziehend bleiben; sie müsse also die Basis des Gebäudes bilden, wenn man dieses dauerhaft errichten wolle.

Unsere Philosophen stellten zwar das Prinzip auf, daß im System der Natur Alles verbunden sei, aber in unserm industriellen System sei nichts passionell verbunden. Die Industrie müsse durch auf die Gourmandise berechnete Serien ihre Verbindungen bilden, diese durch Trieb wie Anregungen an der Tafel zu den Arbeiten in der Küche, der Konservierung der Nahrungsmittel und dem Garten- und Feldbau führen. Kein Trieb habe mehr Anziehung, als derjenige des Geschmacks, um ein Ineinandergreifen der Tätigkeiten herbeizuführen; aber in der Zivilisation arbeite man diesem Trieb am Heftigsten entgegen, und zwar sei es hauptsächlich jene Verbindung, die ihrer Natur nach stets nur die Beschränktheit und die Einseitigkeit aufrecht erhalte: das Familienband.

Fourier beurteilt den Kulturgrad einer Gesellschaft nach der Stellung, welche die Frau in derselben einnimmt, ein heute allgemein geteilter Standpunkt. Er geht aber weiter und macht die Gesellschaftsentwicklung überhaupt von der Stellung der Frau abhängig; nach ihm geht die

Veränderung in der Stellung der Frau einem neuen Kulturzustand voraus, was nicht richtig ist, sondern diese Veränderung ist Folge. Wohl hat die bürgerliche Gesellschaft scheinbar Recht, und so Urteilt Fourier, daß die monogamische Ehe mit ihren legitimen Kindern Grundlage ihrer Gesellschaft ist, aber dieser monogamischen Ehe voraus geht das bürgerliche Eigentum, der Privatbesitz an Grund und Boden und an den Produktionsmitteln. Der Privateigentümer ist bestrebt, sein Eigentum zusammenzuhalten, auch über seinen Tod hinaus; er will in seinem Eigentum gewissermaßen fortleben. Er sucht also einen Erben, der seinen Intentionen gemäß sein Eigentum verwaltet und wo möglich vermehrt. Wo kann er diesen seinen Intentionen entsprechenden Erben besser finden, als in dem von ihm selbst gezeugten Kinde, das vielleicht auch der Erbe seiner Charaktereigenschaften ist und das er vor allen Dingen durch die Gewalt, die er über es ausüben kann, seinen Absichten gemäß zu bilden und zu erziehen suchen wird? Damit aber der Erbe auch sein wirklich legitimer Erbe sei, muß er möglichst sich vor der Gefahr sichern, die Kinder eines Fremden als die seinen ansehen zu müssen, und deshalb umgibt er die Ehe mit all den gesetzlichen Zwangseigenschaften, die sie heute besitzt.

Die bürgerliche Ehe ist also mit dem bürgerlichen Eigentum innig verwachsen, sie geht daraus hervor, und es ist ein ganz falscher Schluß, den Fourier macht, wenn er glaubt, in der bürgerlichen Ehe das Hauptübel sehen zu müssen, das der Umwandlung des bürgerlichen Zustandes in seinen sozietären sich entgegenstellt. Er ist von seiner Überzeugung, daß nur die Einehe das Hindernis für den Ausgang aus der Zivilisation bilde, so durchdrungen, daß er dem Konvent vorwirft, dadurch die Revolution in ihrer Wirkung beschränkt zu haben, daß er vor der Ehe stehen geblieben sei. Wie konnte er nur eine halbe Maßregel, wie die Ehescheidung, gutheißen? Es waren die Philosophen, durch welche der Konvent sich gefangen nehmen ließ, sonst hätte nach seiner Meinung es geschehen können, daß die Revolution von 1793 eine zweite gebar, die ebenso wunderbar gewesen wäre, als die erste entsetzlich war.

An sich ist es vollkommen richtig, wenn Fourier die Höhe eines Kulturzustandes bemißt nach der Stellung, welche die Frau in ihm einnimmt, es ist aber falsch, wenn er die Stellung der Frau als das Primäre, die Eigentumsverhältnisse als das Sekundäre ansieht. Das Umgekehrte ist die Wahrheit. Im gesellschaftlichen Urzustand herrscht der Kommunismus an Grund und Boden, und wo dieser herrschte oder noch herrscht, existiert auch überall die freie Liebe, eingeschränkt durch gewisse Grenzen, die der allzu nahen Blutsverwandtschaft gezogen werden. In diesem Zustand herrscht auch das Mutterrecht; wohl läßt sich die Mutter, aber nicht der Vater des Kindes nachweisen. In dem Maße, wie die Eigentumsverhältnisse sich ändern, ändern sich auch die Beziehungen der Geschlechter. Mit der Entstehung von persönlichem Eigentum wird auch die Frau persönliches Eigentum, und da sie zugleich Arbeitsmittel wird, entsteht die Polygamie. Es gibt jetzt viele Mütter, aber einen Vater. Aber der Vater, der

200

Töchter besitzt, wünscht seinen Töchtern, wenn er sie Verheiratet, eine bevorzugte Stellung unter den anderen Frauen. Dieser Wunsch ist der Wunsch aller Eigentümer, ihre Wünsche begegnen sich und man sucht durch größere Mitgift die Befriedigung dieser Wünsche zu erleichtern. Das Heiratsgut ist der Preis. Noch aber sind die Töchter im Gegensatz zu den Söhnen des Erbrechts beraubt. Allmählich erlangen sie auch dieses, sei es als Kaufpreis neben dem Heiratsgut, sei es als Tochter, die keine konkurrierenden Brüder hat. Damit kommt die Frau in die Lage, wo sie, statt der bevorzugten Frau, die einzige Frau wird. Aus der Polygamie wird allmählich die Monogamie. Eigentum und Erbrecht in ihrer weiteren Entwicklung sind die Klammern, welche die Einehe zusammenhalten, und da die Eigentümer auch die Gesetzgeber sind, wird die Einehe, ganz abgesehen von dem Mangel an materiellen Mitteln, der bei Privateigentum den meisten Männern es unmöglich macht, mehrere Frauen ernähren zu können, Zwangsordnung auch für Jene, die kein Eigentum und folglich nichts zu vererben haben. Die hierarchische Ordnung und die Gesetze, d. h. der Zwang, kommen stets von Oben, sie sind die in Paragraphen formulierten Interessen der herrschenden Klassen. Der Kampf gegen diese Ordnung geht stets von Unten aus, und aus diesem Kampf, der selbst wieder auf der Entwicklung der sozialen und materiellen Lebensbedingungen der Masse beruht, entsteht der gesellschaftliche Fortschritt. Mußten also hiernach Fouriers positive Vorschläge, weil sie auf einer falschen Grundanschauung beruhten, negativ bleiben, so hat hingegen seine negative Kritik an den bestehenden Zuständen sehr positiv gewirkt.

Fourier geht nunmehr dazu über, die bürgerliche Familie, die er als das Haupthindernis seines Systems ansieht, in ihrem Wesen zu kritisieren. Halten wir seinen Hauptgedankengang fest: Gott hat die Welt erschaffen, und da er sie erschaffen hat, muß er sie auch gut erschaffen haben, sonst käme er in Widerspruch mit sich selbst. Der Mensch ist das von Gott geschaffene höchste lebende Wesen, für den er, wenn die Welt überhaupt einen Zweck haben soll, diese Welt erschaffen hat. Wie die Welt gut, so soll der Mensch, dem Willen Gottes entsprechend, glücklich sein. Stattdessen sehen wir die große Mehrzahl unglücklich, und zwar unglücklich, weil sie die Triebe, die Gott ihnen gegeben, nicht befriedigen können. Aus Unkenntnis ihrer Natur und ihres Zwecks haben sie sich eine Ordnung gegeben, in der diese Triebe meist unterdrückt werden, zur Einseitigkeit gelangen, kurz ihren Zweck verfehlten. Die Einheitlichkeit, d. h. die volle Harmonie zwischen den Menschen und der Welt und der Welt und Gott, ist aber der große Zweck Gottes, und um diese Einheitlichkeit zu ermöglichen, ist die Vielseitigkeit der Beziehungen auf ausgedehnter Stufenleiter die einzige Lösung. Dieser Vielseitigkeit der Beziehungen und der Ausdehnung derselben auf alle Menschen und die sie umgebende Natur steht die isolierte Wirtschaft des Menschen entgegen. Diese isolierte Wirtschaft ist aber nur wieder Folge des möglichst kleinsten Gruppenbandes, der Ehe, resp. Familie, ergo müssen Ehe und Familie in ihrer heutigen Gestalt verschwinden.

In diesem Gedankengang bewegt sich Fourier und von diesem Standpunkt aus kritisiert er die Ehe und Familie, wobei der Leser beachten will, daß Fourier hauptsächlich Pariser und großstädtisches Leben seiner Kritik zu Grunde legt. Er führt weiter aus:

„In der Zivilisation ist das System der Liebe ein System allgemeinen Zwangs und in Folge davon allgemeiner Falschheit. Wie im Handel so sind auch in Sachen der Liebe die Schutzmaßregeln (prohibitions) und die Kontrebande unzertrennlich. Wo die Liebe mit Schutzmaßregeln umgeben wird, darf man auf deren allgemeine Übertretung rechnen. Schon daraus folgt, daß alle Familienbeziehungen verdorben sind. Der Gatte wird durch seine Frau betrogen, die Tochter verheimlicht ihm ihre Beziehungen und dies wirkt zurück auf seine Treue in der Ehe. Die schmachvollste aller sozialen Perfidien ist, daß er nicht selten über den Ursprung seiner Kinder getäuscht wird, ein Vorkommnis, das auf der Bühne zum Gegenstand des Spottes und der Lächerlichmachung dient."

„Diejenigen, die beanspruchen, die Wahrhaftigkeit in die sozialen Verhältnisse einzuführen, ohne darunter auch die Beziehungen der Liebe zu begreifen, sind mit Blindheit geschlagen. Sie scheinen nicht zu wissen, daß die Liebe eine der vier Hauptleidenschaften ist und eine der mächtigsten; ist sie gefälscht, so genügt dies, um durch ihren Kontakt den Mechanismus des ganzen sozialen Systems zu fälschen. Wer glaubt, hier Fälschungen zulassen zu können, handelt wie eine Regierung, die um eine achtzig Meilen lange Grenze gegen die Pest abzusperren, sich begnügt, sechzig Meilen durch einen Truppenkordon zu besetzen und den Rest der freien Passage den Pestkranken offen läßt ..."

„Die Welt besteht aus Betrügern und Betrogenen, und so sollte man annehmen, daß die öffentlichen Einrichtungen die dem Betrug ausgesetzte Klasse schütze. Die Ehe, scheint es, ist ganz im Gegenteil eine Einrichtung zum Nachteil der vertrauenden Leute, sie scheint erfunden zu sein, um die Verderbten zu belohnen. Je schlauer ein Mann ist und sich durch Verführungskünste auszeichnet, Umso leichter gelangt er zu einer reichen Heirat und gewinnt die öffentliche Achtung. Man bringe die infamsten Hilfsmittel in Anwendung, um eine reiche Partie zu machen, sobald es ihm gelingt, zu heiraten, ist er ein kleiner Heiliger, ein Muster von Tugend. Erwirbt Jemand plötzlich ein großes Vermögen dadurch, daß es ihm gelang, ein junges Mädchen zu gewinnen, so ist das ein der öffentlichen Meinung so gut gefallendes Resultat, daß sie alle Intrigen verzeiht. Alle Welt preist ihn nun als guten Ehemann, guten Vater, guten Verwandten, als guten Freund und Nachbar, guten Bürger und guten Republikaner. Das ist die Manier der Lobhudler, sie loben ihn vom Scheitel bis zu den Zehen, im Ganzen und im Einzelnen."

„Eine gute Heirat ist der Taufe vergleichbar durch die Raschheit, mit welcher sie allen früheren Schmutz verwischt. Daher wissen Väter und Mütter nichts Besseres zu tun, als ihre Söhne zu unterweisen, wie sie zu einer reichen Partie gelangen können, einerlei auf welchem Wege, denn eine reiche Heirat ist die wahre, bürgerliche Taufe, welche in den Augen der Öffentlichkeit alle Sünden abwäscht. Dieselbe öffentliche Meinung hat lange nicht diese Nachsicht mit den anderen Parvenüs, denen sie ihre Schändlichkeiten, durch die sie zu Vermögen gelangten, lange nachträgt."

„Welche Aussicht auf Erfolg für die Ehe hat dagegen ein Tugendhafter, welcher, gehorsam den bürgerlichen und religiösen Vorschriften, erklärt, daß er seine Tugend bis zum dreißigsten Jahre bewahren wolle, um sie seiner künftigen Frau als Geschenk in die Ehe zu bringen? Der, getreu den Lehren jenes vortrefflichen Buches, das sich „Einführung in einen gottergebenen Lebenswandel" betitelt, sich bis zum dreißigsten Jahre enthält „aus dem Becher der Unzucht den Wein der Prostitution zu Babylon" zu trinken? Welche Aussicht hat er? Und wenn es ihm einfällt, eine solche Erklärung abzugeben, welchen Dank findet er bei den Frauen? Mütter wie Töchter werden dies scherzhaft finden und bei gleichem Vermögen, gleichem Alter, gleich günstiger äußerer Gestalt werden Mutter und Töchter einen „geübten" jungen Mann ihm, dem „Tölpel", der seine Tugend nach den Vorschriften der Religion und Moral bewahrte, vorziehen."

„Bei der Untersuchung über das Wesen der Ehe sind also alle Vorteile auf Seiten der Intriganten und Verderbten, woraus zu schließen, daß dieses Band eine Lockspeise ist, sich persönlich zu depravieren."

Dieselbe üble Meinung, die Fourier hier durchschnittlich von den Männern unter den gegebenen Verhältnissen hat, besitzt er auch von den Frauen. Von ihnen rühmt er die Leichtigkeit, mit der sie die Fehler ihrer Ehemänner annähmen, aber nicht ihre Tugenden.

„Verheiratet eine Heilige an einen Spitzbuben und sie wird ihm bald in der Spitzbüberei nacheifern, seine Komplizin im Hehlen sein. Besitzt sie einen tugendhaften Mann, weit entfernt, seine Tugenden zu adoptieren, wird sie dagegen den Eindrücken eines leichtfertigen Kourmachers zugänglich sein. Eine schöne Eigenschaft der Ehe, die den Frauen nur die Laster der Männer, nie ihre Tugenden mitteilt. Da es aber unter den Ehemännern der Zivilisation 99/100 lasterhafte und nur 1/100 tugendhafte gibt, so kann man nach diesem Maßstabe die moralische Vollkommenheit schätzen, welche die Ehe bei den Frauen erzeugt." ...

„Durchschnittlich betrachten die Männer die Ehe als eine Falle, die ihnen gestellt wird, und so sind es die Väter selbst, welche ihre Söhne veranlassen, das eheliche Band von diesem Standpunkt aus anzusehen. Und warum? Weil sie aus eigener Erfahrung wissen, daß der Reinfall unreparierbar ist. Und indem sie sich bemühen, ihre Söhne von dieser Wahrheit zu überzeugen, machen sie dieselben für den Ehehandel habgierig und verschlagen."

„So kommt es, daß die „Dreißigjährigen" oder Ehestandskandidaten sich in Berechnungen erschöpfen, ehe sie zum ersten Schritt sich entschließen. Nichts spaßhafter, als die Unterweisungen zu hören, die sie sich gegenseitig geben über die Art und Weise, der künftigen Gattin das Joch aufzuerlegen und sie günstig für sich einzunehmen. Nichts merkwürdiger, als diese vertraulichen Zusammenkünfte (consiliabules) der Junggesellen, in welchen an den zu Heiratenden Mädchen die kritische Analyse vorgenommen wird, und zu beobachten die Fallstricke der Väter, die sich ihrer Töchter entledigen wollen. Der Schluß aller Debatten ist, daß man auf Geld sehen müsse, daß, wenn man das Risiko trage, von der Frau betrogen zu werden, man wenigstens nicht auch mit dem Heiratsgut betrogen sein wolle. Nehme man einmal eine Frau, so müsse man sich eine Entschädigung für die Unzuträglichkeiten sichern, die die Ehe mit sich bringe. Das nennt man nach einem Kunstausdruck „die Anhaltseile (les attrapes) fassen".

Und wie die Männer räsonieren, so räsonieren ähnlich die Frauen. Fourier hebt dann die Widersprüche in dem ehelichen Zustande hervor, daß der Mann, der sonst alle Freiheit für sich beanspruche und die Frau unterdrücke, im wichtigsten Punkt der Ehe öffentliche Meinung und Gesetz gegen sich habe, wobei man wohl beachten will, daß es sich um die Schilderung französischer Zustände handelt, wonach noch bis in die neueste Zeit das Gesetz die Untersuchung über die Vaterschaft untersagte. Dieses Gesetz, von der Männerwelt zu ihrem Schutze entworfen, schlägt in den Fällen, die Fourier hier im Auge hat, zu ihrem Schaden und ihrer Schande aus.

Er sagt: „Trotz des Unterdrückungssystems, das auf den Frauen lastet, haben sie das einzige Privilegium, das ihnen verweigert sein sollte, sich bewahrt, dasjenige, den Mann zu nötigen, ein Kind, das nicht das seine ist und auf dessen Angesicht die Natur selbst den Waren Namen des Vaters geschrieben hat, als das seine anzunehmen."

„In dem einzigen Fall, wo die Frau sich mit schwerer Schuld beladet, genießt sie den Schutz der Gesetze, und in dem einzigen Fall, wo der Mann aufs Schwerste beschimpft ist, hat er die öffentliche Meinung und das Gesetz übereinstimmend gegen sich, um seine Schmach zu verschlimmern."

Darüber gießt nun Fourier seinen Spott aus: „Oh!" ruft er. „Wie die Zivilisierten, die so strenge Verfolger der Verletzung der Keuschheit bei den Frauen sind, und diesen sie aufzwingen, so gutwillig sich unter das schmachvolle Joch beugen und eine Frucht offenbaren Ehebruchs bei sich aufnehmen und derselben ihren Namen und ihr Vermögen gewähren. So sind also die Wünsche der Philosophen erfüllt: In der Ehe ist es, wo die Männer wahrhaft „eine Familie von Brüdern" werden, wo die Güter gemeinsam sind und das Kind des Nachbarn auch das unsere ist. Die Edelmütigkeit dieser braven zivilisierten Ehemänner wird der Zukunft noch reichlich Gelegenheit zu Gelächter geben, und man muß einige dieser ergötzlichen Vorgänge aufbewahren, um die sonst schale Lektüre der Geschichte der Zivilisation etwas genießbar zu machen ..."

„Diese sehr weitgehende Duldung der Ehemänner gegen die schmachvollste Beleidigung und die Geschmeidigkeit der Gesetze über das Vergehen den Mantel zu decken, steht in Übereinstimmung mit anderen

208

Widersprüchen im Liebessystem der Zivilisierten. Die Verwirrung ist solcher Art, daß man auf der einen Seite eine Kirche und auf der anderen ein Theater sieht, zwei Anstalten, in welchen die entgegengesetzten Moralanschauungen vertreten und ein und denselben Personen gepredigt werden. In der Kirche lehrt man die Verabscheuung der Galanterien und der Wollust, und im Theater findet sich dasselbe Auditorium wieder, das man jetzt in die galanten Schliche und Raffinements aller Sinnenlüste einweiht. Eine junge Frau, die soeben eine Predigt hörte, in welcher ihr Achtung vor dem Gemahl und den höheren Gewalten gelehrt wurde, geht eine Stunde darauf ins Theater, um Unterricht in der Kunst zu empfangen, wie man den Gatten oder Vormund oder sonst einen Argus betrügt. Und Gott weiß, welche von den beiden Lehren bei ihr auf den fruchtbarsten Boden fällt. Diese wenigen Widersprüche genügen, um den Wert unserer Theorien von der Einheit der Handlung im sozialen Mechanismus in das rechte Licht zu setzen."

Fourier ergeht sich nun weiter in Auseinandersetzungen über die Unnatur unserer sozialen Zustände, welche die Geschlechter mit ihren Trieben und den bestehenden gesellschaftlichen Anschauungen und Morallehren in fortgesetzte Widersprüche bringen und demoralisierend wirken. Wenn unsere gesellschaftlichen Gewohnheiten vorschreiben, daß der Mann durchschnittlich erst mit dem dreißigsten, das Mädchen mit dem achtzehnten Jahre Heirate, so liege auf der Hand, daß der Mann diese zwölf Jahre des Zölibats benutze, um alle möglichen illegitimen geschlechtlichen Verbindungen einzugehen. Rechne man auf jedes Jahr nur eine solche Verbindung, und zwar sechs in Beziehungen zur Prostitution, sechs im Ehebruch, so gewähre dieses einen traurigen Einblick in die Moral der Zustände, und man brauche nicht erstaunt zu sein, wenn junge Männer im mittleren Alter sich rühmten, schon mit mehr als zwanzig für anständig geltenden Frauen in intimsten Beziehungen gestanden zu haben.

„Der Zweck der Ehe soll sein, das häusliche Glück auf den guten Sitten und der Einigkeit der Familie zu gründen und die Wahrheit zur Geltung kommen zu lassen, denn Arglist und Perfidie müssen Uneinigkeit und Unordnung erzeugen. Man wird ferner zugeben, daß die Wahrheit in der Familie nicht herrschen kann, wenn sie nicht auch in der Liebe vorhanden ist. Sagen doch die Lobredner der zivilisierten Ehe selbst, „daß das häusliche Glück unzertrennlich von der Wahrhaftigkeit in der Liebe ist und daß, wenn das Gleichgewicht in den Beziehungen der Liebe mangelt, auch das Gegengewicht in den Beziehungen der Familie fehlt. Herrscht die Unwahrheit in der Liebe, herrscht sie notwendig in der Familie und in der Häuslichkeit." Wie verträgt sich aber das Eheglück mit dem Bestand der Serails in allen zivilisierten Ländern? Die christlichen Kolonisten haben diese überall aus Negerinnen gebildet; die ernsten, so moralisch scheinenden Holländer bilden sie in Batavia mit Frauen aller Farben. Und wie viele heimliche Häuser gibt es bei uns, die, äußerlich anständig aussehend, in Wahrheit niedliche Serails sind, die im Geheimen jedem reichen und angesehenen Manne offen stehen."

„Der reiche Zivilisierte hat die volle Freiheit, sich sein Serail zu bilden, eine intelligente Matrone in sein Landhaus zu setzen, die ihm Frauen und Mädchen, sogar von hoher Geburt, beschafft. Und neben diesem fixen oder geschlossenen Serail gibt es das vage oder freie. Über dieses erzählt uns Ritter Joconde auf der Bühne. „Ich bin nicht auf Treue versessen, ich eile von Liebschaft zu Liebschaft. Ich liebe nie nur eine Schöne, auch liebe ich sie selten länger, als einen Tag. Es ist nicht Unbeständigkeit, vielmehr Klugheit, denn auf die Frauen, ich kenne ihren Leichtsinn, darf man sich nicht verlassen, und so verlasse ich sie, um nicht verlassen zu werden." So stellt sich das Leben dar, das unsere meisten reichen jungen Männer, die vom Glück begünstigt sind, führen. Und dieser Joconde wird auf der Bühne von Frauen und Männern beklatscht, wenn er solche Sitten rühmt. Man antwortet: Aber wer applaudiert? Es sind die Schwelger, welche diese Schauspiele besuchen. Darauf antworte ich: wenn Viele diese Sitten nicht nachahmen, geschieht es, weil sie es nicht können. Die Einen hält die Furcht vor Krankheiten, die Anderen das Interesse, der Korpsgeist, die öffentliche Würde, der Mangel an Mitteln zurück. Man lasse einmal Jedem die Zügel schießen, überlasse ihn der gesunden Natur und man wird sehen, daß die größte Zahl sich beeilt, das Beispiel von Salomo und Ritter Joconde nachzuahmen. Jeder junge mit Mitteln ausgestattete oder von der Natur ein wenig begünstigte Stadtbewohner besucht dieses freie Serail, ohne wie die Barbaren (die in der Polygamie leben) auch für die Kosten der Unterhaltung sorgen zu müssen, es gibt sogar eine gute Zahl dieser Herrchen, welche die Frauen plündern und arm essen."

„Und ferner: Wie viele Frauen von hoher Stellung sind zu dieser Art Korruption geneigt! Es gibt Schriftsteller, die solchen Frauen ein Recht dazu zusprechen. Warum auch nicht? Doch schweigen wir, wenn wir von der guten Gesellschaft sprechen. Im Volke ist die Käuflichkeit der Liebe kein Geheimnis, man kennt die Tarife, wie die Preiskourante an der Börse. Man braucht darüber nicht erstaunt zu sein, wenn Walpole sogar öffentlich erklären konnte, er habe in seinem Portefeuille den Preiskourant für die Biederkeit des englischen Parlaments.[19] Wie muß unter solchen Sitten das häusliche Glück beschaffen sein, das auf die eheliche Treue und die Wahrhaftigkeit in den gegenseitigen Beziehungen begründet sein soll?"

„Und nun die geheimen Liebschaften. Diese bilden ein sehr umfängliches Kapitel, das für Paris allein sechs dicke Bände füllen würde. Alle diese Schliche sind nur Verletzungen der bürgerlichen, religiösen und Moralgesetze. Welche Auflehnung, welche Rebellion in dieser galanten Welt gegen Alles, was die Gesellschaft für unverletzbar erklärt. Wie kann man beim Anblick von so viel offenen und geheimen Verletzungen aller festgestellten Ordnung zögern, anzuerkennen, daß entweder das Regime der Liebe bei uns im Widerspruch mit der Wahrheit und der Moral organisiert ist, oder daß ein solcher Zustand unverträglich ist mit der Zivilisation,

---

[19] Robert Walpole, berühmter englischer Staatsmann, von 1721-1742 Kanzler des Schatzkammer.

daß die Zivilisation der Antipode der Moral und der Wahrheit."

„In den niederen Klassen herrscht vollkommene Emanzipation, dort existiert die freie Liebe offen. Und diese Klasse, die so offen die religiösen und die Moralgesetze verletzt, umfaßt die Hälfte der weiblichen Bevölkerung unserer großen Städte. Ich will nicht unsere Zofen und Zimmermädchen zitieren, die im Rufe stehen, keine Kenntnis von den Gesetzen der Enthaltsamkeit zu besitzen, wenigstens handeln sie, als hätten sie nie davon sprechen hören. Und wie in der kleinen, so ist es in der großen Welt. Bei den Leuten comme il faut hat der Ehemann seine bekannten Maitressen und die Dame vom Hause ihre anerkannten Liebhaber. Das gehört zur Harmonie der Haushaltung und das heißt man: „man muß zu leben wissen" (il faut savoir vivre). Manchmal entsteht allerdings eine kleine Unzuträglichkeit daraus; man weiß nicht, von welchem Vater die Kinder sind. Doch zum Glück verbietet das Gesetz, nach der Vaterschaft zu forschen. Schlimmsten Falles erklärt der Hausarzt bei dem Fehlen jeder Ähnlichkeit, wodurch der Ursprung des Kindes verdächtig werden kann, daß die Frau während ihrer Schwangerschaft von dem Anblick irgendeiner fremden Physiognomie betroffen worden sei. Schließlich hat auch der arme Ehemann schlechten Dank, wenn er gegen den Wortlaut des Gesetzes und die Zeugenschaft des Arztes aufkommen will. Das Eine ist so unfehlbar wie das Andere. Auch gehört es in der guten Gesellschaft zum guten Ton, nicht eifersüchtig zu sein. Man hat meist geheiratet eines guten Heiratsgutes oder sonst eines Vorteils wegen, und man wurde darin vielleicht nicht getäuscht, also muß man in anderer Beziehung nachsichtig sein, und schließlich heißt es: „was Dir recht ist, ist mir billig."

„So gibt es in der Welt der Zivilisierten nur Lacher und Betrogene. Die Moral und die Ehe werden benutzt, um die Orgie zu maskieren, und Alle erreichen ihren Zweck. Unsere Kritik erscheint abgedroschen, doch für die Partisane des Zwangs war eine Antwort am Platze, man muß sie in Verwirrung setzen, indem man ihnen die Früchte ihres Systems vor Augen hält."

„Aber diese Engherzigkeit und Unwahrheit des Familienbandes hat auch nach anderer Seite für die Entwicklung der Gesellschaft ihr Schlimmes. Nichts ist in unserem sozialen Leben von Dauer. Der zufällige Tod des Familienhauptes kann alle seine Unternehmungen in Frage stellen. Die Teilung der Erbschaft, der Umstand, daß den Söhnen die Eigenschaften des Vaters und seine Kenntnisse fehlen, wie zwanzig andere Ursachen, können das ganze Werk des Vaters stürzen. Seine Pflanzungen werden zerstückelt, an Andere überlassen, oder sie verfallen; seine Werkstätten geraten in Unordnung, seine Bibliothek kommt in die Hände des Büchertrödlers, seine Gemälde in die des Händlers. Genau das Gegenteil hat in der Phalanx statt. Alles wird erhalten und vervollkommnet, der Tod eines Individuums beunruhigt in nichts die industriellen Dispositionen und das Gemeinwesen."

„Ferner: Ein Industrieller wünscht sich einen Sohn, der ihn ersetzt und seine Arbeiten weiter führt, aber das

Schicksal gibt ihm nur Töchter; sein Name erlischt. Er fände wohl geeignete Fortsetzer, aber in Klassen, die durch Vermögen und Lebensstellung ihm nicht zusagen. Ein andermal verweigern die Kinder ihm zu folgen, oder sie sind gänzlich unfähig. Oft ist es wieder der überreiche Kindersegen, der Erziehungsausgaben verursacht, welche die Unternehmungen des Vaters schädigen; seine undankbare Arbeit genügt kaum, die Kinder zu erziehen und ihnen eine Existenz zu gründen, und zum Dank für so viel Anstrengungen merkt er, daß dieses oder jenes seiner Kinder ihm den Tod wünscht, aus Ungeduld, in den Besitz der Erbschaft zu kommen. Öfter treten andere eheliche und häusliche Unannehmlichkeiten ein, deren Zahl eine sehr große ist. Ein Geschäftsmann wird entmutigt durch ungehöriges Betragen seiner Frau oder seiner Kinder, durch Geldschneidereien von am Geschäft Beteiligten, durch Verleumdungen und Prozesse seiner Neider, durch den Verlust eines Kindes, auf dem seine ganze Hoffnung ruhte. Nicht selten sieht man Eltern über den Verlust eines Lieblingskindes dem Tiefsinn verfallen; sie haben kein Gegengewicht gegen solch ein Unglück, noch gegen andere, die sie treffen. Solch ein Familienleben ist ein stetes Straucheln, eine Pandorabüchse. Wie kann man annehmen, daß Gott die Industrie und die menschliche Tätigkeit auf einen so kritischen Boden für die, welche die Leiter sind, und noch viel mehr für Diejenigen, welche die Untergebenen sind und ausführen, hat gründen wollen?"

„Weder die Politik noch die Moral wissen die industrielle Anziehung zu schaffen, sie nehmen nur die Arglist zu Hilfe; sie rühmen die Freuden der Ehe, wenn auch ohne Vermögen, und bauen ihr ganzes soziales System darauf, den Armen zur Ehe zu bringen, damit er unter der Last der Kinderzahl, um die Hungernden zu nähren, zu fleißiger Arbeit gezwungen werde. So kommt es, daß sieben Achtel dieser Väter rufen: „Oh! in welche Galeere bin ich geraten." Es war der geheime Zweck der Moralisten, mit ihrem Lob von der süßen Ehe diese Falle zu legen; damit erreichen sie, daß sie einen Überfluß an Rekruten für die Armee und an hungernden Arbeitern für die Fabriken haben, die um niedrigen Preis arbeiten, damit die Unternehmer sich bereichern können."

„Die weitere Folge dieses ganzen Systems ist der Widerwille gegen die Arbeit, der schon beim Kinde stark ausgeprägt ist; es arbeitet nur aus Furcht vor Züchtigung. Aber die Unordnung steigert sich in dem Maße, wie es zur Reife kommt. Die Liebe stellt sich ein und vermehrt den Widerwillen gegen die Zwangsarbeit und verleitet zu Ausgaben für Beziehungen, die den Wünschen des Vaters wie der Harmonie der Familie sehr entgegen sind. Man sollte meinen, das Aufbrechen der Liebe müßte, als eines neuen Hilfsmittels, den industriellen Mechanismus verbessern, denn wo ein neuer Faktor auftritt, sollte er das Spiel der Kräfte vervollkommnen. Das geschieht im sozietären Zustand, aber nicht in der Zivilisation. In der Harmonie wird die Liebe die industrielle Anziehung verstärken, durch sie wird der Jüngling wie die Jungfrau für die Vereinigungen der beiden Geschlechter in den Ateliers, den Gärten, den Wirtschaftsanlagen, an der Tafel immer neue Anreize

216

finden. Die Wirkung in der Zivilisation ist die entgegengesetzte, sie erzeugt Beunruhigung der Eltern, nötigt zu fortgesetzter Überwachung, verursacht Ausgaben für Putz und Geschenke und führt nicht selten zu Schulden und anderen Ausschweifungen der Jugend. So wird die Ehe für die Väter zu einem Pfad von Schwierigkeiten aller Art, mit wenig Ausnahmen für die Reichen, und die Erwachsenen werden durch die Liebe nur verdorben."

„Ein anderes großes Übel in der Familiengruppe ist, daß sie keine Freiheit gestattet. Man kann nach freiem Willen Freunde, Maitressen, Assoziés wechseln, aber man kann nichts an den Banden des Blutes ändern. Das ist ein Übel, das man noch nicht wahrnahm und das so schwer ist, daß die Harmonie ihm viele es aufhebende Gegengewichte gegenüberstellen muß, unter anderem die industrielle Adoption (wovon bereits gesprochen wurde) und die Teilnahme an der Erbschaft. Das Übel herrscht, und seit lange, aber seine Herrschaft ist in unseren Tagen stetig gewachsen und zwar durch den Sieg des Handelsgeistes, der die Zivilisierten immer mehr erniedrigt und sie lügnerischer macht, als sie ursprünglich waren. Die Sophisten stellen die Frage: ob der Mensch von Natur lasterhaft sei und die meisten bejahen dies; man schließt also wie die mahommedanischen Fatalisten, welche die Pest für ein unumgängliches Übel erklären, weil sie sich scheuen, Schutzmaßregeln gegen sie zu ergreifen. Unsere Philosophen ziehen dieselbe Straße; um sich davon zu befreien, ein Heilmittel zu suchen, erklären sie das Übel als unabwendbare Bestimmung. Man muß nur die Schöngeister in irgendeine Angelegenheit sich mischen lassen und man kann sicher sein, daß sie dieselbe in Unordnung bringen."

„In allen übrigen Vereinigungen verlangt der Mensch Freiheit der Bewegung und sucht die möglichste Ausdehnung seiner Verbindungen. Unsere Philosophen selbst predigen, daß man die philanthropische Freundschaft auf die ganze Menschheit ausdehnen und Alle als Brüder betrachten müsse, der Ehrgeiz solle uns treiben, uns mit den Freunden des Handels auf dem ganzen Erdboden zu verbinden, aber in Sachen der Liebe und des Familienbandes zwingt man uns in den möglichst kleinsten Kreis. Man überlasse die Liebe ihrem natürlichen Hang und überlasse ihr selbst, sich ihre Grenzen zu ziehen. Man wird sehen, daß ein Mann bald mit einer gleichen Zahl von Frauen wird zu tun gehabt haben, wie der weise Salomo, und daß die Frau ihrerseits es auch nicht an der Auswahl der Männer wird haben fehlen lassen. Diese Vielheit in der Liebe ist so natürlich, daß selbst ein altersschwacher Sultan sich nie auf eine einzige Frau beschränken läßt. In einem zukünftigen Zeitalter wird man diese Freiheit der Liebeswahl ganz natürlich finden, und ein Greis wird direkte und indirekte Nachkommen, Adoptivkinder und Erben in die hunderte haben. Dann wird das goldene Zeitalter der Vaterschaft angebrochen sein und wird die Freuden genießen, die sie im gegenwärtigen Zustand vergeblich sucht. Die Adoptionen und die Legate werden in der Harmonie so zahlreich sein, wie sie in der Zivilisation unmöglich sind; man wird die Fortsetzer (continuateurs) aus Passion haben, die Mangels an eigenen, von gleichen Trieben beseelten Kindern, das Begonnene weiter führen. Außerdem, welcher Egoismus, welche Eifersucht herrscht in unseren Familien, die nicht leiden, daß ein Außenstehender sich in die Neigungen des Vaters Teilt: gezwungen sich an die eigenen Kinder zu halten, begegnet er nur zu oft in seinen Plänen und Unternehmungen den Antipathien derselben, muß er in ihnen die Zerstörer seines Werkes sehen. Es kann also kein Zweifel sein, daß das Familienband die antiökonomischste Verbindung ist und den Wünschen Gottes, welcher der höchste Ökonom ist, und mit Aufwendung der geringsten Mittel das Vollkommenste zu erreichen strebt, aufs Direkteste entgegensteht."

Fourier erläutert jetzt die Art der Verteilung der materiellen Genüsse in der Phalanx. Die Übereinstimmung in der Verteilung sei garantiert, wenn man zwei bestimmte Mittel, die mehr als genügten, in Anwendung bringe: Das erste sei die Gierigkeit, die bei den Menschen nie fehlen werde. Finde man ein Mittel, die Gier des Einzelnen in ein Pfand billiger Verteilung umzuwandeln, so werde die Herrschaft der Gerechtigkeit schon gesichert. Das zweite Mittel, um das Gleichgewicht der Verteilung herbeizuführen, sei die Generosität. Diese halte man wohl für unmöglich, sie sei aber durchzuführen.

Jeder, der sich mit Anderen geschäftlich verbinde, wolle daraus Vorteil ziehen. Trete ein solcher nicht ein, löse die Verbindung sich auf. Diese Gefahr sei in der Phalanx nicht vorhanden, da die Vorteile für das Wachstum des Einkommens kolossale seien und dieses im Vergleich zu heute sich wenigstens verdreißig- und vervierzigfache. Zwei Beispiele möchten dies beweisen. Eine Familie, die in Paris 60.000 Franken jährlich ausgebe und dafür Pferde, Wappen, Diener und Wohnung in der Stadt und auf dem Lande unterhalte, könne in der Phalanx mit 6000 Franken dasselbe haben. Dieser zehnfache Vorteil werde ein zwanzigfacher, wenn man erwäge, welch große Auswahl in Bezug auf Wagen aller Art man in der Phalanx habe, daß man von den Streitereien mit Händlern und Kaufleuten, von den Ausgaben für Lakaien und von ihren Diebereien und Betrügereien, von der Spionage und anderen Widerlichkeiten, welche das Gesinde zu einer Geißel der Großen machten, befreit sei. Man solle ferner an die Verbesserung der Straßen und Wege denken, deren Zustand heute auf dem Lande den Aufenthalt verbittere und sie einen großen Teil des Jahres fast unpassierbar mache. Das Gegenteil in der Phalanx, wo alle Straßen und Wege mit Trottoirs für Equipagen und leichte Wagen, für Fußgänger wie für Pferde und Zebras versehen, die Wege schattig und mit Fußsteigen, die man nach Bedürfnis besprenge, ausgestattet seien. Dazu kämen die Annehmlichkeiten der überdeckten Verbindungen zwischen den Wohnungen, Ateliers, Werkstätten, Stallungen; für Kirche, Theater, Ballsäle u. s. w., und daß alle diese verdeckten Passagen im Winter erwärmt seien, so daß man kaum wissen werde, ob es draußen warm oder kalt sei. Es seien dies alles Erleichterungen und Annehmlichkeiten, wie sie in der Zivilisation selbst ein König sich nicht verschaffen könne. Das Wohlsein werde sich also in der

Phalanx in das unzählbar Vielfache steigern. Dasselbe
sei mit den Mahlzeiten der Fall. Die Raffinements, die
aus der stetigen Verbesserung der Materialien in Garten,
Feld, Stallung und Keller hervorgingen, in der Küche
durch die verbesserten Methoden der Fertigstellung sich
steigerten, könne kein Einzelner, und sei er der Reichs-
te, herbei- und durchführen. Und an alledem nähme der
Ärmste in der Phalanx Teil.

Fourier, der offenbar in den Dingen der Küche und
was damit zusammenhängt genaue Spezialstudien gemacht hat, führt dies im Detail sehr anziehend und Lust
erweckend aus; so wird es nach ihm eine Kleinigkeit
sein, daß man auf jeder Tafel bei jeder Mahlzeit wenigstens dreierlei Arten Käse, jeden wieder in verschiedenen
Qualitäten, zum Nachtisch haben kann, so daß eine
zwölffache Auswahl gewöhnlich sei. Fleisch, Geflügel,
Wild, Fische, Gemüse, Kompotts, Eier- und Mehlspei-
sen würden in einer Vielseitigkeit der Herstellung und
in einem Raffinement geliefert, von dem gegenwärtig
kaum Jemand eine Vorstellung habe. Die Tafel der Reichen in der Phalanx sei täglich bei einer Mahlzeit mit
mindestens dreißig Gerichten bedeckt, und selbst die
Armen dürften, wenn erst die Phalanx in vollem Gange
sei, auf mindestens zehn Gerichte zum Mittagtisch
rechnen. Es kann, ihm zufolge, daher auch gar nicht
fehlen, daß selbst die Könige, nachdem sie die Phalanx
besucht und sich von ihrer Opulenz nach allen Richtungen durch den Augenschein überzeugt haben, sich beeilen werden, die Gründung der Phalanxen nicht nur zu

unterstützen, sondern selbst mit ihrem Hofstaat in eine solche einzutreten.

Die Phalanx verbindet also, nach F. Ansicht, die sensuellen Vergnügungen mit der Abwesenheit aller materiellen Sorgen, die heute Vätern und Müttern so viel Kopfschmerzen verursachen. Sie findet rasch die Zustimmung der Väter, die von den Kosten der Haushaltung, der Erziehung und der Ausstattung der Kinder befreit sind; sie findet die Zustimmung der Frauen, welche alle der vielen Widerwärtigkeiten der Haushaltung, wo die Mittel fehlen, los und ledig sind; sie findet die Zustimmung der Kinder, denen nur anziehende Beschäftigungen, Vergnügungen und die besten Mahlzeiten in Aussicht stehen; und sie findet endlich auch die Zustimmung der Reichen, die erhebliches Wachstum ihres Vermögens und das Verschwinden aller Risikos und die Beseitigung des Ärgernisses, von dem, wie Fourier behauptet, sie stets umgeben sein sollen, zu erwarten haben. Der Arme kann natürlich gar nichts Besseres tun, als sofort mit beiden Händen zugreifen, denn er hat Nichts zu verlieren, aber Alles zu gewinnen. So werden die Serien, die Gruppen, die Individuen in der Phalanx alle in den edelmütigsten Entschlüssen übereinstimmen und werden selbst zu materiellen Opfern entschlossen sein, die aber nicht einmal nötig sind. Bei dem Gedanken, wieder in die Zivilisation zurückzufallen, wird Jeder erschreckt sein, wie bei dem Gedanken, in die Arme des Teufels zu stürzen; Jeder würde bereit sein, lieber sein halbes Vermögen zu opfern. So wird sich die Übereinstimmung und die Aufrechterhaltung der Einheitlichkeit in allen materiellen Dingen auf die höchste Stufe erheben.

Wie nach Fourier in der Phalanx sich die materiellen Interessen zur größten Zufriedenheit Aller ausgleichen, so wird auch die Vermischung und aus Zuneigung entstehende Übereinstimmung der drei Klassen sich vollziehen. „Die reiche Klasse muß nur gewahr werden, daß man sich ihr seitens der anderen Klassen höflich und ohne persönliches Interesse und ohne Gefahr der Hintergehung nähert, und sie wird bereitwilligst der Phalanx ihre Kräfte und ihr Vermögen leihen. Damon, der ein großer Blumenfreund ist und in Paris wohnt, macht jährlich bedeutende Ausgaben für seine Blumenbouquets, aber er wird übel beraten und betrogen durch die Verkäufer, bestohlen durch Gärtner und Diener. Dadurch wird ihm die Blumenzucht verleidet und er entschließt sich, die Kultur derselben aufzugeben, so sehr er sie liebt. Darauf besucht Damon die Versuchsphalanx, wo er sieht, daß die Blumenzucht eifrig gepflegt wird und er Unterstützung an Anderen findet, die gleich ihm dafür begeistert sind. Statt Mißtrauen zu begegnen, sieht er, daß man seinen Wünschen und Ratschlägen, als von einem Sachkenner kommend, bereitwillig Folge leistet und alle Arbeiten ausführt. Ihn trennt keine Verschiedenheit der Interessen von den Mitwirkenden, denn alle Kosten trägt die Phalanx; er sieht sich geachtet und geliebt, weil man seine Kenntnisse schätzt und ihn als eine Stütze der Serie betrachtet. Namentlich sind es die Kinder, die sich um ihn drängen und bei dem drohenden starken Regen Schutzzelte über die Beete spannen. Er fühlt sich unter diesen Blumenfreunden wie in einer zweiten Familie und entschließt sich zu mehreren Adoptionen. Da ist Aminte, ein Mädchen ohne Vermögen, aber eine der geschicktesten Seriesten, die für Damon begeistert ist; sie sieht in ihm, dem Sechzigjährigen, die Stütze der ihr teuren Kultur; sie will sich ihm erkenntlich zeigen, und da sie auch ein Mitglied einer Gruppe der Zimmerordnerinnen ist, übernimmt sie die Sorge für Damons Zimmer und Garderobe. Sie dient Damon nicht aus materiellem Interesse, denn er bezahlt sie nicht, und dies wäre überhaupt unzulässig, sondern aus Dankbarkeit für seinen Eifer für die Kultur der Blumen. Damon hat also doppelte Freude, er hat in Aminte eine eifrige und gelehrige Schülerin und eine aufmerksame Gouvernante, und zum Dank adoptiert er sie. Bei dieser industriellen Kooperation war also die Freundschaft im Spiel, ein Trieb, der namentlich bei den Kindern einen schönen Aufschwung nimmt, weil ihm weder durch Liebe, noch durch Gewinnsucht, noch durch Familieninteresse entgegengearbeitet wird."

„Im Jugendalter ist's hauptsächlich die Liebe, welche den Rangunterschied verwischt und selbst einen Monarchen auf die Stufe einer Schäferin, die ihn gefangen genommen hat, stellt. Wir haben also Keime zur Ausgleichung von Rang- und Standesunterschieden selbst in der Zivilisation, aber sie kommen nicht zum Ausbruch. Auch sehen wir, daß in Sachen des Ehrgeizes der Höhere den Niederen unter Umständen nicht verschmäht. Zum Beispiel in Partei- und Wahlkämpfen. Es sind nicht bloß die Scipione und Catone, die, um seine

Stimme zu erhalten, dem Landbebauer die Hand drücken. Aber hier wirkt nur die Sucht nach persönlichem Gewinn und Befriedigung persönlichen Ehrgeizes. Vollziehen also diese niederen Mittel schon die Annäherung verschiedener Klassen, dann ist dies viel leichter durch edle Mittel, durch Bande freiwilliger Zuneigung, wie das Beispiel zwischen Damon und Aminte zeigt."

„Nun kann Damon, bei zwanzig verschiedenen Tätigkeiten beschäftigt, überall ähnliche Bande knüpfen. Alle Serien und Gruppen bestehen aus Gleichstrebenden, und da Jeder bei einer speziellen Arbeit in einer Branche in Übung ist und er darin leicht sich auszeichnen kann, wird es ihm an Anerkennung der Genossen nicht fehlen. Der Reiche genießt aber doppelte Anerkennung, einmal wegen der Geschicklichkeit, durch die er sich in irgendwelchen Arbeiten auszeichnen kann, dann durch die Munifizenz, die er den von ihm gewählten Industrien erweist. So macht Damon Ausgaben für sehr Wertvolle Pflanzen, die auf Kosten der Phalanx anzuschaffen die Regentschaft sich weigert. Für diese Dienste wird Damon seitens der Serie zum Chef der Zurüstungen gewählt; so wird ihm sein Geschenk mit doppelter Zuneigung vergolten; seine intelligenten und eifrigen Genossen erweisen sich ihm dankbar und ihre Freundschaft und sein Ansehen steigt bei ihnen und den rivalisierenden Nachbarn. Der Reiche kann also sich mit vollem Vertrauen der Phalanx überlassen, er hat keine Falle zu fürchten, kein ungehöriges Verlangen wird ihn beunruhigen. Kein Zweifel, daß in der Harmonie die Ungleichheiten sich leicht verbinden. Lustigkeit, Wohlbefinden, Höflichkeit und Rechtschaffenheit der niederen Klassen werden den Reichen zum Eintritt in die Vereinigungen verführen, dazu kommen die prunkvollen Zurüstungen für die Arbeiten der Phalanx und die Einigkeit der Sozietäre. Die Ärmeren wieder werden auf ihre neue Lage und die hohe Bestimmung ihrer Phalanx stolz sein und werden Alles aufbieten, der neuen Stellung würdig zu erscheinen. Unter solchen Verhältnissen werden Alle bemüht sein, die gerechte Verteilung des Einkommens der Phalanx, wovon die Aufrechterhaltung der sozietären Ordnung abhängt, zu erleichtern. Man frage wohl, wie könne die Habsucht, die Liebe zum Gelde, die in der Phalanx fortbestehen solle, eine gerechte Verteilung ermöglichen? aber man werde sehen, daß in den Serien der Triebe gerade die Liebe zum Gelde der Weg zur Tugend und zur Gerechtigkeit sei, so sehr die Moralisten die Liebe zum Gelde verurteilten.“

Fourier expliziert dieses also: Nichts sei leichter in einem Unternehmen, als die Verteilung des Ertrages nach dem Maßstab des eingeschossenen Kapitals, das sei eine Jedermann wohlbekannte, rein arithmetische Aufgabe; aber auch Arbeit und Talent gerecht zu honorieren und zufrieden zu stellen, das sei eine Kunst, welche die Zivilisierten nicht verständen, und so beklagten sie sich beständig über Ungerechtigkeit und Übelwollen. Wolle die Phalanx freilich jedem Einzelnen, entsprechend seiner Teilarbeit, in vielleicht dreißig oder mehr Serien und hundert Gruppen seinen Anteil überweisen, so würde dies eine außerordentlich umständliche und schwer zu lösende Aufgabe sein. Der Mechanismus der Verteilung sei nicht auf die Individuen, sondern auf die Serien berechnet, und diese werden nicht nach ihrer speziellen Leistung, sondern nach ihrer Bedeutung für die Phalanx in Betracht gezogen. Die Serien gelten als die einzelnen Assoziés, und kraft des Rangs, den sie in dem Tableau der Arbeiten einnehmen, wird die Dividende nach drei Klassen verteilt: 1. nach der Notwendigkeit, 2. der Nützlichkeit und 3. der Annehmlichkeit der Arbeit. Wird z. B. die Serie des Wiesenbaues als solche von hoher Wichtigkeit anerkannt, so erhält sie ein Loos erster Ordnung in der Klasse, in der sie figuriert. Die Erzeugung von Körnerfrüchten ist Arbeit erster Notwendigkeit, aber die Serien darin bilden selbst wieder fünf Ordnungen, und so ist wahrscheinlich, daß die Erzeugung von Korn, Weizen, Mais etc. auf der Stufenleiter der Notwendigkeiten erst in dritter Ordnung kommen.

„Die höchste Dividende fällt den unangenehmsten Arbeiten zu und diese erhalten in der Phalanx die kleinen Horden; darauf kommt die Fleischerei in Rücksicht auf die damit verbundenen widerlichen und übelriechenden Arbeiten. Die Pflege und Ernährung der Säuglinge und Kinder in den niedersten Lebensaltern wird für eine schwerere Arbeit anerkannt als die eigentliche Feldarbeit. Mediziner, Chirurgen und die groben Handarbeiter rangieren in der ersten Ordnung der Notwendigkeit, werden also wie die Arbeit der kleinen Horden am höchsten belohnt. Die Arbeit wird nicht nach dem Wert bemessen, sondern nach dem Maß der Anziehung, das sie ausübt, je höher die Anziehung, also auch die Annehmlichkeit, je geringer die Belohnung."

„Fragt man den Zivilisierten, was nach seiner Meinung die höhere Belohnung verdiene, ob die Serien der Obstzüchter oder die der Blumenzüchter, so wird er antworten: die ersteren, und zwar hätten diese in der Klasse der Nützlichkeiten, die Blumenzüchter in der Klasse der Annehmlichkeiten zu rangieren. Aber das ist ein ganz falscher Schluß. Obgleich die Obstbaum- und Früchtezucht sehr produktiv ist, rangiert sie in der Harmonie in die Klasse der Annehmlichkeiten, weil sie außerordentlich anziehend ist. Die Obstbaumzucht ist in der Harmonie eine der reizvollsten Erholungen. Jeder Obstgarten ist mit Blumenaltären besäet, die von Zierstauden umgeben sind; hier werden die Ruhepausen abgehalten, hier vereinigen sich die Geschlechter, und so bietet diese Kultur neben der Geflügelzucht die meiste Anziehung. Dadurch wird die Obstzucht in die dritte Klasse, in die der Annehmlichkeiten gereiht, und empfängt die niederste Belohnung. Was die Blumenzucht betrifft, die im Allgemeinen in der Zivilisation nicht sehr geschätzt wird und kaum die Kosten deckt, so erwecken zwar ihre Produkte Liebreiz, aber die Arbeit erfordert große Pünktlichkeit, erhebliche Kenntnisse und viele Sorgfalt und das Vergnügen ist von kurzer Dauer. Aber diese Kultur ist, sowohl um die Kinder zu bilden, als um die Frauen für das Erfordernis der Kultur und das Studium agronomischer Verfeinerungen zu gewinnen, sehr Wertvoll. Auch eignen sich die Arbeiten der Obstzucht nicht immer für die Kinder, wofür hingegen die Pflege der verschiedenen Blumensorten sehr geeignet ist. Aus diesen Gründen werden die Serien der Blumenzüchter in die zweite Klasse, die der Nützlichkeiten, versetzt werden."

„Wird also die Obstbaumzucht, die noch besonders Wertvoll dadurch wird, daß ihre Produkte, sei es in Natur, sei es als Kompott, Marmelade u. s. w. für die Ernährung und Verfeinerung der Lebensweise die wichtigsten Dienste leisten, in die dritte Klasse, des Angenehmen, versetzt, so gelangt die Oper, die wir für rein überflüssig anzusehen geneigt sind, in die zweite Ordnung der ersten Klasse, die der Notwendigkeiten. Man wird freilich sagen, Müller und Bäcker sind nützlicher, aber das kann nur von einem Gesellschaftszustand gelten, der die industrielle Anziehung nicht kennt. Von letzterem Standpunkt aus ist aber die Oper für die Harmonie sehr Wertvoll, weil sie für die Kinder das mächtigste Hilfsmittel ist, sie zur Gewandtheit und zur Einheitlichkeit der industriellen Tätigkeiten zu erziehen. Von diesem Standpunkt aus gehört sie in die erste Klasse, die der Notwendigkeiten, soweit hingegen sie den Erwachsenen als Mittel zum Vergnügen dient, rangiert sie in die dritte Klasse, die der Annehmlichkeiten."

„Maßstab der Verteilung für die Arbeit ist also: 1. die direkte Wirkung, die sie für die Bande der Einheitlichkeit der Phalanx im Spiel des sozialen Mechanismus besitzt; 2. der Wert, den sie hat für die Beseitigung widriger Hindernisse und 3. im umgekehrten Verhältnisse steht zu der Stärke der Anziehung, die sie erweckt. Unter den ersten Fall sind, wie schon bemerkt, die Beschäftigung der kleinen Horden, unter den dritten die Oper für die Erwachsenen, unter den zweiten unter anderem die Beschäftigung in den Minen und Bergwerken zu zählen.“

„In dieser Art gruppieren sich die verschiedenen Tätigkeiten, deren Klassifizierung und Ordnung die Mitglieder der Phalanx selbst bestimmen. Die Verständigung ist Umso leichter, da jedes Mitglied in einer ganzen Menge von Serien und in einer noch größeren Zahl von Gruppen beschäftigt ist. Die Gunst, die ein Mitglied einer Serie oder Gruppe in der Zubilligung der Dividende erwürbe, würde es in den anderen Gruppen und Serien schädigen; sein eigenes Interesse zwingt es also zur größten Objektivität; auch ist es interessiert, daß die Harmonie nicht gestört wird, weil diese Schädigung des Ganzen unfehlbar den größten Schaden für es selbst brächte. Von diesen Gesichtspunkten aus verteilt sich auch das Einkommen auf Kapital, Arbeit und Talent.“

„Alippus ist ein reicher Aktionär, der bis dahin in der Zivilisation für die Ausleihung seines Kapitals auf Güter 3–4 Prozent erhalten hat. In der Phalanx hat er Aussicht, 12–15 Prozent zu bekommen. Er ist sehr für gerechte Verteilung des Ertrages, doch drängt ihn seine Habsucht, als Kapitalist die Hälfte der Dividende in Anspruch zu nehmen. Er muß sich aber sagen, daß dann die beiden anderen zahlreichen Klassen, die Arbeit und Talent aufwandten, sehr unzufrieden sein werden und wahrscheinlich binnen wenig Jahren die Phalanx sich auflöse und dies sein größter Schade sei. Diese Einsicht veranlaßt ihn, sich in seinem eigenen Interesse mit weniger zu begnügen und eine Teilung zu akzeptieren, die dem Kapital 4/12, der Arbeit 5/12 und dem Talent 3/12 zuweist. Er hat nach diesem Maßstab noch drei- bis viermal mehr Einkommen, als die Zivilisation ihm gewährte, er lebt viel billiger in der Phalanx, als in der Zivilisation, und er sieht außerdem die beiden anderen Klassen befriedigt und dies sichert den Bestand der Gesellschaft. Was ihn außerdem bestimmt, sich zufrieden zu geben, ist, daß er gleichzeitig als Mitglied einer Anzahl Serien, in denen er viel Vergnügen genoß, freundschaftliche und Liebesbeziehungen anknüpfte, seinen Anteil als Tätiger und, soweit er darin durch Talent sich auszeichnete, auch dafür seinen Anteil erhält. Seine Habsucht wurde also durch zwei Gegengewichte in der richtigen Mitte gehalten, er hat die Überzeugung, daß im Interesse Aller er sein eigenes Interesse wahrt und dafür die Zustimmung der Phalanx findet, und daß der Fortschritt der industriellen Anziehung für ihn zur Quelle großen Reichtums wird."

Sehen wir weiter zu. Johannes hat kein Kapital und keine Aktien, er wäre also als Zivilisierter sehr dafür, daß die Arbeit auf Kosten des Kapitals und Talents den Löwenanteil erlangt und rechnet 7/12 für die Arbeit, 3/12 für das Kapital und 2/12 für das Talent. Johannes, als Mitglied der Assoziation, denkt Indes anders. Wohl hat er den lebhaften Trieb, der Arbeit den Hauptanteil zuzuweisen, aber da er in einer Reihe von Serien und Gruppen durch Talent der Erste ist, so verkennt er nicht, daß auch dem Talent sein entsprechender Anteil gebühre. Außerdem begreift er als einsichtiger Bürger die

Bedeutung des Kapitals, welche Vorteile der Arme aus den Ausgaben der Kapitalisten zieht, welche Annehmlichkeiten reiche Angehörige ihren Serien und Gruppen erweisen, endlich, daß seine Kinder Aussicht haben, mit Legaten bedacht zu werden. Alles das genau erwogen, findet auch er, daß man ein Einsehen haben und daß die Arbeit zu Gunsten von Kapital und Talent ein wenig zurücktreten müsse. Er kämpft also auch gegen die „unvernünftige Raubsucht" (rapacité déraisonée), deren ein Zivilisierter fähig wäre und findet ebenfalls bei der Repartition von 4/12 für das Kapital, 5/12 für die Arbeit und 3/12 für das Talent seine Seele und sein Gewissen befriedigt.

Fourier glaubt mit besonderem Nachdruck auf dieser Art Verteilung beharren zu müssen, was man bei seinem Bestreben und seinem festen Glauben, diese von ihm entdeckte und konstruierte ideale Gesellschaft mit freiwilliger Zustimmung aller Klassen und zum Wohlsein aller Klassen ohne irgendwelche gewaltsame Erschütterungen begründen zu können, begreifen wird. Wäre die Fourier'sche Phalanx überhaupt möglich und keine Utopie, so wäre unfaßbar, warum das Kapital, bei all den sich ihm eröffnenden glänzenden Aussichten, sich nicht beeilte, Hals über Kopf diesen neuen Gesellschaftszustand zu begründen. Fourier glaubt felsenfest an diese Möglichkeit und die Richtigkeit der von ihm gemachten Aufstellungen; er konstruiert sich die Prämissen und da müssen die Konklusionen stimmen. Falsch sind nicht seine Voraussetzungen, sondern falsch ist die Gesellschaft, die in ihrer Kurzsichtigkeit und

Verblendung den Weg, der sich ihrem Glück öffnet, nicht sieht oder zurückweist. Er behauptet also mit Überzeugung, daß der Arme in der Harmonie die reiche Klasse und den Anteil des Kapitals am Ertrag bereitwillig unterstützen werde, weil ihm mit Hilfe des Kapitals in der Phalanx so zahlreiche Chancen, zu Vermögen zu kommen, sich darböten. Der Arbeiter der Phalanx sei nicht entmutigt, wie der Arbeiter der Zivilisation, der keine Aussicht habe, selbstständiger Unternehmer zu werden. „Seine Kinder können durch Kenntnisse, Talent, Schönheit zu hohen Würden und Stellungen kommen, auch kann er, da er stets mehr erwirbt als er ausgibt, Ersparnisse machen, und so selbst allmählich Aktionär werden." Nährt ihm doch die Phalanx die Kinder, die vom dritten Lebensjahre ab bereits selbst voll verdienen, was sie brauchen und später mehr verdienen, als sie nötig haben; liefert ihm doch die Phalanx alle Werkzeuge und nicht weniger als drei Paradeuniformen für die Feste und Aufzüge; auch besucht er weder Kneipen noch Café's, da er nach fünf vortrefflichen Mahlzeiten und all den Abwechslungen und Vergnügungen, die ihm die tägliche Beschäftigung bietet, für solche Orte kein Bedürfnis mehr empfindet; endlich besteht überall die volle Gleichberechtigung: er nimmt an allen Beratungen Teil, hat das gleiche Stimmrecht und somit nach keiner Richtung einen Grund, gegen die Reichen Abneigung zu empfinden. In der Tat, es gehört viel Verbohrtheit dazu, all diesen Verlockungen zu widerstehen.

Fourier kommt natürlich nicht im Traum der Gedanke, daß, wenn all diese schönen Ausmalungen und scharfsinnigen mathematischen Berechnungen dennoch ihre Wirkungen verfehlen, das ganze System auf falschen Voraussetzungen beruhen müsse, denn für ihr Interesse sind die Menschen in allen Zeitaltern und bei allen Völkern sehr empfänglich gewesen und namentlich die herrschenden Klassen. Aber aller Widerstand und alle Feindseligkeit, die ihm begegneten, machten ihn an der Richtigkeit seiner Theorien und seiner Berechnungen nicht irre, diese sind für ihn unbestreitbar, und so ist selbstverständlich, daß der einmal begonnene Faden sich ruhig bis zu Ende spinnt, und ein Gebäude entsteht, in dem jeder Stein genau auf den anderen paßt, bei dem Alles aufs Genaueste und Scharfsinnigste berechnet und vorgesehen ist, dem aber die Hauptsache fehlt, das reale Fundament. Die Erkenntnis der eigentlichen Entwicklungsgesetze der Gesellschaft, welche zwar die Gesellschaft einst zu einem ähnlichen Zustande, wie ihn Fourier als scharfsichtiger Seher voraussetzt, führen werden, aber auf anderem Wege und durch andere Mittel und – wann die Entwicklung reif ist, – die Erkenntnis ihrer Entwicklungsgesetze blieb ihm und seinem Zeitalter fremd.

Wie der Kapitalist und der Arbeiter sich zufrieden geben und genau so schließen, wie es der Konstrukteur dieser idealen Gesellschaft wünscht, so natürlich auch das Talent. Philint ist Mitglied von 36 Serien. In zwölf zeichnet er sich als alter erfahrener Serist durch große Geschicklichkeit und durch Talent aus, in zwölf anderen ist er nur mittelmäßiger Arbeiter und in den zwölf letzten Neuling. Nachdem beim Jahresschluß die Inventur

234

gemacht wurde und die Mitglieder der Phalanx zur Entscheidung berufen werden, könnte er in Anbetracht der Talente, die er in zwölf Serien entwickelte, sehr geneigt sein, den Anteil des Talents besonders zu begünstigen. Aber als überlegender Mann muß er sich sagen, daß damit weder sein Interesse noch das der Phalanx gewahrt würde. Einmal stehen nicht nur den 12 Serien, in denen er sich auszeichnet, 24 gegenüber, in denen er nur mittelmäßiger Arbeiter oder gar Neuling ist, es findet sich auch, daß von den 12 Serien, in denen er sich hervortut, nur vier in die erste, also höchst belohnte Klasse, die der Notwendigkeiten, fallen, vier andere in die zweite und die letzten vier in die dritte Klasse. Daraus ergibt sich für ihn von selbst, daß er den einseitigen Maßstab der Bevorzugung des Talents nicht zur Geltung kommen lassen kann. Ein anderer Umstand tritt bei all diesen Erwägungen über die Verteilungen hinzu. Da die Interessen aller Mitglieder in den dutzenden von Serien und hunderten von Gruppen persönlich voneinander differieren, in einer Serie oder Gruppe, wo zwei oder mehrere harmonieren, diese wieder in allen anderen Serien und Gruppen in ihren Interessen auseinandergehen, ist ein Intrigenspiel zu Gunsten einzelner Serien oder Gruppen unmöglich. In diesen hunderten durcheinandergehenden und sich kreuzenden Interessen, wobei kein Einzelner etwas vermag und keine Verbindung gleicher Interessen möglich ist, muß schließlich das Allgemeininteresse, das damit das Interesse Aller wird, siegen.

Diese Idee ist ungemein geistreich und scharfsinnig, und die Richtigkeit der Vordersätze, von denen Fourier ausgeht, zugegeben, hat er vollkommen recht, triumphierend auszurufen, daß sowohl in den Details wie im Ganzen bei der Verteilung die distributive Gerechtigkeit in der Phalanx herrscht. „Das Regime der Serien der Triebe ist die gewollte Gerechtigkeit, die das angebliche Laster, den Durst nach Gold, in den Durst nach Gerechtigkeit umwandelt." Die Habsucht, eines der schlimmsten Laster in der Zivilisation, wird also auch in der Phalanx zur Tugend. Unsere heute als am lasterhaftesten bezeichneten Triebe werden in der sozietären Ordnung nützlich und gut, wie es die von Gott gewollte Bestimmung ist. Die Bewegung der Organisation der Triebe wird nach der von Schelling ausgesprochenen Idee „in jedem Sinn der Spiegel der universellen Analogie". Schließlich hat Fourier nichts dagegen einzuwenden, wenn die Verteilung auch derart stattfindet, daß die Arbeit 6/12, das Kapital 4/12 und das Talent nur 2/12 erhält. Das ganze Verteilungsgesetz formuliert er also: „Es müsse die individuelle Habsucht durch das Kollektivinteresse jeder Serie und der gesamten Phalanx und die kollektiven Ansprüche jeder Serie durch das individuelle Interesse eines jeden Seristen, als Angehöriger einer Menge anderer Serien, absorbiert werden." Und dieses Gesetz wird erreicht „durch das direkte Verhältnis der Zahl der frequentierten Serien im umgekehrten Verhältnis zu der Dauer der Arbeit in den einzelnen Serien". Mit anderen Worten: Je mehr Serien der Einzelne angehört und je kürzer in Folge dessen die einzelnen Arbeitssitzungen werden, Umso leichter wird die ausgleichende Gerechtigkeit in der Verteilung des Ar-

beitsertrags sich herstellen. Mit der Zahl der differieren-
den Interessen des Einzelnen wächst die Möglichkeit
der gerechtesten Ausgleichung und die Einheitlichkeit
des Ganzen.

Die Habsucht wirkt also schließlich ausgleichend in
der Harmonie, aber ihr steht noch ein zweiter Impuls zur
Ausgleichung gegenüber, die Edelmütigkeit. Erstere
wirkt direkt, letztere indirekt. Zum Beispiel: „Es handelt
sich um die Verteilung eines Ertrags von 216 Frks. unter
neun Mitglieder einer Gruppe, wobei sich zufällig her-
ausstellt, daß die Reichsten und Wohlhabendsten unter
den neun Gruppisten in Folge ihrer Leistungen das
Meiste erhalten. Darauf erklären die beiden Ersten, daß
sie in Anbetracht ihres Kapitaleinkommens und des
Vergnügens, das ihnen die Arbeit gebracht, sich mit
dem Minimum begnügen – auf das Ganze dürfen sie
nicht verzichten – was vier Franken beträgt. In Folge
dessen bleiben 52 Franken an die Übrigen weiter zu
verteilen. Aber dem Beispiel der beiden Ersten folgen
zwei Andere, nur daß diese entsprechend ihrem geringe-
ren Vermögen von dem ihnen zufallenden Anteil nur
auf die Hälfte verzichten, wobei weiter 20 Franken zu
verteilen übrig bleiben. Diese 72 Franken werden nun
dergestalt unter die fünf armen Societäre verteilt, daß
sie je 24, 18, 12, 9 und 9 Franken erhalten, und zwar
erhält davon eine schöne Vestalin, nicht wegen ihrer
Leistungen, sondern weil sie bei den Gebern wie bei den
übrigen Mitgliedern in Gunst steht, den höchsten Satz.
Diese Gunstbezeugung ist keine Ungerechtigkeit, denn
sie schädigt Niemand in seinen Rechten, sie wird aber in

der Harmonie eine Quelle der Übereinstimmung. So werden auch eine große Zahl von Würden und Zeptern, bis zu dem des Omniarchen des Erdballs, als Gunstbezeugungen vergeben, weil alle diese Würden durch Wahl erfolgen.

Wenn nun hieraus sich ergibt, daß die reichsten Sozietäre nur den möglichst geringsten Arbeitsanteil empfangen – die Verzichtleistung soll nach Fourier in Folge des Beispiels allgemeine Regel werden – und den größten Teil ihres Einkommens nur nach Maßgabe ihrer Kapitalien beanspruchen, so resultiert daraus, daß ihr Anteil am allgemeinen Benefizium im umgekehrten Verhältnis zu der Entfernung (distance) der Kapitalien voneinander steht, denn für Arbeit und Talent tendieren sie nur den kleinsten Teil in Anspruch zu nehmen. Dagegen steht ihr Anteil am allgemeinen Benifizium bezüglich des Kapitalanteils im direkten Verhältnis der Masse der Kapitalien. Es kommen also hier genau wie in der physischen Welt zwei entgegenwirkende Kräfte in Betracht, die zentripetale, welche hier die Habsucht ist, und die zentrifugale, die Edelmütigkeit.

Der Leser wird bereits erkannt haben, daß Fourier hier das von Newton entdeckte Gesetz der Anziehung der Weltkörper, wonach diese wirkt im graden Verhältnis zu ihrer Masse und im umgekehrten Verhältnis zum Quadrat ihrer Entfernung, auf den Verteilungsmodus seiner Phalanx anzuwenden sucht. Alle Beziehungen der Menschen unter sich und zum Weltall sind ja nach Fourier durch mathematische Verhältniszahlen zum Ausdruck zu bringen und nach Analogien geordnet, also

238

muß auch die Phalanx, welche im Kleinen das Spiegelbild der Einheitlichkeit der Welt darstellt, diese mathematischen Verhältnisse zum Ausdruck bringen. Freilich
ist dieser Versuch im vorliegenden Fall ein verunglück-
ter, denn unter dem Ausdruck Entfernung kann doch
nichts Anderes als die Größe der Kapitalien verstanden
werden, und ihre Größe deckt sich wieder mit ihrer
Masse, mit dem Quadrat der Entfernung haperts überhaupt; und was ist der Mittelpunkt, um den die Kapitalien gravitieren? Im bürgerlichen Leben ist der Mittelpunkt, nach dem Alles strebt, das Kapital selbst, in der
Phalanx schwebt es in der Luft. Doch vergessen wir
nicht, daß es sich hier um ein geistreiches, mit großem
Scharfsinn aufgebautes Utopien handelt.

Fourier ist nun weiter der Ansicht, daß in seiner Phalanx die Generosität, welche die reichen Leute üben,
wenigstens 7/8 des Betrags ihrer Dividenden, und bei
den Mittelleuten die Hälfte derselben umfassen werde,
diese also den ärmeren Sozietären zu Gute kommen.
Das klinge freilich wie eine romantische Vision, weil
man sich in der Zivilisation ein solches Maß von Großmut gar nicht vorstellen könne. Mit den bereits hervorgehobenen Triebfedern für eine solche Handlungsweise
verbinden sich allerdings noch andere, wie diejenigen,
die aus den Liebesbeziehungen resultieren. Doch bei
den Vorurteilen der Zivilisation gegen alles, was das
Kapitel der freien Liebe betreffe, sei er genötigt, grade
dieses für die Harmonie so Wertvolle und äußerst inte-
ressante Gebiet nicht weiter zu berühren; so viel aber sei
sicher, daß die freie Liebe und die freie Vaterschaft

seelische und physische Kraftquellen erschließen werde, die der Lebensfreudigkeit und der Entwicklung der Menschheit die glänzendsten Aussichten eröffneten.

Was schließlich den Losanteil betreffe, der dem Talent zufalle, so gewähre dies besonders den unbemittelten Alten in der Phalanx, die in Folge einer langen Erfahrung in den verschiedensten Arbeitszweigen und in der Leitung der Arbeiten hervorragten, Aussicht auf Gewinn. In der Zivilisation sei die Arbeit des Talents, die in der Harmonie eine Ausgleichung zwischen dem, was dem Kapital und dem, was der Arbeit zufalle, herbeiführen solle, nur eine Art Fußschemel, auf dem der Reichere auf Kosten des Ärmeren, dessen Kenntnisse er für sich ausbeute, in die Höhe steige; der gesellschaftlich Begünstigte schmückte sich mit den Federn des Armen. Die Handlungen aus Edelmut in der Phalanx seien es ferner, die hauptsächlich die Grenzen zwischen den Armen und Reichen verwischten, daher werde ein Monarch in der Harmonie mitleidig lächeln, wenn man ihm eine Schutzgarde anbiete. Alle, die ihn umgeben, seien ihm von Herzen und nicht wegen der Bezahlung ergeben, der Monarch genieße ohne alle Kosten eine Zuneigung, die er sich in der Zivilisation nie zu erwerben vermöge, wo er seine Sicherheit nur in der Umgebung von erkauften Söldlingen zu glauben finde und doch nicht vor der Ermordung sicher sei.[20]

---

[20] Anspielung auf die verschiedenen Attentatsversuche und Verschwörungen, denen trotz aller Sicherheitsmaßregeln Napoleon I. wie Ludwig XVIII. und Louis Philipp ausgesetzt waren.

Die große Ungleichheit der Vermögen werde es gerade sein, die in der sozietären Gesellschaft die Harmonie gebäre; nur ein Schatten von Gleichheit hierin würde sie zerstören. Kein mittelreicher Mann werde deshalb den Anstoß geben, mehr zu überlassen, als was das Minimum überschreite. Es genüge, um einen solchen Akt des Wohlwollens begehen zu können, den Sozietären das beträchtliche Einkommen, das ihnen die zugestandene Dividende aus den Aktien einbringe. So werde, den moralischen Diatriben gegen die großen Vermögen zum Trotz, die Phalanx, wo die Ungleichheit des Vermögens die größte und best abgestufteste sei, die doppelte Harmonie, in Folge des Spiels der Impulse der Habsucht und der Großmut, am besten erreichen. „Wie weit entfernt war doch die arme Moral, in das Geheimnis der Harmonie der Verteilung, die für alle anderen Harmonien die Grundlage bildet, einzudringen." Und da griffen die Philosophen seine Theorie als bizarr und unbegreiflich an, die doch im Gegenteil gar nichts Willkürliches habe, sondern auf unerschütterlichen geometrischen Theorien aufgebaut sei. Man preise Newton als das größte moderne Genie, weil er die Berechnung der Gesetze der Anziehung begonnen habe, worin er sich aber nur auf einen Zweig beschränkte; warum unterdrücke man da ihn, den Mann, der diese Berechnung fortgesetzt und sie vom materiellen auf das passionelle Gebiet, ein Zweig, der für die Menschheit sehr viel nützlicher sei, als den, welchen Newton behandelte, übertragen habe. Es sei nichts, als die Furcht, daß diese von ihm begründete neue Wissenschaft das Handelsgeschäft mit den philosophischen Systemen und Büchern schädige.

Neben den bisher angeführten Faktoren, die nach Fourier eingreifen, um das Leben in der Phalanx zu einem möglichst angenehmen zu gestalten, wirken noch solche, welche die gegenseitige Übereinstimmung und die Versöhnung der Klassen und Standesunterschiede herbeiführen, so die Beziehungen, welche die Freundschaften zwischen Armen und Reichen und die Liebe zwischen Jungen und Alten herstellen wird. Die Zivilisation erzeuge zwar auch ausnahmsweise die eine oder die andere dieser Beziehungen, aber bei dem Mangel der Serien der Triebe könnten sie zu keinem System werden. Wie Freundschaften zwischen Arm und Reich in der Harmonie entstehen, ist schon ausgeführt worden. Die Beziehungen, welche die freie Liebe hervorruft, müßten in Rücksicht auf die ebenfalls schon erwähnten Vorurteile der Zivilisierten unerörtert bleiben, so sind nur die aus Ehrgeiz und der Vaterschaft sich ergebenden Verhältnisse näher zu betrachten.

„In unserer Zivilisation herrscht unter den verschiedenen Klassen und Standesabstufungen überall nur Haß und Feindseligkeit oder Geringschätzung. Der hohe Adel sieht auf den niederen, der Adel überhaupt auf die Bourgeoisie, die Bourgeoisie wieder auf das Volk mit mehr oder weniger großer Feindseligkeit oder Geringschätzung herab, und diese Gefühle werden von unten nach oben erwidert. Innerhalb der einzelnen Schichten selbst gibt es wieder verschiedene Abstufungen, zwischen denen ähnliche Gefühle herrschen. Kurz, mit der süßen Brüderlichkeit, welche die Moral und die Philosophie predigen, sieht es in der Wirklichkeit recht windig aus. Da verachtet der große Kaufmann den kleinen, der Gelehrte den Nichtgelehrten, der Bürger den Bauern und Arbeiter. Aber wo das Merkenlassen dieser Gefühle den Interessen schadet, versteckt man sie, und das nennt man dann Gewandtheit oder Klugheit (savoir faire). Wo in der Zivilisation sich der Höhere dem Niederen scheinbar freundschaftlich nähert, sind in der Regel Hintergedanken im Spiel und sie führen zum Üblen und zu Unordnungen. So, wenn der Große einer Frau aus dem Volke sich nähert, die Folge ist gewöhnlich ein Bastardkind; oder wenn wirklich Ehen stattfinden, führen sie zu Überwerfungen in der Familie. Betrifft es hingegen Sachen des Ehrgeizes, so handelt es sich um Wahlintrigen, Parteistreitigkeiten, Bündnisse zur Unterdrückung. Und gleichwohl ist der Ehrgeiz in der Harmonie ein sehr geeignetes Mittel, alle widerstrebenden Elemente zu verbinden. Napoleon sagt man nach, er habe in Moskau eine Medaille prägen lassen, welche die Inschrift enthielt: „Der Himmel für Gott, die Erde für Napoleon." Das ist damals den Franzosen gar schrecklich vorgekommen. In Wahrheit hat er damit eine sehr vernünftige Absicht, die Gründung einer Weltmonarchie ausgesprochen. Dieser Gedanke ist durchaus korrekt und es ist nur zu bedauern, daß Napoleon ihn nicht verwirklichen konnte, er würde damit der neuen sozialen Ordnung wesentlich Vorschub geleistet haben. Gleiche Sprache, gleiche Schrift, gleiche Kommunikationsmittel, gleiches Geld, Maß und Gewicht zu schaffen, gleiche Unternehmungen in Industrie, Handel und Verkehr, Wissenschaft und Kunst zu begründen und zu vollbringen, einen Weltmeridian aufzustellen, alles dem Menschen Schädliche und Feindliche im Pflanzen- und Tierreich zu vernichten, das höchste Wohlsein durch die Gründung der Phalanxen auf dem ganzen Erdboden herbeizuführen und damit auch die Änderung und Verbesserung der Temperaturen zu bewerkstelligen, das ist das Ziel der sozietären Ordnung, und es werden mit dieser Ordnung die Weltmonarchie und die Territorialmonarchien über den ganzen Erdboden begründet werden."

Künftig könnten also Mann wie Frau ihren Ehrgeiz darauf richten, Herrscher oder Herrscherin der Welt oder einer der Territorialmonarchien zu werden, und für einen politischen Eunuchen gelte, wessen Ehrgeiz sich mit Geringerem begnüge. Diese Ansicht scheine bizarr, sie sei es aber nicht, denn nichts sei leichter in der sozietären Ordnung, „als Cäsar und Pompejus zu versöhnen". Cäsar und Pompejus könnten an demselben Ort in ganz verschiedenen Würden nebeneinander regieren. Gibt es doch nicht weniger als sechszehn verschiedene Zepter und eine große Auswahl von Würden und Titeln. Da gibt es Würden und Titel für die Erblichkeit, die Adoption, den Favoritismus, das Vestalat u. s. w. Alle diese Zepter, Würden, Titel, Grade, eröffnen sich Jedem. „Kennt der Monarch in der Zivilisation nur den legitimen Erben, in der Harmonie wird er auch das Recht der Adoption haben, eine Freiheit, deren er bei uns beraubt ist und ihm nicht selten den Lebensabend verbittert. Auch kann der Souverän wie die Souveränin, um der

Erblichkeit zu genügen, sich eine Zeugerin oder einen Zeuger wählen; ferner jeder Monarch kann Nachfolger bestimmen, welchen er nur bestimmte Funktionen, also einen Teil seiner Regierungsgewalt überträgt. Die Harmonisten können alle neu gegründeten Throne durch Wahl aus ihrer Mitte besetzen, dagegen können die erblichen Throninhaber und Throninhaberinnen ihre vollen oder Teilnachfolger, wie ihre eigenen Gatten und Gattinnen nach Wahl sich aussuchen. Welche Aussichten eröffnen sich da für Väter und Mütter, für junge Männer und junge Mädchen! Und welcher Ausblick für schöne, liebenswürdige Frauen, deren Aussichten, einen Thron zu erobern, in unserer Zivilisation so geringe sind. Welche Mittel immer sie in Anwendung bringen, ein gestecktes Ziel zu erreichen: Unschuld, Talent, Schönheit, Liebenswürdigkeit, Gefälligkeit, alles ist ihnen erlaubt, sie schaden Niemand damit. Welch mächtige Mittel, das Volk an die Großen zum Anschluß zu bringen und alle Quellen des Hasses, der Feindseligkeit, der Mißgunst zu verstopfen.

„Zu diesen Anziehungs- und Aussöhnungsmitteln zwischen Hoch und Niedrig kommt in der Phalanx auch noch das Mittel der Vaterschaft, ein Thema, das etwas schwierig zu behandeln ist, weshalb es sich empfiehlt, die Tatsachen statt der Prinzipien sprechen zu lassen. Man vergesse nicht, daß in Folge der vernünftigen und naturgemäßen Lebensweise der Harmonisten auch die Langlebigkeit in der Phalanx herrscht; unter je zwölf Personen gibt es mindestens eine, welche ein Alter von 150 Jahren erreicht. Nehmen wir des Beispiels halber

Einen dieser Ältesten. Ithuriel, ein sehr reicher Mann, der 150 Jahre zählt, sieht auf sieben Generationen herab. Er hat 120 direkte Nachkommen, welche er in seinem Testament zu bedenken gewillt ist. Die nächsten Nachkommen, ein Sohn und eine Tochter, welche schon reich sind, bedenkt er nur mit einem kleinen Teil seines Vermögens, die nächstfolgenden bedenkt er etwas mehr. Er gibt aber auch der sechsten und siebenten Generation erhebliche Anteile, damit sie nicht in Versuchung kommen, den Tod älterer Verwandten zu wünschen. Er verbraucht für diese Vermächtnisse die Hälfte seines Vermögens. Die anderen beiden Viertel legiert er dergestalt, daß ein Viertel auf hundert Adoptierte kommt, das andere Viertel an hundert Freunde und Seitenverwandte fällt, darunter seine Frauen, die selbst reich sind und keiner größeren Erbschaften bedürfen. Diese einzige Erbschaft umfaßt also direkt und indirekt einen großen Teil der Mitglieder der Phalanx. Da viele Frauen und Männer in der gleichen Lage wie Ithuriel sind, werden sie in ähnlicher Weise testieren und es geht schließlich Niemand leer aus."

„Da kommt die Moral und predigt, wir sollten uns Alle als eine Familie von Brüdern und Schwestern betrachten. Leeres Geschwätz. Kann Lazarus, ein armer junger Mann, den reichen Patriarchen Ithuriel als seinen Bruder betrachten? Wenn er in der Zivilisation auf ihn spekulieren wollte, bekäme er nichts. Aber in der Phalanx ist er vielleicht einer seiner entfernten Nachkommen, oder ein Seitenverwandter, oder einer der Adoptierten; sicher braucht er sich nicht wie sein Namensvetter in der Bibel mit den Brosamen zu begnügen, die von der Reichen Tische fielen. Es gibt in der Phalanx für ihn eine Menge Gelegenheiten, zu Ansehen und Beliebtheit und damit unzweifelhaft auch zu Wohlhabenheit zu kommen. Schließlich ist in der Phalanx, wo die Arbeit Jedem sein Wohlsein garantiert, Niemand auf die Erbschaftslungerei angewiesen, wie dies in der Zivilisation so gewöhnlich ist, wo der Tod des Erblassers nicht erwartet werden kann. Und andererseits, wie darf ein Vater in der Zivilisation es wagen, auch den Gefühlen der Philanthropie und der Freundschaft Rechnung zu tragen, ohne das Mißfallen und selbst die Erbitterung seiner direkten Nachkommen zu erregen?"

„In der sozietären Ordnung wird also auch die Frage gelöst, wie kann zwischen Testator und Erben ein Verhältnis hervorgerufen werden, das die Zuneigung der Erben dem Erblasser erhält, sie veranlaßt, ihm die Verlängerung des Lebens zu wünschen, dessen Ende heute in den meisten Fällen ungeduldig erwartet wird."

Alle Schriftsteller, alte wie neuere, die sich bisher eingehend mit den sozialen Fragen beschäftigten, konnten nicht umhin, auch die Bevölkerungsfrage in den Kreis ihrer Erörterungen zu ziehen, so auch Fourier. Fourier mußte dies Umso mehr, als er einen ins kleinste Detail ausgearbeiteten Organisationsplan für die ganze Erde entwarf, eine Organisation, welche die Grundlage für alle weitere Entwicklung der Menschheit bilden sollte. Wer so für die Zukunft sorgt, muß auch die Bevölkerungsfrage seiner Prüfung unterziehen und eine Lösung für sie finden. Wie in allen übrigen Fragen, so geht auch hier Fourier seinen eigenen Weg. Seine Ansichten sind Umso interessanter, als in der Zeit seines ersten schriftstellerischen Auftretens die Schrift von Malthus über die Bevölkerungstheorie bereits erschienen war und pro und kontra in den Interessierten Kreisen lebhaft erörtert wurde. Malthus stellte, sich anlehnend an ältere Schriftsteller, bekanntlich die Theorie auf, daß die Menschheit die Tendenz habe, sich in geometrischer Progression, also in dem Zahlenverhältnis 1, 2, 4, 8, 16, 32 u. s. w. zu vermehren, dagegen die Nahrungsmittel die Tendenz hätten, sich in arithmetischer Progression zu vermehren 1, 2, 3, 4, 5 u. s. w. Aus diesen beiden sich widersprechenden Tendenzen folge, daß in kurzer Zeit – Malthus setzte einen Zeitraum von 25 Jahren voraus, die genügten, um die Verdoppelung der Menschenzahl herbeizuführen – die Erde so übervölkert sei, daß die Menschen an Nahrungsmangel zu Grunde gehen müßten. Malthus betrachtete es als „göttliche Bestimmung", daß Alle, die am Gastmahl des Lebens keinen Platz fänden, zu verhungern hätten; das sei der natürliche Lauf der Entwicklung, so nur werde Raum für die Nachkommenden geschaffen. Diese brutale Theorie, welche der herrschenden Klasse das Gewissen erleichterte, fand bei dem Einen ebenso lebhaften Anklang, als bei dem Andern Widerspruch. Man wandte ein, daß die Erfahrung die Theorie nicht rechtfertige, weder habe die Bevölkerungszahl in dem angegebenen Maßstab bisher sich vermehrt, noch sei nachzuweisen, daß die Vermehrung der Nahrungsmittel in den gezogenen Grenzen sich bewege. Trete überhaupt einmal Übervölkerung ein, dann geschehe es in einer für die jetzigen und die nachfolgenden Generationen so fernen Zeit, daß die Frage jedes akute Interesse verliere. U. s. w.

Fourier faßt die Frage an einem anderen Ende an. Zunächst wirft er den Politikern und Ökonomen vor, daß sie durch ihre Inkonsequenzen und Unbesonnenheiten überhaupt übersähen, das Verhältnis der Bevölkerung als Konsumenten zu der Zahl der vorhandenen produktiven Kräfte näher zu bestimmen, da es darauf vor Allem ankomme. Er huldigt also dem Grundsatz, steigende Produktivkräfte schaffen steigendes Produkt, beides steht im Verhältnis zueinander. „Vergebens werde die Zivilisation Mittel zu entdecken suchen, eine vier- selbst hundertfache Vermehrung des Produkts zu erzielen, wenn die Menschen verurteilt seien, sich unter dem bisherigen sozialen Zustand zu vermehren, der in Folge unökonomischer Verwendung die Gesellschaft zwinge, beständig das drei- und vierfache Produkt aufzuhäufen, um das gewohnte graduierte Auskommen der verschiedenen Klassen zu ermöglichen."

Zu allen Zeiten sei in der Zivilisation die Ausgleichung der Bevölkerung im Verhältnis zu den Nahrungsmitteln eine der Klippen der Politik gewesen. Schon die Alten, die ringsum sich so viel unkultivierte Regionen liegen sahen, die der Kolonisierung fähig waren, hätten gegen die Übervölkerung kein anderes Mittel als Aussetzung, Kindestötung, Erwürgung der überschüssigen Sklaven gehabt.

„Darin zeichneten sich die tugendhaften Spartaner besonders aus. Die römischen Bürger, die so stolz auf den Namen freier Männer, aber weit entfernt waren, gerechte Männer zu sein, vergnügten sich, ihre Sklaven in den Kampfspielen zu Grunde gehen zu sehen ... Neuerdings haben sich Stewart, Wallace und Malthus über die Frage ausgelassen. Stewart stellt die Frage, woher man auf einer Insel die Lebensmittel nehmen wolle, wenn die Bevölkerung von 1000 auf 10.000 oder gar 20.000 sich vermehre, während die Insel gut kultiviert nur für 1000 Nahrung habe. Darauf hat man geantwortet: man müsse alsdann den Überschuß fortsenden und anderwärts weiter kolonisieren. Damit ist aber die Frage umgangen. Wie dann, wenn der ganze Globus so bevölkert ist, daß für den Überschuß nichts mehr zu kolonisieren übrig bleibt? Man antwortete, und darin stimmen auch die Owenisten ein, daß die Erde noch nicht übervölkert sei und es noch wenigstens 300 Jahre dauere, ehe dieser Zeitpunkt komme. Das ist ein Irrtum, denn schon nach 150 Jahren ist die Erde übervölkert. Auf alle Fälle ist nach 150 oder 300 Jahren die Frage brennend und nicht gelöst, wenn man bei den jetzigen Anschauungen und Mitteln bleibt. Nun, die sozietäre Ordnung hat sehr wirksame Mittel, die Übervölkerung zu verhüten und sie auf dem rechten Stande zu erhalten. Es sind ungefähr fünf Milliarden, die auskömmlich existieren können, wenn der ganze Erdboden mit Phalanxen bedeckt ist und die von mir vorausgesehenen klimatischen Verbesserungen eintreten, im anderen Falle ernährt er nur drei Milliarden.“

„Im sozietären Zustand stellt die Natur der exzessiven Vermehrung der Bevölkerung vier wirksame Dämme entgegen: 1. die größere Kraft und Körperentwicklung der Frauen; 2. die üppige Lebensweise; 3. die phanegoramischen Sitten; 4. die gleichmäßige körperliche Übung aller Kräfte. Was die große Körperentwicklung bewirkt, das sehen wir bei den starken Frauen in unseren Städten; auf vier Frauen, die überhaupt unfruchtbar sind, kommen drei robuste, wohingegen die zarten Frauen von der größten Fruchtbarkeit sind. Man antwortet, daß die Frauen auf dem Lande meist robust und doch fruchtbar seien. Das ist richtig, aber das ist nur ein Beweis mehr, daß alle vier Mittel kombiniert angewendet und miteinander verkettet werden müssen. Die Frauen auf dem Lande sind fruchtbar, weil sie mäßig leben und eine grobe, hauptsächlich vegetabilische Nahrung zu sich nehmen. Die Städterinnen leben üppiger und raffinierter und daher kommt ihre größere Unfruchtbarkeit. Verbindet sich nun in der Harmonie die körperliche Kraftentwicklung der Frauen mit üppiger Lebensweise und Nahrung, so wird man zwei wirksame Mittel, die der Fruchtbarkeit entgegenwirken, verbunden haben."

Zu den phanegoramischen Mitteln übergehend, läßt Fourier aus naheliegenden Gründen eine Lücke. Das vierte Mittel, die gleichmäßige körperliche Übung, werde durch den häufigen Wechsel der Beschäftigungen und die kurzen Arbeitssitzungen in hohem Maße bewirkt. Man habe nie beobachtet, wie auf Pubertät und Fruchtbarkeit körperliche Übungen einwirkten. Dies sei frappant. Daher erlangten unsere Dörflerinnen später die

Geschlechtsreife als die Städterinnen oder die reichen Landbewohnerinnen. Die Fruchtbarkeit sei den Einflüssen körperlicher Übungen gleichfalls unterworfen. Seien die körperlichen Übungen gleichmäßig und würden sie abwechselnd und proportional auf alle Teile des Körpers angewandt, so sei kein Zweifel, daß die Geschlechtsorgane sich später entwickelten. Das sehe man überall, wo die Erziehung vorzugsweise auf die geistige und wo sie hauptsächlich auf die körperliche Entwicklung gerichtet werde. Kinder von hoher Geburt übten den Geist mehr als den Körper, daraus resultiere, daß ihre geschlechtlichen Eigenschaften mächtig angefeuert würden und frühzeitig sexuelle Eruptionen vorzeitige Geschlechtsreife erzeugten.

In der Harmonie werde das Gegenteil eintreten. Die Harmonisten würden noch später als die heutigen Landbewohner ihre Geschlechtsreife erlangen, weil die fortgesetzten und abwechselnden körperlichen Übungen alle Glieder in Anspruch nähmen, lange Zeit die Lebenssäfte absorbierten; sie würden also den Augenblick verzögern, wo in Folge ermangelnder Absorption der Überschuß der Säfte unvermutet die Pubertät vor dem von der Natur gewollten Zeitpunkt herbeiführe. Ebenso würden die gleichmäßig gehandhabten gymnastischen Übungen bei den Frauen die Fruchtbarkeit hemmen und zwar in solchem Maße, daß eine Frau, welche die Empfängnis wünsche, sich nun umgekehrt durch Enthaltung körperlicher Übungen und größerer industrieller Anstrengungen auf diesen Zustand vorbereiten müsse. Die allzu große körperliche Ruhe in der Lebensweise der heutigen Städterinnen sei es hauptsächlich, welche den Geschlechtstrieb und die Empfänglichkeit steigerten, es fehle das Gegengewicht der körperlichen Anstrengungen und Übungen.

Wende man also die vier bezeichneten Mittel in Verbindung miteinander an, so würden die Chancen der Fruchtbarkeit im Gegensatz zu heute sich wenden und es sei statt eines Überschusses eher ein Defizit in der Bevölkerungsentwicklung zu fürchten, man werde mithin die Mittel anwenden, wie die Umstände sie erforderten. Man sei also in der Harmonie im Stande, ein Gleichgewicht zwischen der Menge der Lebensmittel und der Menschenzahl herbeizuführen. Der vernünftige Mann habe nur so viel Kinder, daß er ihnen das nötige Vermögen sichern könne, ohne welches es kein Glück gebe, nur der unvernünftige setze die Kinder zu Dutzenden in die Welt, sich entschuldigend wie jener Schah von Persien: „Gott schickt sie und es kann nie zu viel rechtschaffene Menschen geben." Der soziale Mensch sinke auf die Stufe der Insekten, wenn er ameisenartig Kinder zeuge, die schließlich in Folge ihrer Überzahl genötigt seien, sich gegenseitig aufzuzehren. Wenn sie dies nicht buchstäblich wie die Insekten, Fische, wilden Tiere machten, so zehrten sie sich politisch auf, durch Räubereien, Kriege und Perfidien aller Art in der besten der Welten. Unter der Zivilisation werde ein Land, wie bevölkert es auch sei, nie dazu gelangen, es wahrhaft zu kultivieren, das zeige sich an Frankreich, dessen Boden zu einem Drittel brach liege, an Irland, das zwar nicht das bevölkertste Land, dessen Bevölkerung aber die ärmste und verkommenste in Europa sei, trotzdem fruchtbares Land in Hülle und Fülle vorhanden sei.

So zeige sich überall, daß das Gleichgewicht auf umfassender Entwicklung und nicht auf Erstickung begründet sein müsse, daß alle Neigungen wie der Hang nach Reichtum, nach Befriedigung des Ehrgeizes, Herrschaftsgelüste, Habsucht, Gier nach Erbschaft, Verlangen nach Befriedigung der Liebesbedürfnisse und was sonst noch die Zivilisation Alles als Fehler und Übel ansehe, welche die Natur des Menschen erzeuge, ohne sie befriedigen zu können, in der Harmonie ebenso viel Wege der Tugend und des allgemeinen Glückes würden. Das genüge wohl, um die sogenannten starken Geister, die stets behaupteten, daß die Bewegung und die Triebe nur Wirkungen des Zufalls seien, die man beliebig modeln und unterdrücken könne, und die den Glauben erweckten, als bedürfe Gott der Unterweisungen eines Plato und Seneka, um zu wissen, wie er die Welten zu schaffen und die Triebe in Harmonie zu leiten habe, zu verwirren.

Unzweifelhaft liegt der Idee Fouriers in Bezug auf das Bevölkerungsgesetz eine großartige und fruchtbare Auffassung zu Grunde. Er erklärt mit vollem Recht, daß die Zivilisation, in unserer Sprache ausgedrückt die bürgerliche Gesellschaft, wie sie überhaupt unfähig ist, die sozialen Gegensätze aufzuheben, auch unfähig ist, die Bevölkerungsfrage zu lösen. Das zeigt sich nicht nur an dem auch von Fourier angeführten klassischen Beispiel, an Irland, dessen Bevölkerung in demselben Maße ärmer wird, als sie an Zahl im Lande abnimmt, während die Zahl der unter den Pflug genommenen Acker Landes und die Häupterzahl der Viehherden wächst; wir sehen ganz Ähnliches gegenwärtig auch in Ungarn und in Rußland sich vollziehen, wo die bürgerliche Raubwirtschaft an Grund und Boden die Massenverarmung, die steigende Verschuldung und die Verminderung der ackerbautreibenden Bevölkerung, verbunden mit Massenbankrotten im Gefolge hat. Und geht die Entwicklung in der gegenwärtigen Richtung noch einige Jahrzehnte weiter, so werden die Vereinigten Staaten, Ostindien und Neuholland dasselbe Bild uns bieten. Die Raubwirtschaft an Grund und Boden begünstigt die treibhausmäßige Entwicklung der Industrie und des Verkehrs, und so erzeugt, wie Fourier vollkommen richtig und seiner Zeit weit vorauseilend ausführte, „die Zivilisation die Armut aus dem Überfluß," und macht „jedes Übel und jedes Laster, das die Barbarei nur auf einfache Weise ausübt, zu einem doppelseitigen," sie geht an ihrem cercle vicieux, an ihren inneren Widersprüchen zu Grunde. Was Fourier vorausahnend in Bezug auf das Bevölkerungsgesetz zu begründen versuchte, hat Karl Marx positiv in den Satz formuliert: daß jede ökonomische Entwicklungsperiode auch ihr besonderes, ihr eigentümliches Bevölkerungsgesetz hat.

In der Tat wird Niemand, der die gesellschaftliche Entwicklung in ihren verschiedenen Entwicklungsphasen einigermaßen verfolgte – Wildheit, Barbarei, Patriarchat, Zivilisation, und hier wieder antiker, feudaler, bürgerlicher Staat – bestreiten können, daß die jeweilige Entwicklung der Eigentumsformen, der materiellen

Lebensbedingungen der Gesellschaft, auch in jeder Periode entsprechende Bevölkerungszustände schaffte. So wird auch eine sozialistische Gesellschaft mit von Grund aus veränderter materieller Lage für die Gesamtheit und mit ihren Veränderungen in den Beziehungen der Geschlechter ein von der bürgerlichen Gesellschaft abweichendes Bevölkerungsgesetz für ihre Entwicklung haben. Der Unterschied wird hauptsächlich sein, daß, während bisher alle Gesellschaftsordnungen sich ihre Lebensbedingungen schufen, ihrer eignen treibenden Gesetze unbewußt, aber auch die Bedingungen ihres Untergangs unbewußt erzeugten, eine sozialistische Gesellschaft sowohl ihr Entwicklungsgesetz wie ihr Bevölkerungsgesetz erkennt und beide bewußt anwenden wird; sie wird sich über ihre eigene Zukunft ebenso wenig wie über den einstmaligen Untergang des Menschengeschlechts täuschen.

Nach Fouriers Auffassung ist die Welt einheitlich organisiert, Alles verbunden und in Beziehungen zu einander. Der Schöpfer dieser Welt ist Gott, aber der eigentliche Mittelpunkt derselben ist der Mensch. Zwischen Gott und dem Menschen bestehen die innigsten Wechselbeziehungen, und will der Mensch das Glück, das seine Bestimmung ist, erreichen, muß er Gott als den obersten Leiter der Welt anerkennen. Diese Erkenntnis hat man aber von Alters her zu verhindern gesucht. Man hatte sich gewöhnt, die Welt mit 35.000 Göttern zu bevölkern, statt den einen Gott anzuerkennen. Das war eine himmlische Maskerade, unter welcher es schwierig

256

war, die wahren Absichten Gottes zu entschleiern. Selbst Sokrates und Cicero beschränkten sich darauf, sich in ihrem Jahrhundert von diesen Göttersottisen zu isolieren und den „unbekannten Gott" zu verherrlichen, ohne weitere Untersuchungen anzustellen, die dem Geist der Zeit entgegen waren. Sokrates ward ein Opfer seiner Bekenntnisse.

Heute, nachdem der Christianismus uns zu gesunden Ideen wieder zurückgeführt, zu dem Glauben an einen einzigen Gott, seien jene Superstitionen zerstört. Die menschliche Vernunft müsse anerkennen, daß alle Erleuchtung von Gott komme, sie müsse sich seinem Geist unterwerfen, und also bleibe nur übrig zu bestimmen, welch wesentliche Charaktereigenschaften, Attribute, Ansichten und Methoden Gott in Bezug auf die Harmonie des Weltalls habe.

Die Antwort auf die Frage Feuerbachs: „Wer hat Gott geschaffen?", Antwort: „der Mensch", trifft schlagend hier bei Fourier zu, der sich seinen Gott konstruiert, wie er ihn für sein soziales System braucht.

Dieser sein Gott hat fünf wesentliche Eigenschaften, die ihn zu der ihm zugedachten Stelle befähigen. Er ist alleiniger und vollkommener Leiter aller Bewegung im Weltall; denn, sagt Fourier, wenn Gott, dieser oberste Leiter, der alleinige Herr des Universums, der Schöpfer und Verteiler von und für Alles ist, so hat er auch alle Teile des Weltalls zu lenken und besonders die wichtigsten, die sozialen Beziehungen. Also ist er der soziale Gesetzgeber und nicht die Menschen. Letztere haben nur das soziale Gesetz zu suchen, das Gott ihnen bestimmte. Da erhebe nun die Philosophie ihr Geschrei und setze sich, d. h. also die menschliche Vernunft, an die erste, und Gott an die zweite Stelle. Das bedeute, daß sie Gott von der Prärogative der Gesetzgebung in Sachen der sozialen Ordnung ausschließe und sich an seine Stelle setze. Wem leuchte nicht diese Anmaßung ein? Eine zweite Haupteigenschaft Gottes sei, oberster Ökonom aller Hilfsmittel zu sein. Diese Stellung erfordere, daß er die größten sozietären Vereinigungen den kleinsten, wie der Familie und der isolierten Privatwirtschaft vorziehe, daß er ferner als Motor die Anziehung der Triebe anwende, welche zwölf große Ersparungen im Vergleich zu dem Regime der Einschränkung und des Zwangs, wie es die Zivilisation besitze, ermögliche. Diese zwölf Ersparungen zählt er auf. Die dritte Haupteigenschaft Gottes bilde die distributive Gerechtigkeit. Davon sehe man nicht einmal einen Schatten in der Zivilisation, wo das Elend der Völker in demselben Maße wachse, wie die Industrie zunehme. Das erste Zeichen von Gerechtigkeit in der Zivilisation solle ein dem Volk garantiertes Minimum des Lebensunterhaltes sein. Aber stattdessen sehe man das Gegenteil. Der Handelsgeist führe dahin, die heiße Zone mit ihren den Heimatländern entrissenen schwarzen Sklaven, die gemäßigte Zone mit weißen Sklaven zu bedecken, die man in die industriellen Bagnos (die Fabriken) zwinge. Wo sei auch nur ein Funke von Gerechtigkeit vorhanden, wenn trotz des Wachstums der Industrie den Armen nicht einmal die Möglichkeit, Arbeit zu erhalten, garantiert sei? Wo diese Zustände hintrieben, sehe man an

England. Die distributive Gerechtigkeit, die Gott wolle, gebe es nur in der Harmonie.

Die vierte Haupteigenschaft Gottes sei die Allgemeinheit der Vorsehung. Sie müsse sich auf alle Völker, Wilde wie Zivilisierte, ausdehnen. Da nun die Annahme unserer sozialen Ordnung von Wilden und Barbaren verweigert werde, so sei dies ein Beweis, daß diese Ordnung nicht den Ansichten Gottes entspreche, welcher ein System wolle, das die Harmonie unter allen Menschen herstelle. Jede Ordnung aber, die auf Gewalt beruhe, widerspreche der menschlichen Natur. Jede Klasse, die wie die Sklaven, durch das heutige System direkt, oder wie die Arbeiter indirekt unterdrückt würde, sei der Stütze der Vorsehung beraubt, die auf der Erde durch die Anziehung der Triebe in den industriellen Anwendungen allein zur Geltung komme. Jeder Zustand, der auf der Gewalt beruhe, sei den Ansichten Gottes entgegen, es müsse also eine soziale Ordnung hergestellt werden, vor der alle Völker und alle Klassen sich neigten, wenn die Vorsehung universell sein solle. Endlich, die fünfte Haupteigenschaft Gottes sei, als Schöpfer des Weltalls auch die Einheitlichkeit des Systems zu wollen, welche die Anwendung der Anziehung als Triebfeder für alle sozialen Harmonien und alle Welten voraussetze, von den Sternen bis zu den Insekten. Es sei also das Studium der Anziehung, in dem man das göttliche, das ganze All beherrschende Gesetz zu suchen habe. Weder Voltaire noch Rousseau seien im Stande gewesen, dieses soziale Gesetz zu entdecken; Voltaire habe in Gasconaden (prahlerischen Redensarten) sich ergangen, Rousseau habe dem philosophischen Obskurantismus die Wege gebahnt, Beide hätten das Ziel verfehlt.

Fourier greift also direkt die beiden Heiligen der französischen Bourgeoisie an: Voltaire, der die Macht des Klerus und der Kirche wie kein Zweiter untergrub und erschütterte, und Rousseau, der das sozial-philosophische Lehrgebäude errichtete, dessen Theorien das französische Bürgertum in der großen Revolution in die Praxis umzusetzen versuchte und, soweit auch wirklich umsetzte, als dies die Praxis des Lebens, d. h. die materiellen Interessen der nunmehr in Staat und Gesellschaft zur Herrschaft gekommenen Klasse zuließen. In der Selbsttäuschung befangen, nagelte man als Firmenschild die Devise: Freiheit, Gleichheit, Brüderlichkeit an, jene Devise, die in so grellem Kontrast zur Wirklichkeit stand und deren unbegreiflicher Widerspruch mit den Tatsachen die Kämpfe in der Konstituante und im Konvent hervorriefen, die Schreckensherrschaft der „Tugendhaftesten", der blindesten Verehrer Jean Jacques Rousseaus, der Robespierre, St. Just und Genossen gebaren und schließlich mit der Diktatur eines Napoleon Bonaparte endeten und enden mußten. Diesen Widerspruch zwischen den Theorien und der Praxis hatte Fourier so scharf wie nur noch Einer, St. Simon, erkannt und daher seine Angriffe und sein ätzender Spott gegen die Philosophen, die Moralisten, die Metaphysiker, die Politiker und Ökonomen, die geistigen Träger und Lobredner, die Ideologen des bürgerlichen Systems.

Wie nun Fourier das Bedürfnis empfand, sein soziales System als mit den Absichten Gottes in Einklang stehend darzustellen, sich selbst als den Propheten der neuen von Gott gewollten Ordnung anzusehen, so versuchte er auch den Nachweis, daß seine Theorien mit der Lehre Jesu, den Schriften des Neuen Testaments im Einklang ständen. Nach der Revolution war man in Frankreich wieder sehr fromm geworden, Napoleon hatte sich schließlich mit dem Papsttum ausgesöhnt und es als Vorspann für seine Kaiserherrlichkeit zu benutzen versucht. Der Weizen der Kirche blühte erst recht, als nach dem Sturze Bonapartes die Restauration, gestützt auf die Bajonette der heiligen Allianz, in Frankreich ihren Einzug hielt. Es konnte also die Berufung auf die Aussprüche Christi unter keinen Umständen schaden, namentlich wenn man, wie Fourier, entschlossen war, die Unterstützung für sein soziales System zu nehmen, wo man sie fand, und die er, wenn überhaupt, nur in den Kreisen der Großen und Reichen finden konnte. Er war daher sehr ärgerlich und sogar überrascht – letzteres ein Beweis dafür, daß Überzeugung und nicht bloß Berechnung im Spiele war – als er erfuhr, daß der Papst seine Werke gleich denen von Owen und Lamartine auf den Index gesetzt habe. Er, der scharfsinnige Denker, konnte nicht fassen, daß der Gott, dem er huldigte, der Schützer und Begünstiger aller sinnlichen Triebe, dessen Kredo lautete: „Mensch genieße, und je mehr du genießest, Umso besser entsprichst du dir selbst als Mensch, deiner menschlichen Bestimmung und Gott als deinem Schöpfer," wir sagen, er konnte nicht fassen, daß dieser Gott ein ganz anderer Gott war, als jener der christlichen Askese, der die Verachtung des Reichtums, der irdischen Güter, der fleischlichen Genüsse und Begierden, kurz die Verachtung der Welt predigte. Fourier legte ein besonderes Gewicht darauf, wie er in seinen Schriften nachdrücklich und wiederholt hervorhebt, in Sachen der Wissenschaft mit Newton, in Sachen seiner sozialen Theorien mit Christus übereinzustimmen. Indem er sich auf die Aussprüche Jesu im Neuen Testamente stützt, bricht Umso heftiger sein Zorn gegen die Philosophen los, die, wie er voraussetzt, aus niedrigen, egoistischen Motiven und verletzter Eitelkeit ihn bekämpfen, daß er, der Mann ohne Rang und Namen, der keine wissenschaftlichen Schulstudien absolviert, eine Entdeckung gemacht habe, die bestimmt sei, das Schicksal des Menschengeschlechts und das Aussehen des Erdballs zu verändern.

Wie er die Aussprüche Jesu zu seinen Gunsten und zugleich zu Angriffen auf seine ihm verhaßtesten Gegner zu verwenden sucht, dafür mögen die folgenden Beispiele zeugen:

„'Glücklich die Armen am Geist, denn das himmlische Königreich ist ihnen.' Kein Gleichnis ist bekannter, keins weniger begriffen. Wer sind die Armen am Geiste, die Christus hier rühmt? Es sind Diejenigen, die sich vor dem falschen Wissen der zweifelhaften Philosophie bewahren. Dieses falsche Wissen ist für das Genie die Klippe, der Weg zum Ruin, der es von dem rechten Wege, der zu allen nützlichen Studien führt, aus denen die sozietäre Harmonie, das himmlische Königreich und die Gerechtigkeit, die Jesus zu suchen befiehlt, hervorgehen, ablenkt. Vor dem Mißbrauch unseres Geistes, vor dem Labyrinth dieser durch ihre eigenen Autoren verurteilten Philosophie, die wie Voltaire zu ihrer eigenen Schmach sagen: Oh! welch dicke Finsternis bedeckt noch die Natur! muß man uns schützen. Die wahre Erleuchtung bringt Jesus. Die Entdeckung des sozietären Mechanismus und des Studiums der Anziehung ist den geraden Geistern vorbehalten, welche die Sophismen verabscheuen. Sagt doch Jesus (Matth. XI, 25): 'Ich preise Dich Vater und Herr des Himmels und der Erde, daß Du solches den Weisen und Klugen verborgen hast, und hast es den Unmündigen geoffenbaret.' Die Erkenntnis ist also den einfachen Geistern bewahrt, die Philosophen können sie nicht entdecken. Indem Jesus von den Armen am Geiste spricht, will er der Unwissenheit kein Lob zollen, wie die Spötter ihm unterschieben, er bezeugt damit nur seine Verachtung für die hartnäckig gepredigten wissenschaftlichen Dunkelheiten."

„Die soziale Welt kann das Geheimnis der Bestimmungen nur erfassen, wenn sie daraufhin ihre Untersuchungen macht, aber die Erkenntnis wird ihr vorenthalten sein, so lange sie nicht sucht. Das sagt Jesus deutlich, indem er spricht (St. Luc. XI): 'Suchet, so werdet ihr finden, klopfet an, so wird euch aufgetan' und (St. Luc. XII): 'Glaubt ihr, daß Gott für euch weniger als für die Vögel unter dem Himmel sorgt?' Was würde das Suchen nützen, wenn man keinen anderen Ausgang fände, als die Zivilisation, diesen Abgrund von Elend, der immer dieselben Geißeln, nur unter wechselnden Formen, erzeugt? Zweifellos bleibt also eine glücklichere Gesellschaft zu entdecken übrig, wenn der Retter uns selbst zum Suchen auffordert. Aber warum hat er nicht selbst uns über diese aufgeklärt? Kannte er nach seinen eigenen Worten, Vergangenheit und Zukunft, das Ganze der Bestimmungen, indem er sagt: 'Mein Vater hat alles in meine Hände gegeben', konnte er uns da nicht über unsere sozietäre Bestimmung belehren, anstatt uns zu veranlassen, die Entdeckung zu machen, die dann durch unser blindes Vertrauen in die Philosophen so viele Jahrhunderte verzögert wurde?" Fourier, der diese Fragen stellt, ist natürlich um die Antwort nicht verlegen, er antwortet: „Da Jesus von seinem Vater mit der religiösen Offenbarung beauftragt war, konnte er nicht noch mit der sozialen belastet werden, sie war vielmehr ausdrücklich ausgenommen, wie er selbst in den Worten ausspricht: 'Gebt Cäsar, was des Cäsars ist, und Gott, was Gottes ist.' Er trennte also die Funktionen streng, je nachdem sie der Autorität oder der sozialen Politik zufielen. Er Tat also nicht, was nicht seine Aufgabe war, aber er kannte die glückliche Bestimmung des Menschengeschlechts, denn er sagt: 'Gott hat seinen Sohn nicht in die Welt gesandt, daß er die Welt richte, sondern daß die Welt durch ihn selig werde.' Seine Mission beschränkte sich auf das Wohl der Seelen und das ist der edelste Teil unserer Bestimmung, dagegen bleibt der untergeordnete Teil, der über das politische Wohl der Gesellschaften, der menschlichen Vernunft vorbehalten, und demzufolge auch die Untersuchung des sozialen Mechanismus nach den Wünschen Gottes; ein Weg, welcher durch die Berechnung der Anziehung entdeckt wurde."

„Jesus liebt es, sich in Anspielungen auf unsere glückliche Bestimmung zu ergehen und auf das, was uns bevorsteht; so sagt er uns im Wesentlichen: Das Wohl der Seelen geht allem voran, was die Körper, die weltlichen Gesellschaften betrifft, sie sind noch im Abgrund der Ungerechtigkeit, genannt Zivilisation; lasset sie darin; es ist eure Aufgabe, den Zankapfel unter sie zu tragen: 'Denn von nun an werden fünf in einem Hause uneins sein, drei wider zwei und zwei wider drei. Es wird der Vater wider den Sohn und der Sohn wider den Vater sein; die Mutter wider die Tochter und die Tochter wider die Mutter etc.' Genötigt, auch den Ausgang aus dieser sozialen Hölle zu verheimlichen, 'bin ich gekommen, ein Feuer auf Erden anzuzünden; was wollte ich lieber, denn es brennte schon.' (St. Luc. XII.) Dieser Wunsch Jesu, daß es schon brenne, ist weit entfernt, ein übelwollender zu sein, es spricht vielmehr aus ihm die edle Ungeduld, das Maß der Irrtümer der Philosophie gefüllt zu sehen, jener Philosophie, die alle Übel, die sie zu heilen vorgibt, verschlimmert und durch das blinde Vertrauen, das wir in sie gesetzt, uns schmachvoll zwingt, den Ausgang aus dem politischen Labyrinth, in das sie uns geführt, zu suchen. Darum erhebt er auch mit Wärme gegen die Sophisten, die uns vom rechten Studium abwenden wollen, seine Stimme, indem er sie verfluchend sagt: 'Wehe euch Schriftgelehrten und Pharisäer, ihr Heuchler, daß ihr seid, wie die verdeckten Totengräber, darüber die Leute laufen, und kennen sie nicht. Wehe euch Schriftgelehrten, die ihr die Menschen mit unerträglichen Lasten beladet und rühret sie nicht mit einem Finger an. Wehe euch, die ihr den Schlüssel der Erkenntnis weggenommen habt; ihr kommt nicht hinein, und wehret denen, so hinein wollen.' (St. Luc. XI.) Ja die Philosophen wehren uns den Eintritt, indem sie sich bemühen, mit metaphysischen Subtilitäten das Studium des Menschen zu verbarrikadieren, das einfachste Studium von allen, das nichts als eine von Vorurteilen freie Vernunft erfordert, vertrauend der Anziehung wie die Kinder. Darum sagt auch Jesu: 'Laßt die Kindlein zu mir kommen und wehret ihnen nicht, denn ihrer ist das Reich Gottes.' Und: 'Wer das Reich Gottes nicht empfängt wie ein Kindlein, der wird nicht hineinkommen.'"

Das größte Hindernis, daß die Philosophen nicht den rechten Weg für ihre Studien einschlugen, sei ihr Egoismus, den sie unter der Maske der Philanthropie versteckten, darum ruft ihnen Jesu mit Heftigkeit zu: 'Ihr, die ihr böse seid von Jugend auf, könnt ihr sagen, daß ihr irgendetwas Gutes Tatet?' Und: 'Wehe euch Schriftgelehrten und Pharisäern, ihr Heuchler, die ihr gleich seid übertünchten Gräbern, die auswendig hübsch scheinen, aber inwendig voller Totenbeine und Unflats sind. Von außen scheint ihr den Menschen fromm, aber inwendig seid ihr voller Heuchelei und Untugend.' Der niedrigste Egoismus habe die Philosophie auch verhindert, dem Volke das einfachste und natürlichste Recht, das Recht auf ein Minimum des Lebensunterhalts, zuzusprechen, ein Minimum, das Christus den Pharisäern gegenüber ausdrücklich in den Worten anerkannt habe:

'Habt ihr nie gelesen, was David tat, da es ihm Not war, und ihn hungerte, samt denen, die bei ihm waren? Wie er in das Haus Gottes ging, zur Zeit Obadjas, des Hohenpriesters, und aß die Schaubrote, die Niemand durfte essen, denn die Priester; und er gab sie auch denen, die bei ihm waren?' Jesus hat also damit das Recht, zu nehmen, wo man das Notwendige findet, geheiligt, und dieses Recht schließt implizite die Pflicht ein, dem Volk ein Minimum zu sichern; so lange diese Pflicht nicht anerkannt wird, besteht für das Volk der soziale Vertrag nicht. Das ist das erste Gebot der christlichen Liebe. Die Philosophie weigert sich hartnäckig, dieses Recht zu lehren, einfach, weil sie nicht weiß, durch welche Mittel sie es dem Volk verschaffen soll, das ist freilich auch unmöglich, so lange man nicht weiß die Zivilisation zu einer höheren Gesellschaftsordnung zu erheben.,,

Fourier sieht aber nicht bloß sein System an und für sich durch die Aussprüche Jesu als sicher in Aussicht gestellt, er findet sogar einige seiner Haupttheorien durch sie gerechtfertigt, so die Anerkennung der Gourmandise und die Nachsicht gegen die armen Sünderinnen, die unter der Herrschaft der Zivilisation ihrem Liebes- und Lebenstrieb nur in der Form der Prostitution Rechnung zu tragen vermögen. Er (Fourier) führt Folgendes an: „Auf den Vorwurf der Juden, die Jesu vorwerfen, gute Mahlzeiten zu lieben, antwortete er: 'Johannes der Täufer ist gekommen und aß kein Brot und trank keinen Wein; da sagtet ihr: Er hat den Teufel. Des Menschen Sohn ist gekommen, esset und trinket, da saget ihr: Siehe der Mensch ist ein Fresser und

Weinsäufer, der Zöllner und Sünder Freund.' Und er antwortet weiter: 'Die Weisheit wird gerechtfertigt sein von allen ihren Kindern.' (St. Luc. VII.) Jesus beurteilte also die Weisheit als sehr verträglich mit den Genüssen. Und um dem vorgeführten Beispiel zu entsprechen, setzt er sich an die reich bedeckte Tafel eines Pharisäers, der ihn eingeladen hatte. Da kommt eine Kourtisane, wäscht ihm die Füße und salbt ihn mit wohlriechender Salbe. Der Pharisäer hält sich darüber auf, daß er sich von einem solchen Weibe das gefallen lasse. Jesus aber antwortete ihm: „Ihr sind viele Sünden vergeben, denn sie hat viel geliebt; welchem aber wenig vergeben wird, der hat wenig geliebt." Voll Mitleid für das unterdrückte Geschlecht, verzeiht er der Sünderin und der Ehebrecherin Magdalena. Auch sagt er uns: „Mein Joch ist süß und meine Last leicht."

„Christus will also, daß man weder Feind des Reichtums noch der Vergnügungen sei, er fordert nur, daß man mit dem Genießen des Guten den Glauben verbinde, weil es der Glaube ist, der uns zur Entdeckung des sozietären Regimes, des himmlischen Königreichs führt, 'wo alle Güter im Übermaß vorhanden sein werden'. (St. Luc. XII.) Den Reichtum tadelt er nur rücksichtlich der Laster, zu denen er in der Zivilisation verführt, weshalb er sagt: „Es ist leichter, daß ein Kamel durch ein Nadelöhr geht, als daß ein Reicher ins Himmelreich kommt.'"

Aus alledem gehe hervor, meint Fourier weiter, daß man die Worte Jesu erst dann richtig fassen könne, wenn man die Bestimmung der Menschheit kenne, denn hierfür enthielten sie die verschleierten Vorhersagungen. Wohl beachten möge man, was Jesus gegen die Sophisten sage, wenn er diesen zurufe: „Sehet euch vor, vor den falschen Propheten, die in Schafskleidern zu euch kommen, inwendig aber sind sie reißende Wölfe. An ihren Früchten sollt ihr sie erkennen. Kann man Trauben lesen von den Dornen, oder Feigen von den Disteln?" (Matth. VII.) Man müßte nach alledem fragen, wie es komme, daß die Kirche, die doch sehr bedeutende Männer, wie Bossuet, Fenelon und viele andere gehabt habe, zu keinem Zweig des Studiums der Anziehung gekommen sei; aber da heiße es von ihr wie im Kap. XXIII von Matth.: „Sie sagen wohl, was man tun soll, aber sie tun es nicht." Er greift dann aufs Neue die Philosophen, namentlich Voltaire und Rousseau an, und wendet sich wiederholt gegen Owen und seine Anhänger, jene Sektirer, die unter dem Namen der Assoziation anti-sozietäre Vereinigungen bildeten und die Methoden, durch die allein die Übereinstimmung der Triebe und die Anziehung der Arbeit erzeugt werden könne, zurückwiesen. Außerdem, was könne man von einer Sekte, wie die Owen'sche, erwarten, die darauf ausgehe, Gott zu leugnen und ihm die Huldigung zu verweigern? Owen habe es sorgfältig vermieden, seine Assoziation auf der Grundlage des sozietären Regimes zu begründen, das habe seinen Stolz verwundet. Owen sei nur ein mittelmäßiger Sophist, welcher G. Penn (den Gründer der Sekte der Quäker) kopiert habe. Darauf wendet sich Fourier gegen den Widerstand, den er mit seinen Theorien in Paris gefunden. Es scheine, daß das neunzehnte

Jahrhundert dasselbe Schauspiel bieten wolle, das die Zeitalter eines Kolumbus und Galilei der Nachwelt geboten; allen voran gehe Paris, in welchem der satanische Geist, der Geist des fünfzehnten Jahrhunderts, noch heute herrsche. Paris sei das moderne Babylon und von ihm gelte, was Jesu über Jerusalem ausgerufen: „Jerusalem! Jerusalem! die du tötest die Propheten und steinigst, die zu dir gesandt wurden." Seine Gelehrten seien eine Legion von Eiferern, die Jesu kennzeichnete, als er sagte: „Wehe euch Schriftgelehrten und Pharisäern, ihr Heuchler, die ihr der Propheten Gräber bauet, und schmücket der Gerechten Gräber. Und sprecht: Wären wir zu unserer Väter Zeiten gewesen, so wollten wir nicht Teilhaftig sein, mit ihnen an der Propheten Blut." Was seien die Unternehmungen der Zivilisierten? Nichts als Verfeinerungen der Barbarei, indem man vermittelst der Reduktion der Löhne den Völkern die Eisen verniete, und durch Einschließung der armen Klasse in die modernen Bagnos, Manufakturen genannt, ihnen weder Wohlsein noch Rückkehr gestatte. Diese merkantilen Bedrückungen seien durch Jesu wie die Kirchenväter genügend gekennzeichnet. Chrisostomus erkläre: „ein Kaufmann kann Gott nicht angenehm sein", und Christus habe sie mit Rutenhieben aus dem Tempel getrieben, ihnen zurufend: „Ihr habt mein Haus zu einer Diebshöhle gemacht." Endlich sende die Vorsehung einen Führer, welcher die schwachen Seiten der merkantilen Hydra zu fassen wisse, und der, indem er das wahre und allein heilbringende soziale System inauguriere, die Welt von dem goldenen Kalb, „dem würdigen Ideal einer blinden Sekte, die Blinde führt", befreie.

So wird also Fourier in seinen eigenen Augen zu einem von Gott gesandten Erlöser der Welt von den sozialen Übeln, wie Christus, seiner Lehre gemäß, der Erlöser aus geistiger Knechtschaft war. Die Utopisten und die Propheten rangieren in derselben Klasse, beide glauben an die Unfehlbarkeit ihrer Lehren, d. h. also an ihre eigene Unfehlbarkeit. Und dieser Glaube, „der Berge versetzt", macht die Ausdauer und die Hartnäckigkeit begreiflich, womit sie allen Hindernissen trotzen, allen Einwürfen begegnen, und wenn die Umstände es erfordern, freudig zum Märtyrer ihrer Überzeugungen werden. Indem Fourier die geistige Macht der herrschenden Klassen aufs wuchtigste angriff, die erfahrungsgemäß und selbstverständlich sich auch mit seinem System nicht befreundet und es bekämpft haben würden, wenn er in seiner Kritik weniger scharf und bitter, in seinen Angriffen maßvoller und wenn er sein System mehr mit den herrschenden Zuständen in Einklang gebracht haben würde, suchte er in den Aussprüchen Jesu sich eine Waffe und eine Stütze zu schaffen. Das Priestertum war trotz Allem, was die Revolution Übles für es gebracht hatte, in Frankreich noch eine bedeutende Macht, weil die herrschenden Klassen sehr rasch erkannten, daß wenn sie seine Macht beseitigten, sie einen der Äste absägten, auf denen sie selber saßen. Die einfache Klugheit gebot ihnen, sich mit der Kirche zu rangieren, und wer, wie Fourier, mit dem Bestehenden rechnete, und dies zur Basis seines Systems insofern nahm, als er an die Einsicht und die Hilfe der oberen Klassen appellierte und sie in erster Linie, ja ausschließlich, zur Inangriffnahme einer Versuchsphalanx, die dann durch ihre Resultate unfehlbar seinem System zum Siege verhelfen würde, aufforderte, der mußte auch dem religiösen Kultus Rechnung tragen. So handelte also Fourier vollkommen logisch. Er tat, was allen sozialen Neuerer das ganze Mittelalter hindurch auch getan hatten. Allerdings ist er mit Jenen nicht in Vergleich zu stellen; er ragt ebenso weit über sie hinaus, als ein genial angelegter Geist zu Beginn des neunzehnten Jahrhunderts über einen fanatischen Mönch des zwölften oder sechszehnten Jahrhunderts, dessen Hauptwissen in der Kenntnis der Bibel und den Schriften der Kirchenväter bestand, hinaus ragen konnte. Fourier ist, neben St. Simon, der letzte der Utopisten, dessen System sich auf die religiösen Lehren der herrschenden Kirche zu stützen versuchte, sie wenigstens als Anhängsel benutzte. Wohingegen alle sozialen Bewegungen des Mittelalters einen rein religiösen Charakter annahmen, und zwar so sehr, daß die meisten Geschichtsschreiber nur den religiösen Charakter der Bewegungen sahen, den sozialen – der mehr oder weniger auf einem rohen, auf die entsprechenden Aussprüche des Alten und Neuen Testaments gestützten Kommunismus beruhte – aber gänzlich übersahen. Unter dem geistigen Druck der Kirche und bei der Beschränktheit der Geister war im Mittelalter keine soziale Bewegung ohne ausgeprägt religiösen Charakter denkbar. Was im Mittelalter Hauptsache war, wurde natürlich bei einem Fourier zu Beginn des neunzehnten

Jahrhunderts mehr Nebensache, es war eine Waffe und eine Stütze, die er glaubte nicht entbehren zu können. So erklärt sich die sehr gezwungene Auslegung, die er den meisten der zitierten Stellen geben mußte, wobei wir keineswegs behaupten, daß er sich dieses Zwangs bewußt war. Es ist selbst für mäßig begabte Kritiker, die in einer späteren, aufgeklärteren und klarer sehenden Zeit leben, leicht, die Mängel in den Systemen und Lehren vorangegangener bedeutender Geister scharf zu erkennen, aber daraus zu schließen, daß das, was sie erkannten, auch Jene leicht erkennen mußten, ist falsch. Andererseits läßt sich nicht leicht nachweisen, wo bei vorhandenen Widersprüchen eines Menschen die Überzeugung aufhört und die sog. Klugheit, Rechnungsträgerei oder gar der beabsichtigte Betrug beginnt. Der Beweis für Letzteres wird leicht zu führen sein, wo offenbare, grobe und direkte Widersprüche vorliegen, bei Fourier wird man diese nicht leicht nachweisen können. Sein System ist ein streng geschlossenes und gegliedertes System mit allen Vorzügen und Schwächen. Ein System, das in seiner Geschlossenheit selbst den Keim einer Religion enthält, weshalb nur eine Schule, keine Partei sich aus ihm entwickelte. Man kann ebenso gut von einer Fourier'schen Sekte sprechen, wie Fourier selbst, und stets mit großer Geringschätzung, von einer Owen'schen oder St. Simonistischen Sekte sprach.

Glaubte Fourier durch die auszugsweise mitgeteilten Aussprüche den Beweis geführt zu haben, daß Jesus und das Neue Testament für seine Theorien sprächen, so geht er nunmehr dazu über, auch den Gegenbeweis zu Gunsten seiner Lehre zu erbringen, d. h. er sucht nachzuweisen, in welcher Unwissenheit sich die Modernen über Charakter, Eigenschaften, Gang und Ende der Zivilisation befänden, von der sie immer noch leichtgläubig genug die Vervollkommnung hofften. Er versucht ferner nachzuweisen, welche Wege sie betreten müßten, um allmählich in die sechste Entwicklungsperiode, die des Garantismus, zu gelangen. Daß die Zivilisation überhaupt sich zu vervollkommnen suche, zeige das unbewußte Streben, über sich selbst hinaus zu gehen, sich zu Garantien zu erheben, von denen einige Stückchen verwirklicht zu haben sie sich einbilde. Aber diese Garantien, wie das Geldsystem und die Versicherungen, verdanke sie mehr dem Zufall, dem Instinkt, aber nicht der Wissenschaft.

Es sei hier bemerkt, daß Fourier zwar die Einführung des Geldes als Fortschritt für ein besseres Ausgleichungssystem ansieht, aber auszusetzen hat, daß es „individuelles" Geld sei, wie er es bezeichnet, also in den Händen des Privateigentümers Mittel der Ausbeutung, des Betrugs und der Unterdrückung werde. Das Geld soll nach ihm gesellschaftliches Besitztum sein, es würde also in seinem System Besitztum der Phalanxen werden. Daß das Geld seinen Zweck nur erfüllt, wenn es zwar gesellschaftlich anerkanntes Tauschmittel für alle Waren, aber gleichzeitig im Privatbesitz ist, weil es nur in einer auf Privatbesitz und Warenproduktion beruhenden Gesellschaft einen Sinn und die Möglichkeit der Existenz hat, entging ihm. Mit der Aufhebung der

Warenproduktion, also auch der Privatwirtschaft und mit der Einführung gesellschaftlicher Produktion fällt der Gegenpol der Warenwirtschaft, die Geldwirtschaft, von selbst, der Boden seiner Existenz, allgemein anerkanntes Tauschmittel für alle Warenaustausche zu sein, wird ihm entzogen. Da wo Produkt gegen Produkt, richtiger Arbeit gegen Arbeit gesellschaftlicher Vereinigungen sich austauscht, wird der Austausch ein einfaches Rechenexempel, das auf dem Wege der Buchung der austauschenden Faktoren beglichen wird. Dagegen muß in einer auf Millionen Einzelwirtschaften beruhenden Produktion, wo das Produkt als Ware den einzigen Zweck hat, so rasch als möglich die Hände seines Produzenten zu verlassen, um durch Dutzende von Händen die verschlungensten Kanäle zu durchwandern, welche die Spekulation ihm anweist, bis es endlich in die Hände des Bedürfers gelangt, wir sagen, hier muß notwendig ein gesellschaftlich anerkanntes Äquivalent zur Ausgleichung aller dieser Manipulationen vorhanden sein, und dieses ist das Geld, das den Doppelcharakter besitzt, gesellschaftlich anerkanntes Wertmaß und Ware zu sein.

Andererseits, fährt Fourier fort, habe die Zivilisation falsche Methoden adoptiert, so das System der anarchischen Industrie und der lügnerischen individuellen Konkurrenz; aber hauptsächlich habe sie den Fehlgriff begangen, die Aktiengesellschaft für die Assoziation anzusehen, alles Fehler, die sie weitab vom Wege der sozialen Garantien führten. Es sei also notwendig, um dieses politische Chaos zu entwirren, eine detaillierte

Analyse der Zivilisation und ihres Charakters zu geben, eine Aufgabe, der sich bisher die Gesellschaft und ihre wissenschaftlichen Führer entzogen hätten. Man glaube noch an die Vervollkommnung, während die Zivilisation bereits rapide ihrem Untergang entgegeneile.

Wie der menschliche Körper so besäßen auch die Gesellschaften ihre vier, durch bestimmte Charaktereigenschaften sich unterscheidenden Lebensalter, die einander sich folgten. Man könne weder den Aufschwung noch den Niedergang einer Gesellschaft beurteilen, so lange man nicht die sehr unterscheidenden Charaktereigenschaften zu bezeichnen vermöge, die eine bestimmte Gesellschaft besitze. Unsere Naturwissenschaftler seien, wenn es sich um die Unterscheidung ziemlich nutzloser Pflanzen handele, so sehr skrupulös, warum seien dies nicht auch unsere Politiker und Ökonomen? Warum folgten sie nicht dieser naturwissenschaftlichen Methode, wenn es sich um die ihnen so teure Zivilisation handele, um die von jeder der vier Phasen adoptierten Eigenschaften zu bezeichnen? Es sei dies das einzige Mittel, um zu erkennen, ob man noch vorwärts schreite oder im Niedergang sich befinde.

Nach Fourier sind nun die vier Phasen der Zivilisation und die einer jeden eigentümlichen Charaktereigenschaften folgende:

1. Phase: Kindheit.

Aufsteigende Schwingung.

Einfacher Keim	Monogamie.
Zusammengesetzter Keim	Patriarchalische oder adelige Feudalität.
Angelpunkt der Periode . .	Bürgerliche Rechte der Frau.
Gegengewicht	Förderation der großen Vasallen.
Ton oder Stimmung	Ritterliche Illusionen.

2. Phase: Jugend.

Einfacher Keim	Städtische Privilegien.
Zusammengesetzter Keim	Pflege der Wissenschaften und Künste.
Angelpunkt der Periode . .	Befreiung der Arbeit.
Gegengewicht	Repräsentativsystem.
Ton oder Stimmung	Illusionen über Freiheit.

Mittagsphase.

Keim	Seeschifffahrtskunst, experimentale Chemie.
Charaktereigenthümlichkeiten. .	Enttäuschungen, Staatsanleihen.

3. Phase: Mannbarkeit.

Absteigende Schwingung.

Einfacher Keim	Handelsgeist, Fiskalismus.
Zusammengesetzter Keim	Aktien-Gesellschaften.
Angelpunkt der Periode . .	Monopol der Seeherrschaft.
Gegengewicht	Handels-Anarchie.
Ton oder Stimmung	Oekonomische Illusionen.

4. Phase: Altersschwäche.

Einfacher Keim	Leihhäuser.
Zusammengesetzter Keim	Unternehmerschaft in bestimmter Anzahl.
Angelpunkt der Periode . .	Industrielle Feudalität.
Gegengewicht	Monopolwirthschaft.
Ton oder Stimmung	Illusionen über Affoziationen.

Man wird dem hier wiedergegebenen Tableau Scharfsinn in der Aufstellung und Interessantheit in der Gruppierung nicht absprechen können, mehrfach charakterisiert es die verschiedenen Perioden der zivilisierten Gesellschaft sehr treffend.

277

Fourier bemerkt dazu erläuternd: er habe diejenigen Charaktereigenschaften nicht hervorgehoben, die allen vier Phasen gemeinsam seien, sondern nur die, welche die eine oder andere auszeichneten und jene, die mit der einen oder anderen gemischt seien. So sei die zweite Phase, in der die Athener lebten, eine unvollständige, eine Bastardperiode, indem ihr noch Merkmale der Periode der Barbarei anklebten und der Angelpunkt der zweiten Phase, die Befreiung der Arbeit, ihr fehlte. In England und Frankreich befinde sich die Zivilisation im absteigenden Ast der dritten Phase und neige stark zur vierten, deren beide Keime sie bereits besitze. Dieser Zustand zeige eine schmerzlich empfundene Stagnation; das Genie fühle sich ermüdet von seiner Unfruchtbarkeit wie ein Gefangener, und arbeite sich vergeblich ab, um irgendeine neue Idee zu erzeugen. Mangels des erfinderischen Genies zögere aber der fiskalische Geist nicht, die Mittel zu entdecken, um die vierte Phase zu organisieren, die zwar ein Fortschritt aber nicht zum Guten sei. Es handele sich darum, einen Zwischenzustand zu schaffen, der die Zivilisation in den Garantismus überleite und diesen dem Liberalismus entgegenzustellen, diesem stationären Geist, der sich auf das Repräsentativsystem, eine der Charaktere der zweiten Phase, verbissen habe. Ein System, das für eine kleine Republik, nicht für ein großes reiches Land wie Frankreich tauglich sei. Umgekehrt wollten die Antiliberalen die Ungeschicklichkeit begehen, uns in die erste Phase zurückzuführen, während das wachsende Staatsschuldenwesen uns unwiderstehlich in die vierte Phase, die Altersschwäche, risse.

Wer das Tableau der Charaktereigenschaften der Zivilisation genau prüfe, werde erkennen, daß der Glaube, unsere Gesellschaft befinde sich in einem „erhabenen Flug", eine Illusion sei, denn in Wahrheit befänden wir uns auf dem Krebsgang. „Es ist der Fortschritt nach abwärts, vergleichbar dem einer Frau, die ihre weißen Haare, die sie mit sechzig Jahren besitzt, als Vervollkommnung der Vollkommenheit ihres Haarwuchses anpreisen wollte. Darüber wird Jeder mitleidig lächeln. Wie der menschliche Körper so vervollkommnet sich auch die Gesellschaft nicht, wenn sie altert."

Die Gesellschaften wie die Individuen gingen zu Grunde, wenn sie sich dem Wucherer überließen, und es sei die Tat unseres Jahrhunderts, von Anleihe zu Anleihe zu eilen.

Man sage, „das Gefäß ist durchweicht, der Stoff hat seine bleibende Form angenommen." Das gelte auch von den fiskalischen Anleihen. Sie blieben und jedes Ministerium mache eine neue, denn „man muß essen, wenn man an der Krippe sitzt." Welche Partei auch immer herrsche, die Finanz halte stets die Zügel des Gefährtes, damit der Marsch nicht gegen ihr Wirtschaftssystem sich richte. Was werde also das Ende sein, dem alle unsere mit Schulden überladenen Reiche zueilen, wohin uns die Ökonomen geführt? Der Sturz in den Abgrund. Man könne unsere Ökonomen und Politiker jenem Reiter vergleichen, von dem die Spötter sagten: „Er führt nicht das Pferd, das Pferd führt ihn."

Fourier hat in diesen Auseinandersetzungen wieder einmal, seiner Zeit vorauseilend, den wahren Charakter der Staatsanleihen sehr richtig erkannt. Damit ein Staat von den Geldmächten beherrscht, ökonomisch und finanziell ausgebeutet und geplündert werden kann, muß man ihn zu Anleihen verleiten. Mit jeder neuen Anleihe wird ihm der Strick fester gedreht, genau wie dem Privatmann. Die Staatsgewalt wird Werkzeug in den Händen der großen Finanzmächte, die schließlich weit mehr als die Minister selbst die Staatsangelegenheiten beherrschen und lenken, Gesetze dekretieren, Kriege führen oder verhindern, wie es ihrem Interesse paßt. Und damit die Staatsmaschine nach Wunsch gehe, die Regierung jeder Zeit durch die Kontrolle ihrer abhängigen Stellung bewußt bleibe, damit ferner die nötigen Einnahmequellen in Form von Steuern aller Art zur Verzinsung und Amortisierung der Schulden vorhanden seien, bedarf man des Repräsentativsystems, durch welches die Drahtzieher der hohen Finanz den noch fehlenden Einfluß auf die ganze Gesetzgebung und Staatsverwaltung gewinnen und den Staat zu einer melkenden Kuh der Geldmächte machen. Durch solche Manipulationen ist heute die Regierung und Verwaltung Frankreichs in den Händen der großen Finanzmächte, die es in die Abenteuer von Tunis und Tonkin stürzten, durch Privilegien und Staatssubventionen an die großen Eisenbahn- und Verkehrsgesellschaften das Volk berauben, durch die Überlast der indirekten Steuern es brandschatzen und plündern. Durch die gleichen Manipulationen ist Österreich dahin gekommen, wo es heute steht, hat man die Türkei zu Grunde gerichtet, Ungarn binnen zwei Jahrzehnten an den Rand des finanziellen Untergangs gebracht, Ägypten ruiniert. Wie der kleine Bauer und der in die Klemme geratene Grundbesitzer die finanziellen Wohltäter bereitfinden, ihnen gegen genügende hypothekarische Sicherheiten zu guten Zinsen Geld zu borgen, oft mehr als sie haben wollen, und nun den Händen des Gläubigers rettungslos überantwortet sind, der die Hand auf ihre Ernten legt, ihnen jederzeit mit Subhastationen droht, und sie zwingt, das ganze Jahr die Fronarbeit für ihn, den Kapitalisten, zu verrichten, so sind die Staatsangehörigen überschuldeter Reiche die Bienen, die durch ihre Arbeit, mit ihrem Honig der Finanzaristokratie die Kisten und Kasten füllen müssen. Das ist heute, wo die Staatsschulden in fast allen Staaten in die Milliarden gewachsen sind und weiter wachsen, eine sich Jedem leicht aufdrängende Tatsache. Zu Fouriers Zeit stak das Staatsschuldenwesen noch in den Kinderschuhen und es war ungleich schwerer, seinen Charakter zu erkennen als heute.

Unter die permanenten Charaktere der Zivilisation rechnet Fourier denjenigen, der sich schon seit alter Zeit in dem Sprichwort ausdrückt: „Die großen Diebe läßt man laufen, die kleinen hängt man." Ähnliche Charaktereigenschaften könne man noch eine Menge anführen. So überlasse man sich bitteren Klagen über auffällige Tatsachen wie die, daß die Tugend und das Gute stets lächerlich gemacht, übel behandelt und verfolgt würden. Ohne Zweifel sei die Indignation darüber gerechtfertigt, aber wenn gegenwärtig die Zivilisation eine Aufhäufung dieser beklagenswerten Resultate zeige, dann klassifiziere und konstatiere man diese Übel, damit man einen

Überblick über das Wesen und die Früchte dieser abscheulichen Gesellschaftsordnung erhalte.

Aber man schenke allen diesen Übeln so wenig Aufmerksamkeit, weil man sie mit dem gegenwärtigen Zustand unzertrennlich halte. Eine von diesen üblen permanenten Charaktereigenschaften sei auch die Fesselung der öffentlichen Meinung, und zwar auch unter der Herrschaft der Philosophen, die nicht wollten, daß das Volk sein ursprünglichstes Recht erkenne und das Recht auf ein Existenzminimum fordere, was freilich nur unter dem Regime der industriellen Anziehung garantiert werden könne. Andere Übel erkenne man nicht, weil sie unter falscher Flagge segelten, so die Tyrannei des persönlichen Eigentums. Der Grundeigentümer erlaube sich hundert Anordnungen über sein Eigentum, die mit dem öffentlichen Wohl, dem Wohl der Masse in Widerspruch stünden, er erlaube sich dies alles unter dem Vorwande der „Freiheit". Das komme, weil die Zivilisation von sozialen Garantien keine Ahnung habe. Wieder ein anderes meist nicht erkanntes Übel sei die indirekte Verweigerung der Gerechtigkeit für die Armen. Der Arme könne wohl das Recht suchen, aber was nütze dieses, wenn er die Kosten der Prozedur nicht aufbringen könne. Bei den gerechtesten Klagen werde er von dem reichen Plünderer durch Appellation und Gegenappellation mürbe gemacht und zum Nachgeben gezwungen. Man gebe dem Königsmörder einen Verteidiger, aber nicht dem Armen, denn „er könnte zu viele Prozesse haben". Die Gesellschaft sei überfüllt mit Armen, die unter dieser Handhabung der Gerechtigkeit litten. Aber diese Gesellschaft sei eben ein falscher Kreisschluß (cercle vicieux), das sei ihr wesentlichster Charakter. Die Mängel der Zivilisation ließen sich in zwölf Hauptpunkte zusammenfassen. 1. Eine Minorität, die Herrschenden, bewaffnet Sklaven, die eine Majorität unbewaffneter Sklaven im Zaum halten. 2. Mangel an Solidarität der Massen und dadurch erzwungener Egoismus. 3. Zweideutigkeit aller Handlungen der Gesellschaft und ihrer sozialen Elemente. 4. Innerer Kampf des Menschen mit sich selbst. 5. Die Unvernunft zum Prinzip erhoben. 6. In der Politik wird die Ausnahme als Grundlage für die Regel. 7. Das knorrigste und hartnäckigste Genie wird gebeugt und kleinmütig gemacht. 8. Erzwungene Begeisterung für das Schlechte. 9. Stetige Verschlimmerung, indem man zu verbessern glaubt. 10. Vielseitiges Unglück für die ungeheure Mehrheit. 11. Fehlen einer wissenschaftlichen Opposition gegen die herrschenden Theorien. 12. Verschlechterung der Klimate. Letzteres, durch die Zerstörung der Wälder und daraus folgendes Austrocknen der Quellen herbeigeführt, müsse notwendig und sicher bis gegen Ende des Jahrhunderts klimatische Exzesse erzeugen.

Fourier geht dann dazu über, die Natur des Handels zu erörtern. Er fragt: „Woher kommt diese Bewunderung der Modernen für den Handel, welchen doch im Geheimen alle Klassen außer den Handeltreibenden verabscheuen? Woher dieses stupide Vorurteil für die Kaufleute, die Christus mit Ruthen aus dem Tempel trieb? Die Antwort ist: sie besitzen viel Geld und eine Haupthandelsmacht (England) übt über die industrielle

Welt die Tyrannei des Handels-Monopols aus." Auch habe die politische Ökonomie die Analyse des Handels nicht zu machen gewagt und so komme es, daß die soziale Welt nicht wisse, was eigentlich das Wesen des Handels sei. „Der Handel ist die schwache Seite der Zivilisation, der Punkt, auf dem man sie angreifen muß. Im Geheimen wird der Handel von den Regierungen wie von den Völkern gehaßt. Nirgends sehen weder der Adel noch die Grundeigentümer die Handeltreibenden mit günstigen Augen an, diese Parvenüs, die in Holzschuhen angekommen sind und bald mit einem Vermögen von Millionen prunken. Der rechtschaffene Eigentümer begreift nicht die Mittel, durch die man sich so gut zu bereichern vermag; welche Sorgfalt er immer der Verwaltung seines Gutes widmet, es gelingt ihm schwer, sein Einkommen um einige Tausend Franken zu steigern. Er wird perplex über die großen Profite dieser Agioteure, er möchte seinem Erstaunen, seinem Verdacht über diese ihm fremde Art, Vermögen zusammen zu scharren, Ausdruck geben, aber da kommen die Ökonomen, fallen ihm in den Arm und schleudern ihr Anathema gegen Jeden, der es wagt, diesen großartigen Handel und die Großartigkeit des Handels (le commerce immence et l'immense commerce) zu verdächtigen. Welch schöne Phrasen sind nicht zu seiner Verherrlichung Mode geworden! Da spricht man mit Pathos von der 'Ausgleichung, dem Gegengewicht, der Garantie, dem Gleichgewicht des großartigen Handels und der Großartigkeit des Handels, von den Freunden des Handels, von dem Wohl des Handels'." Für einen unglücklichen Philosophen gebe es nichts Imposanteres, als wenn eine Kohorte von Millionären mit tiefsinnigem Aussehen zur Börse wandelten. Man glaube die römischen Patrizier über dem Schicksal Karthagos brüten zu sehen. Speichellecker der Agiotage malten die Kaufleute und Börsenmänner als eine Legion von Halbgöttern; Jeder, der sie kenne, wisse im Gegenteil, daß es eine Legion von Betrügern sei; aber ob mit Recht oder Unrecht, sie hätten allen Einfluß an sich gerissen. Die Philosophen seien ihnen zu Gunsten, selbst die Minister und der Hof beugten sich vor diesen Geiern des Handels; alles infolge des durch die Ökonomen gegebenen Impulses. Die Folge davon sei, daß der ganze soziale Körper den merkantilen Räubereien vollständig unterworfen sei, und wie der von dem Blick der Schlange faszinierte Vogel dieser in den Rachen fliege, so lasse sich die Gesellschaft vom Handel zu Grunde richten.

Eine vernünftige und rechtschaffene Politik habe Mittel des Widerstandes in Anwendung bringen und sich von Fehlgriffen losmachen müssen, welche die Herrschaft der Welt in die Hände einer unproduktiven, lügnerischen und übelwollenden Klasse liefere. Man dürfe die Handeltreibenden nicht mit den Manufakturisten verwechseln.[21] Die Hauptschacherer, die Rohmate-

---

[21] Unter den Manufakturschriften sind hier sowohl die Fabrikanten wie diejenigen Handeltreibenden verstanden, die entweder in eigener Behausung nach dem Prinzip der Arbeitsteilung, aber ohne Anwendung von Dampf und Maschinenkräften – die damals erst im Entstehen waren – oder, wie dies heute noch in manchen Industriezweigen auch in Deutschland geschieht, z.B. in der Spielwaren-, Messer-, Kleineisenwaren-Fabrikation, der Haus-

rialienhändler sännen nur, wie sie Manufakturisten und Konsumenten plündern könnten. Zu diesem Zwecke unterrichteten sie sich über die vorhandenen Vorräte, kauften sie auf, hielten die Waren zurück und verteuerten sie, Umso auf Fabrikant und Bürger den Druck auszuüben. Die sog. Ökonomen stellten diese Aufkäufer und Wucherer als tiefsinnige Genies hin, die doch nichts als elende Schwätzer, abenteuerliche Spieler und tolerierte Bösewichter seien. Den schlagendsten Beweis habe das Jahr 1826 gegeben, wo mitten in der tiefsten Ruhe plötzlich eine Stagnation und Überfülle an Produkten hervorgetreten sei, als alle Journale noch unmittelbar zuvor auf die dem Handel neuen und günstigen Chancen hinwiesen, welche die Befreiung beider Amerika im Gefolge haben werde. Nun, welches sei die Ursache dieser überraschenden Krise gewesen? Es war die Wirkung eines komplizierten Spiels zweier charakteristischer Eigenschaften des Handels: des Zurückschlagens der Vollsaftigkeit (refoulement pléthorique) und eines Gegenschlags durch verfehlte Spekulation.

Die erstere Eigenschaft sei die periodische Wirkung blinder Habgier der Kaufleute. Sobald irgendwo ein

___

weberei, Posamentiererei, Strumpfwirkerei, der Bijouterie ec. Auf dem Wege der Hausindustrie produzieren lassen, wobei der Kaufmann die Rohmaterialien liefert. Soweit Massenerzeugung in Betracht kam, war zu Anfang dieses Jahrhunderts in Frankreich die Manufaktur die maßgebende Produktionsform.

Unter den Handelbetreibenden versteht Fourier, wie der Leser bereits erkannt haben wird, nicht allein die Kaufleute im engeren Sinne, sondern auch alle an der Börse beteiligten Kreise, die Grund- und Bodenwucherer ec., kurz Alle, „welche ohne zu säen ernten".

Absatzweg sich öffne, würden viermal mehr Waren zugeführt, als der Markt aufnehmen könne. So sei es auch hier gewesen. Wenn man die Wilden, die Neger und die spanische Bettelbevölkerung in Abzug bringe, zählten die beiden (Nord- und Süd-) Amerika kaum 20 Millionen konsumtionsfähiger Bewohner, man habe aber für 200 Millionen konsumtionsfähiger Menschen Waren zugeführt. Daher die Stockung und der Rückschlag. Im Jahre 1825 hätten die französischen und englischen Hosenhändler Warenmassen zugeführt, die wenigstens auf 3 bis 4 Jahre reichten, so entstanden Massenverkäufe, Stockung, Entwertung der Stoffe, Bankrotte der Verkäufer. Das war die notwendige Wirkung dieser Überfülle (pléthore), verursacht durch die Unklugheiten des Handels, der in seiner Gier nach Gewinn sich stets über das Quantum der absatzfähigen Produkte den größten Illusionen überlasse. Was könne man auch von einer Kohorte eifersüchtiger, durch Habgier verblendeter Verkäufer anders erwarten? Wie wollten wohl diese die Grenzen der Aufnahmefähigkeit eines Marktes erkennen?

„Genügte schon die Überzufuhr von Waren, um Bankrotte und die äußerste Beunruhigung der Märkte und Fabriken hervorzurufen, so trat in demselben Augenblick ein anderer Umstand dazwischen, um das Übel zu vervielfachen. Die Baumwollaufkäufer in New-York, Philadelphia, Baltimore, Charleston etc. hatten im Einverständnis mit ihren Vertrauten in Liverpool, London, Amsterdam, Havre und Paris sich aller Vorräte bemächtigt. Aber da geschah, daß Ägypten und andere Märkte eine außerordentlich reiche Ernte hatten. Die Hausse war nur ein kurzes Strohfeuer. Die wucherischen Geier Amerikas wie ihre Kooperateure in Europa erstickten im Überfluß. Die durch die Crise pléthorique verursachte Preisschleuderei zwang die Fabriken zu feiern und brachte die Baumwollspekulanten, die auf Hausse gerechnet und jetzt einer tiefen Baisse sich gegenüber sahen, zum Sturz. Den verunglückten Machinationen in Amerika folgten als Gegenschlag die Bankrotte in Europa. Das ist der einfache Hergang der so Rätselhaft erschienenen Ereignisse. Journale und Schriften, die darüber sich äußerten, verfielen alle in denselben Irrtum. Nach ihnen war nur eine Ursache vorhanden: die Unordnung, welche durch die beiden gleichzeitig sich vollziehenden Operationen auf dem Markt entstanden war. Niemand gestand die Waren Ursachen offen ein, man bemühte sich vielmehr, die beiden Parteien, die das Übel verursacht hatten, als unschuldig darzustellen, man gab weder zu, daß die Einen durch Zufuhr von Riesenmengen an Waren die Märkte lahmlegten, noch daß die Anderen durch Vorenthaltung des nötigen Rohmaterials die Märkte beraubten. Auf der einen Seite herrschte verrückte Verschwendung, auf der anderen vexatorische Unterschlagung. Es gab also in jeder Weise Exzesse und Konfusion im Mechanismus. Das ist der Handel, das Ideal der Dummköpfe."

Wie im vorliegenden Falle zwei, erläutert Fourier weiter, so wirkten oft drei und vier Ursachen zusammen, um Krisen zu erzeugen, und was die verschiedenen Charaktere der Bankrotte betreffe, so habe er eine

Liste von zweiundsiebzig verschiedenen Arten aufge-
stellt. Wollte man alle Formen des Betrugs und der
Bankrotte zeichnen, man müßte dicke Bücher schreiben.
Von den Hauptübeln, die der Handel gebäre und die als
die Triebfeder zu allem Unheil ansehen seien, wolle er
nur zwölf aufführen: Börsenspiel, Lebensmittelwucher,
Bankerott, Geldwucher, Parasitentum, Mangel an Solidarität, fallendes Gehalt und fallende Löhne, Teuerung,
Verletzungen der Gesundheit,[22] willkürliche Festset-
zung der Preise, legalisierte Doppelzüngigkeit im Verkehr, individuelles Geld.

Fourier spricht dann von der „Absonderung" der Kapitalien, worunter er die Konzentration auf der einen
und den daraus folgenden Kapitalmangel auf der anderen Seite versteht. Die Kapitalkonzentration erzeuge
auch den Überfluß – an BodenErzeugnissen durch den
Handel –, der den Preisdruck für die Erzeugnisse des
Bodenbesitzers hervorrufe. Die Kapitalien häuften sich
nur auf Seiten der unproduktiven Klasse. Bankiers und
Kaufleute beklagten sich häufig, nicht zu wissen, was
sie mit ihren Fonds beginnen sollten, sie empfingen
Geld für 3 Prozent, wo der Landmann es kaum für 6
auftreiben könne. Wenn er es nominell zu 5 Prozent
erhalte, koste es ihn mit allen Spesen und Lasten, die
damit verbunden seien, 16 und 17 Prozent. Der Handel,
dieser Vampir, der das Blut aus dem industriellen Körper sauge, konzentriere Alles in seine Taschen und

---

[22] Fourier hat hier hauptsächlich den Baustellen- und Häuser-
wucher im Auge, der auf Kosten der Gesundheit und Lebensan-
nehmlichkeit der Städtebewohner sich breit mache, Luft und
Licht der Bevölkerung schmälere.

zwinge die produktive Klasse, sich dem Wucherer zu überliefern. Selbst die Jahre des Überflusses würden für die Agrikultur eine Geißel, wie man das 1816 und 1817 gesehen habe. Das Jahr 1816 brachte Mißernte und zwang den Landmann zum Schuldenmachen, als aber 1817 eine sehr reiche Ernte brachte, ward er gezwungen, dieselbe rasch und in Folge dessen zum niedrigsten Preis zu verkaufen, um seine Gläubiger zu bezahlen. So zerstreue der soziale Mechanismus die kleinen Kapitalien, um sie in den Händen der Handeltreibenden zu konzentrieren. Der Ackerbauer seufze, gebrochen durch den Gegenschlag, unter dem Überfluß der Ernten, deren Wert weder bei dem Verkauf noch bei der Konsumtion ihm gehöre, weil die Konsumtion auf umgestürzter Basis ruhe, „denn die Klasse, die produziert, nimmt an der Konsumtion nicht Teil". So würden Eigentümer wie Bodenbebauer oft gezwungen, Geißeln, wie Frost und Hagel, herbeizuwünschen. Man habe 1828 den Schrecken gesehen, als man im Juni in allen weinbautreibenden Ländern eine gute Ernte und damit erdrückenden Überfluß zu fürchten hatte.[23]

„Genügen diese Monstrositäten nicht, um zu beweisen, daß das gegenwärtige System des Handels, wie der ganze Mechanismus der Zivilisation die verkehrte Welt darstellt? Aber wie will man sich in diesem Labyrinth

---

[23] Diese Charakteristik könnte ebenso gut heute geschrieben sein. Sprach doch im Herbste 1885 die königl. sächsische „Leipz. Zeitung" es offen aus, daß man heut zu Tage im Zweifel sei, ob man einen gute Ernte wünschen dürfe. Und doch veranstaltet man jährlich für die Ernte auf allen Kanzeln Gebete und feiert Dankfeste.

zurechtfinden, so lange man die Charaktereigenschaften dieser Gesellschaft nicht analysiert? Schmeichler unseres Handelssystems haben wir im Überfluß, deren alleiniges Talent darin besteht, alle Fehler der Hydra des Handels zu beräuchern. Wenn man erst die wahre Natur dieses lügnerischen Systems erkennt, wird man erstaunt sein, daß man so lange sich von einem System düpieren ließ, das schon der Instinkt uns denunziert, denn alle anderen Klassen hassen den Handel."

„Die Falschheit und Zweideutigkeit, wozu dieses System gekommen ist, genügt, um den Betroffenen die Augen zu öffnen; die Betrügerei und die Fälschung aller Lebensmittel hat eine Höhe erreicht, daß man die Einführung des Handelsmonopols als eine Schutzmaßregel gegen diesen Handel begrüßen würde. Eine Staatsregie würde viel weniger sich auf Zweideutigkeiten einlassen können, sie würde zu einem festgesetzten Preis wenigstens natürliche Produkte geben, während es heute fast unmöglich ist, im Handel etwas natürlich zu erhalten."

„In Paris findet man kein Zuckerbrot, das nicht mit Runkelrüben gefälscht ist,[24] keine Tasse reiner Milch

---

[24] Fourier meint hier die Herstellung des Zuckers aus Runkelrüben, den er als ein gefälschtes Produkt ansah, weil man bis dahin nur Zucker aus Zuckerrohr gewonnen kannte. Die Einführung des Kontinentalsystems durch Napoleon I. und das Verbot der Einfuhr englischer Kolonialwaren, hatte zur Erfindung der Zuckerzubereitung aus Runkelrüben den Anstoß gegeben und diese Art Zucker bürgerte sich von da ab immer mehr ein. Fourier, der offenbar die Süßigkeiten sehr liebte, sah den Rübenzucker als eine Fälschung des natürlichen Zuckers an. Wir, die wir heute fast nur aus Runkelrüben bereiteten Zucker kennen, denken darüber anders. Schließlich ist kein auf künstlichem Wege ge-

oder ein Glas reinen Branntweins. Kurz Unordnung und Ärgernis sind auf die Spitze getrieben und gehen die Dinge so weiter, so bleibt nichts übrig, als das Monopol." Fourier setzt freilich hinzu, daß dies durch Entdeckung seines sozietären Systems und dessen Einführung unnütz werde.

Fourier äußert sich dann über den Bankerott, über die Art, wie die öffentliche Meinung ihn zum Teil behandelt und wie der Bankerott selbst wieder zu Täuschungen benutzt wird. Auf der Bühne werde ein Falliment mit fünfzig Prozent als Lustspiel behandelt. Wenn aber ein Bankier die anvertrauten Depots von Ersparnissen zahlreicher Dienstboten veruntreue, die diese während zwanzig Jahren mühselig zusammengescharrt, so sei das sicherlich keine lächerliche Sache, sondern ein Verbrechen, das zu bestrafen sei.

„Welche Verdorbenheit in der philosophischen Welt. Die Literatur ist eine Prostituierte, die nur studiert, wie sie sich mit dem Laster aufs Beste stellen kann; sie malt Alles in den schönsten Farben, damit die Theaterkasse ihre gute Einnahme hat. Die Moral ist eine in Mißkredit geratene Schwätzerin, die nicht mehr wagt, gegen straflose Verbrechen, wie den Bankerott, zu deklamieren; sie speichelleckert allen Klassen von Dieben. Und der Ökonomismus, der nichts zu entdecken versteht, sucht

---

wonnenes Lebensmittel einem sog. Naturprodukt gegenüber als Fälschung zu betrachten, vorausgesetzt, daß über die Art seiner Entstehung kein Zweifel besteht und es dem sog. Naturprodukt, das es ersetzen soll, völlig gleichwertig ist. Wir werden in dieser Beziehung in Zukunft noch viele Vorurteile ablegen müssen. Der Verfasser.

die zu Tage liegenden Laster als unschuldige hinzustellen, sind es doch die Laster seiner Favoriten, der Handeltreibenden. So denkt keine Wissenschaft daran, ihre Aufgabe, die Analyse der Übel der Zivilisation und das Suchen nach einem Heilmittel, zu erfüllen."

Fourier führt, wie er Alles zu klassifizieren und zu ordnen liebt, nicht weniger als vierundzwanzig Arten von Bankrotten auf, bei denen die Schwächen oder die Liebhabereien der Bankrotteure die Ursachen ihres Zusammenbruchs sind. Bei dem Einen sind zerrüttete Familienverhältnisse, eine liederliche Frau, verdorbene Kinder, bei dem Anderen eine Maitresse, bei dem Dritten die galanten Neigungen, bei dem Vierten Sentimentalität, die ihn zum Geschäft unbrauchbar machen u. s. w., die Ursachen, welche die Katastrophen erzeugen. Er könne, setzt er weiter hinzu, recht amüsante Kapitel zu den Details aller Arten von Bankrotten liefern, er treibe das Geschäft seines Vaters und sei im Warenladen erzogen worden, er habe mit eigenen Augen die Infamien des Handels gesehen und beschreibe ihn nicht, wie die Moralisten vom Hörensagen, die den Handel nur in den Salons der Agioteure kennen lernten und einen Bankerott als etwas ansähen, das man sich in guter Gesellschaft erlauben dürfe. Jeder Bankerott, namentlich wenn er einen Bankier oder Wechselagenten betreffe, werde unter ihrer Feder zu einem beklagenswerten Unfall, für den die Gläubiger im Grunde dem Falliten noch verbunden seien, daß er sie in seine edlen Spekulationen verwickelt habe. Man zeige den Gläubigern den Vorgang als eine unverschuldete Fatalität, eine unvorhergesehene Katastrophe an, die durch das Unglück der Zeiten, widrige Umstände, einen beweinenswerten Wechselfall herbeigeführt sei. Das sei der gewöhnliche Inhalt der Briefe, mit welchen ein Fallissement angezeigt werde.

„Alsdann kommen der Notar und seine Gevatter, denen im Geheimen ihre Provisionen für alle Vorteile, die sie erzielen, zugesichert sind und stellen den Falliten als so ehrenhaft, der Achtung so würdig hin. Da ist eine zärtliche Mutter, die sich dem Wohle ihrer Kinder opfert, ein tugendhafter Vater, der sie in der Liebe zur Verfassung erzieht, eine trostlose eines besseren Schicksals würdige Familie, die von der aufrichtigsten Liebe für jeden ihrer Gläubiger beseelt ist. Man müßte wahrhaftig ein Ungeheuer sein, wenn man einer solchen Familie nicht helfen wollte, um sie wieder zu erheben. Das ist sogar eine Pflicht für jede rechtschaffene Seele. Dazwischen intervenieren einige moralische Spitzbuben, die man bestochen hat, und die gegen Jedermann hervorheben, wie schön es sei, in einem solchen Falle seine Gefühle walten zu lassen und daß man dem Unglück Erbarmen schulde. Diese werden durch einige hübsche Fürsprecherinnen, die sehr nützlich sind, um die Widerspenstigsten zu beruhigen, unterstützt. Durch alle diese Umtriebe erschüttert, kommen Dreiviertel der Gläubiger sehr bewegt und irre geleitet in die Sitzung. Der Notar schlägt ihnen einen Nachlaß von 70 Prozent ihrer Forderungen vor, indem er wieder ausmalt, wie diese tugendhafte Familie aus Sorge, die geheiligten Pflichten der Ehre zu erfüllen, sich des Letzten beraube. Ist die Situation günstig, so schlägt man den Gläubigern weiter vor, daß sie, um ihr Gewissen zu befriedigen und um der edlen Eigenschaften einer Familie willen, die so würdig der Achtung und so eifrig für die Interessen ihrer Gläubiger eingenommen ist, eine Huldigung bringen und statt auf siebzig auf achtzig Prozent verzichten. Einige Barbaren wollen widerstehen, aber die im Saale geschickt verteilten Vertrauten übernehmen das Geschäft der heimlichen Anschwärzung der Widerstrebenden, die sie als unmoralisch bezeichnen. Dieser, tuscheln sie, besucht nie die Kirche und hat folglich kein Erbarmen; Jener unterhält eine Maitresse; der Dritte ist ein Geizhals und Wucherer; der Vierte hat selbst schon einmal falliert und besitzt ein Herz von Stein, das für seine unglücklichen Mitmenschen ohne Nachsicht und Mitleid schlägt. Endlich erklärt die so bearbeitete Mehrheit ihre Zustimmung und unterzeichnet den Vertrag. Der Notar hält eine salbungsvolle Rede, versichernd, daß man im Grunde ein gutes Geschäft gemacht habe, denn durch die Dazwischenkunft der Gerichte würde nichts übrig geblieben sein und dabei habe man ein gutes Werk getan und habe einer braven Familie geholfen. Schließlich gehen Alle voll Bewunderung für die Tugenden dieser würdigen Familie, die man als ein Muster betrachten müsse, nach Hause."

So vollziehe sich ein „gefühlvoller Bankerott", bei dem die Gläubiger um drei Viertel ihrer Forderungen geprellt wurden; werde mit fünfzig Prozent ein Fallissement arrangiert, so sei dies ein rechtschaffener Bankerott, etwas so Alltägliches, daß wer sich mit einer so mäßigen Brandschatzung seiner Gläubiger begnüge, nicht nötig habe, außerordentliche Triebfedern und Hilfsmittel in Bewegung zu setzen. Sei nicht Dummheit des Bankrotteurs im Spiele, so sei ein Geschäft, bei dem man nicht mehr als fünfzig Prozent einstreichen wolle, stets sicher.

Die wahre Natur des Bankerotts kennen zu lernen, diesem hätten sich die Philosophen ebenso entzogen, wie den Untersuchungen über die Agiotage und den Wucher, sie würden dann auch das Wesen der freien Konkurrenz begriffen haben. Napoleon habe Recht gehabt, zu sagen: Man kenne nicht das eigentliche Wesen des Handels. Napoleon sei eingeschüchtert worden durch die Erfahrung, daß jede Schädigung, die eine Regierung gegen den Handel versuche, von diesem auf die arbeitenden Klassen abgewälzt werde. Sobald der Handel bedroht würde, zöge er die Kapitalien zurück, säe er Mißtrauen, hemme er die Zirkulation. Der Handel sei das Bild des Igels, den der Hund an keinem Punkte fassen könne. Das sei, was im Geheimen alle Regierungen quäle, was sie zwinge, sich vor dem goldenen Kalb zu beugen. Eines Tages habe der österreichische Minister Wallichs (1810) gegen die Schliche der Börse in Wien auszuschlagen versucht, indem er eine Überwachung des Börsenspiels einführen wollte; er sei von der Börse in die Pfanne gehauen worden und habe schmählich seinen Platz räumen müssen. Man müsse also Entdeckungen machen, um gegen diese kommerzielle Hydra kämpfen zu können. Schließlich sei nichts leichter, als diesen Koloß der Lüge anzugreifen; kenne man die

Batterien, die anzuwenden seien, so werde er nicht einmal Widerstand versuchen.

Natürlich täuscht sich Fourier hier, weil er die Wirkung für die Ursache nimmt. Der Handel ist nur eine der Erscheinungen des kapitalistischen Systems. Ihm an den Kragen zu wollen, ohne das System mit der Wurzel auszuheben, ist einfach unmöglich. Fourier, der als Übergangsstadium das Staatsmonopol für den Handel vorschlägt, würde, falls der Versuch der Durchführung gemacht worden wäre, gefunden haben, daß dies ebenso unmöglich ist, wie alle Versuche von Wallichs bis zu Herrn v. Scholz und Herrn v. Maibach, der Börse auch nur ein Haar zu krümmen. Der Kapitalismus mag einwilligen, diesen oder jenen Industriezweig verstaatlichen zu lassen, und er wird dies tun, wenn er dabei seine Rechnung findet, aber nur dann: doch den Versuch der Monopolisierung eines Gebietes, wie es der Handel ist, würde er ebenso auf Tod und Leben bekämpfen wie eine Verstaatlichung der gesamten Industrie, und er würde siegreich bleiben. Außerdem wird der Staat, der in seiner ganzen Organisation und Gesetzgebung, und speziell in den gesetzgebenden Faktoren, den Volksvertretungen und Ministerien, der Ausdruck der kapitalistischen Interessen ist, dieser Staat wird nie weiter gehen, als sein fiskalisches Interesse ihn nötigt, und was immer er verstaatlicht, wird selbst wieder nur in kapitalistischer Form verwaltet und ausgebeutet. Fourier konnte zu seiner Zeit noch einen gewissen ausgeprägten Gegensatz zwischen der Staatsgewalt und den leitenden ökonomischen Klassen konstruieren, weil insbesondere der alte Adel mit der emporstrebenden Bourgeoisie, den Männern von 1789 und ihren Nachfolgern, sich in den Haaren lag und beide Parteien die Staatsgewalt als Schiedsrichterin anriefen. Aber hier bestand kein Klassengegensatz, wie zwischen Kapital und Arbeit, es war nur der Kampf um die Beute, wie wir heute noch diesen Kampf in voller Blüte sehen, wo grundbesitzende, industrielle und handeltreibende Bourgeoisie die Staatsgewalt und die Staatsgesetzgebung für ihre spezifischen Interessen auszunutzen suchen. Diese Differenzen werden dauern, so lange es eine bürgerliche Gesellschaft gibt, sie werden immer nur quantitativer, nie qualitativer, prinzipieller Natur sein. Die Existenz des Staats erfordert die Aufrechterhaltung der Klassengegensätze; er kann sie – und das liegt in seinem Interesse – zu mildern versuchen, aufzuheben vermag er sie nicht, weil er sich selbst damit aufheben würde. Die Entstehung des Klassengegensatzes in der Gesellschaft erzeugte den Staat, die Aufhebung des Klassengegensatzes machte ihn verschwinden. Der Klassengegensatz, von seinem Entstehen an in den Formen stetig wechselnd, aber seit dem Bestand des Staats stets vorhanden, ist das Gesetz der Existenz des Staates. Wir hoben bereits hervor, daß wenn der ganze Erdboden mit Fourier'schen Phalanxen bedeckt wäre, seine Omniarchen, Cäsare, Auguste, Monarchen u. s. w. eine sehr zwecklose Staffage wären, die keinen Sinn und keine Bedeutung hätte. Kriege gäbe es nicht mehr – also ist die Armee mit Allem, was damit zusammenhängt, überflüssig. Diebe, Betrüger, Verbrecher existierten auch nicht mehr – also wären Justiz,

Polizei, Gefängnisse nicht mehr von Nöten. Die Steuerbehörden wären, wie er selbst ausführte, ebenfalls nutzlos. Die Verwaltung ihrer Angelegenheiten leitete jede Phalanx ausschließlich; die Beziehungen der Phalanxen unter sich wären sehr einfache, sie bezögen sich auf den gegenseitigen Austausch und die gegenseitige Hilfeleistung bei der Herstellung großer gemeinsamer Unternehmungen, auf die Mitteilung und Unterstützung von Erfindungen, Verbesserungen und Entdeckungen aller Art für das praktische Leben, für Wissenschaften und Künste. Das sind Dinge, wozu schließlich eine Staatsgewalt in unserem Sinne nicht nötig wäre. Denn diese Staatsgewalt ist eine repressive und befehlende Gewalt und nicht eine bloß ausführende und anordnende Instanz; ihre Hauptaufgabe besteht darin, den Gegensatz innerhalb der Gesellschaft niederzuhalten, Ausbrüche nationaler Streitigkeiten niederschlagen und alle Diejenigen, welche, sei es individuell, sei es korporativ, die bestehenden Staatsnormen verletzen, zur Verantwortung zu ziehen. Für alle diese Leistungen braucht die Staatsgewalt die nötigen Werkzeuge und Institutionen: Armee, Gerichte, Polizei, Gefängnisse, Steuerbehörden etc. Mit dem Zweck fielen auch die Mittel. Monarchen, die unter dem Regime der Phalanx regieren wollten, würden unbekümmert um ihre Stellung und ihren Titel, in noch viel höherem Grade die Rolle spielen, die das bekannte drastische Wort Napoleons den Monarchen sogenannter konstitutioneller Musterstaaten, wie wir solche in Europa nur wenige – England, Italien, Belgien – haben, anweist; ihre

Existenz würde durch die Natur der Dinge im phalansteren System unmöglich sein.

Im weiteren Verlauf seiner Kritik der Zivilisation kommt Fourier auf diejenigen Charaktere zu sprechen, die nach dem Rückschritt streben, denen der Hang zur rückgängigen Bewegung eingeimpft (greffée) sei, und auf diejenigen Charaktere, die zum Niedergang der dritten Phase treiben.

Eine Partei, welche die Mißbräuche der falschen Freiheit erschreckte, halte es für klug, auf die Gebräuche und Gepflogenheiten des zehnten Jahrhunderts, auf die Feudalität und den religiösen Obskurantismus zurückzukommen. Aber man finde weder ein Volk noch eine Bourgeoisie, welche sich für das zehnte Jahrhundert begeisterten. Der Versuch, das zehnte Jahrhundert auf das neunzehnte, die erste Phase der Zivilisation auf die dritte zu pfropfen, werde scheitern, Handel und Finanz seien allmächtig und eine Partei sei verloren, welche glaube, diese beiden Mächte beherrschen zu können.

Andererseits seien die Champions des „erhabenen Flugs" unserer Gesellschaftsordnung, die Liberalen, auch noch eine Partei von Rückwärtslern, die im Flittergold der Athener und der Römer stöbernd, die alten Schwindeleien, die falschen Menschenrechte, in Szene zu setzen suchten und auf das neunzehnte Jahrhundert Illusionen pfropften, welche die Zivilisation zu einem Mischmasch der zweiten und der dritten Phase machten.

300

Schließlich werde die Partei die Oberhand behalten, welche nach der vierten Phase der Entwicklung vorwärts und nicht rückwärts gehe. Wenn beide Parteien sich auszusöhnen und zu vereinigen vermöchten, könnte die Zivilisation in die vierte Phase aufrücken, die, wenn sie auch nicht das eigentliche Glück bringe, doch gegen die früheren große Vorzüge habe; sie werde die Bettelarmut austilgen, beständig Arbeit dem Volke sichern, Fonds liefern, genügend, um die öffentlichen Schulden zu decken; Wälder und Wege restaurieren.

Was die dritte Phase betreffe, so sei sie eine Sackgasse, aus welcher der menschliche Geist nicht herauszukommen wisse, er nutze sich mit Systemen ab, die nur darauf hinaus liefen, alle Geißeln zur Herrschaft zu bringen. Diese Phase zeige das Bild des Sisyphus, der ewig den Felsen wälzend nie zum Ziele komme. In verschiedenen Beziehungen seien wir sogar zu Rückschritten gekommen, verursacht durch die Chimären, welche wir uns über das Repräsentativsystem machten, was selbst Lobredner des Liberalismus, wie Benjamin Constant, anerkannt hätten. Solche Übel seien: die Korruption der Volksvertreter durch die Bestechungen; die Aufschreckung der Höfe, die von Sinnen kämen durch die Angst, die ihnen der falsche Liberalismus einflöße; das Schutzsuchen der Höfe bei den Feinden ihrer Unabhängigkeit aus Furcht vor dem Liberalismus, „diesem Schlimmsten, was ihnen begegnen könne"; (heilige Allianz, Kongresse von Aachen, Troppau, Laibach, Verona, Karlsbader Beschlüsse, auf diese und ähnliche Vorkommnisse spielt Fourier hier an); die Mißhelligkeiten unter den verschiedenen Klassen der

Bürger in Folge der Wahlkämpfe; das Wachstum der Staatsausgaben in Folge des Kampfes der Regierungen gegen die Völker u. s. w.

Fourier verwahrt sich dagegen, daß er ein Verteidiger des Absolutismus sei, wenn er die Übel des herrschenden Systems bloßlege; er kritisiere, um zu zeigen, daß weder das Bestehende noch das Vergangene das Glück der Menschen geschaffen und beweise, daß man die jetzige Phase so rasch als möglich verlassen müsse. Er nenne den Liberalismus falsch, weil er einen politischen Rückschritt unter volksfreundlicher Maske, die Herrschaft der Oligarchie erstrebe und immer die seinen Versprechungen entgegengesetzten Wirkungen erzeuge. Die Liberalen suchten sich zu rechtfertigen, indem sie sagten: „Seht Ihr nicht, daß wir ohne das Repräsentativsystem und ohne unsere Opposition in den drückendsten Despotismus fielen?“ Das gebe er zu, aber es sei nicht weniger gewiß, daß, indem die Liberalen durch ihre Taktik den Rückschrittlern vor den Kopf stießen und sie immer mehr erbitterten, sie diese immer mehr dem Obskurantismus in die Arme trieben. So arbeiteten die Liberalen indirekt gegen sich selbst. Überdies sei sicher, daß dieses sogenannte liberale System keineswegs sehr positiv operiere, der liberale Geist sei für alle großen Probleme sozialer Verbesserung durchaus steril, er bringe immer nur Debatten zur Welt, nie eine neue Idee.

Fourier hat hier mit wenig Worten den Liberalismus schlagend gekennzeichnet; er hat nichtsdestoweniger nach zwei Seiten Unrecht. Er hat Unrecht, wenn er sagt, der Liberalismus schade sich selbst, weil er durch seine

Kampfweise den Monarchen und den Konservativen vor den Kopf stoße. Das ist derselbe Vorwurf, den in unserer Zeit die vorgeschrittenen Liberalen den Sozialisten machen. Nun kann aber keine Partei aus ihrer Haut, sie kämpft für die Ideen und Interessen, die ihre Lebensbedingungen bilden; ob sie dabei einen der Gegner, mit dem sie gewisse gleiche Ziele hat, verletzt und einschüchtert, kann nicht in Frage kommen. Jede aufstrebende Partei, die für ihren Sieg kämpft, ist für die alten Parteien eine Gefahr, weil der Sieg der neuen Partei die Verdrängung der alten Parteien und ihre Hinauswerfung aus der innegehabten Position bedeutet. Darüber täuscht sich keine Partei, die an der Herrschaft ist, und namentlich dann nicht, wenn ein unversöhnlicher prinzipieller Gegensatz zwischen den kämpfenden Parteien besteht. Es ist daher töricht, dem Angreifer seine Taktik zum Vorwurf zu machen, denn nicht um diese, sondern um seine Waren Bestrebungen handelt es sich.

Fourier hat ferner Unrecht, wenn er glaubt, daß ein Bündnis des Liberalismus seiner Zeit mit dem Konservatismus ein günstigeres Resultat für den Fortschritt der Gesellschaft ergeben hätte. Deutschland, das heute ähnliche Kämpfe der herrschenden Klassen unter sich durchzumachen hat, wie das Frankreich der zwanziger und dreißiger Jahre dieses Jahrhunderts, ist der klassische Zeuge dafür, wohin der Liberalismus und der Fortschritt der Gesellschaft kommt, wenn der Liberalismus sich mit dem Konservatismus verbündet. Indessen wir wissen heute, daß alle wie immer gearteten politischen Parteikämpfe nur Kämpfe um materielle Interessen sind, und daß, wo zwei Kämpfende sich gegen den dritten verbünden, sie selbst nur einen Waffenstillstand schließen, weil ihnen der dritte die streitige gemeinsame Beute zu entreißen droht. Es ist der alte Kampf um das bevorzugte Dasein, den die Menschen im Gegensatz zu den „unvernünftigen" Tieren führen, indem jeder sich selbst und alle sich gegenseitig zu belügen und zu betrügen suchen, sich vorredend, es seien die „Ideen" und nur die „Ideen", für die sie stritten und kämpften. Es ist der große Fortschritt unserer Zeit, daß der Charakter dieser Kämpfe als Klassen- und Interessenkämpfe immer mehr erkannt wird, und vor Allem ist es der moderne Sozialismus, der diesen Standpunkt voll und ganz einnimmt.

Fourier fährt fort:

Die Stehenbleibenden (immobilistes) seien eine ebenso lächerliche Sekte als die Rückwärtsstrebenden, die soziale Bewegung weise jeden Stillstand zurück; sie strebe zum Fortschritt, dies sei ebenso ihr Bedürfnis wie, daß Wasser und Luft zirkulieren müßten, um nicht zu verderben. Jeder Stillstand korrumpiere. Unsere Bestimmung sei, vorwärts zu marschieren und so müsse jede soziale Periode nach einer höheren Entwicklung streben. So tendiere die Barbarei zur Zivilisation und diese zum Garantismus und den höheren Entwicklungsformen. Wenn eine Gesellschaft zu lange in einer Entwicklungsphase verharre, ermatte sie, und es entwickle sich in ihr, wie stehendes Wasser faulig werde, die Verderbnis. Wir befänden uns seit einem Jahrhundert in der dritten Phase, aber in dieser kurzen Spanne Zeit sei die Entwicklung, Dank den kolossalen Fortschritten der

Industrie, sehr rasch vor sich gegangen. Heute strebe die dritte Phase über ihre Grenzen hinaus. Wir besäßen zu viel Lebensmittel für eine auf der sozialen Stufenleiter gleichzeitig nicht genügend emporgestiegene Gesellschaft, und dieser Überfluß von Lebensmitteln, im sozialen Mechanismus keine natürliche Anwendung findend, überlaste und verderbe ihn. Daraus resultiere eine zerstörende Gärung, es entwickle sich eine große Menge schädlicher Charaktere, es zeigten sich Symptome der Erschlaffung, alles Wirkungen des Mißverhältnisses, das zwischen den industriellen Mitteln und den auf einer tieferen Stufenleiter stehenden Massen der Bevölkerung vorhanden sei. Wir besäßen zu viel Industrie für eine zu wenig vorgeschrittene noch in der dritten Phase zurückgehaltene Zivilisation, die aber von dem Bedürfnis gedrängt werde, sich in die vierte Phase zu erheben. Daher diese Erscheinungen des Überflusses und der Verschlechterung, von denen er die schlimmsten aufzählen werde. Als Antwort auf die Prahlereien von der Vollkommenheit der bestehenden Gesellschaft werde er die zu Tage liegenden Wirkungen ihrer noch sehr neuen Verschlechterungen zeigen.

Fourier führt nun ein Sündenregister der Zivilisation von vierundzwanzig Eigenschaften auf, die den notwendigen Verfall der Gesellschaft zur Folge haben müßten.

Erstens: Die politische Zentralisation. Die Hauptstädte würden zu Abgründen, die alle Hilfsmittel verschlängen, welche die Reichen zur Agiotage verleiteten, so daß diese mehr und mehr die Agrikultur verschmähten. Zweitens: Die Fortschritte der Fiskalität. Es entwickele sich ein System der Erpressung und es entstünden die indirekten Bankrotte; man nehme die Mittel voraus und grabe der Zukunft den Abgrund. 1788 habe Necker nicht gewußt, womit er ein jährliches Defizit von fünfzig Millionen decken solle, heute reichten nicht fünfzig, man brauche fünfhundert Millionen. Drittens: Befestigung des Seehandelsmonopols. 1788 habe man noch mit England rivalisiert und es zurückgehalten, heute herrsche es ausschließlich, ohne daß Europa an die Wiederherstellung einer wirklichen Rivalität denken könne. Viertens: Wachsende Angriffe auf das Eigentum. Gewohnheit und Beispiele machten diese durch die Vorwände zur Revolution immer häufiger. Diese Angriffe würden für alle Parteien zur Regel. Nachdem Frankreich – in der großen Revolution und unter Napoleon – konfisziert habe, ahmten Spanien und Portugal das Beispiel nach und das werde immer schlimmer werden, weil es heute nur Fortschritt in der Unordnung gäbe. Es sei eine Charaktereigenschaft der Gesellschaft, die in die Barbarei zurückgreife. Fünftens: Beseitigung der Zwischenkörperschaften; also derjenigen Institutionen, welche durch die straffe Zentralisation, die der Konvent schuf, beseitigt wurden: Provinzialstände, Parlamente, Magistrate und Korporationen. Dank ihrem Sturze befinde man sich vor der jährlichen Vergrößerung des Budgets um fünfhundert Millionen. Sechstens: Beraubung der Kommune an Eigentum und Rechten, die man vergeblich durch die Lebensmittelsteuern (octrois), welche die Industrie schädigten, die Bevölkerung mißstimmten, zu Steuerhinterziehungen provozierten und den ganzen legalen Handel vergifteten, zu entschädigen versuche. Siebentens: Verdorbenheit der Rechtsprechung; man verteuere dem Armen das Rechtsuchen und mache es ihm unmöglich, und gleichzeitig rufe man, durch die immer größer werdende Teilung des Eigentums und die Häufung immer ohnmächtiger werdender Gesetze, das Wachstum der Prozesse hervor. Die Gesetze blieben Tote Buchstaben für einen plündernden Lieferanten, der 76 Millionen gestohlen habe, und verurteilten einen armen Teufel, der einen Kohlkopf stehle, zum Tode.

Fourier Teilt zum Beleg für diesen letzteren Ausspruch den Ausgang zweier Prozesse mit, die sich zu seiner Zeit in Pan im südlichen Frankreich abspielten. Ein Armeelieferant, der durch betrügerische Lieferungen ein Vermögen von 76 Millionen ergaunerte, wurde freigesprochen, ein armer Teufel, namens Ellisander, der Kohl gestohlen hatte, wurde zum Tode verurteilt.

Achtens: Dauerlosigkeit in Institutionen, die selbst im Falle besserer Einsicht von Unvermögen betroffen seien und durch den Mangel gerechter Methoden in der ganzen Verwaltung der Gesellschaft das Gegenteil von dem erzeugten, was sie bewirken sollten. Man könne keine regelmäßige, auf allgemein geltenden Grundsätzen basierte Landaufteilung und Landvermessung vornehmen, weil es keine Regel für solche Maßnahmen gebe. Fourier hat hier die zu seiner Zeit geplante allgemeine Katastrierung im Auge, die Teils wegen der großen Kosten, Teils wegen des Streits über die unterzulegenden Grundsätze von Jahrzehnt zu Jahrzehnt verschoben wurde. Neuntens: Stetig drohende Schismen, die Bürgerkriege hervorzurufen drohten. Zehntens: Beständige Gefahr des Ausbruchs innerer Kämpfe, die Folge des Nährens der Unzufriedenheit durch die Unwissenheit der sozialen Politiker, die kein Mittel der Aussöhnung und des wirklichen sozialen Fortschritts zu entdecken vermöchten. Elftens: Die Vererbung; die Gewohnheit, die durch die besiegte Partei einmal eingeführten Übel beizubehalten: Lotterien, öffentliche Spiele und andere verhängnisvolle Mittel der Fiskalität.

Die politische Schamlosigkeit und Erniedrigung der christlichen Mächte, die mit den Muselmännern und Piraten ein stilles Vertragsverhältnis eingingen, wonach man den Seeräubern, um sie zu beschwichtigen, einen Tribut bezahlte und den Negerhandel unterstützte, betrachtete Fourier als die zwölfte verhängnisvolle Charaktereigenschaft der Zivilisation. Zu seiner Zeit standen die Dinge noch so, daß die meisten europäischen Mächte, Mangels der nötigen maritimen Kräfte und um den Seeräubereien der nordafrikanischen Raubstaaten Einhalt zu tun, durch Zahlung eines jährlichen Tributs die eigene Flagge vor Angriff zu schützen suchten. Einen solchen Vertrag schloß z. B. Österreich mit der Türkei, als der Schutzmacht der nordafrikanischen Seeräuberstaaten, ab. Österreich, das 1814 mit der Annexion von Venedig auch dessen Flotte erhielt, – 8 Linienschiffe, 7 Fregatten etc. – ließ diese buchstäblich verfaulen und die im Bau begriffenen Fregatten unvollendet. Der bankrotte Staat hatte keine Mittel, eine Kriegsflotte unterhalten zu können. Der Sklavenhandel, durch christliche Mächte begünstigt, blieb noch bis in unser Zeitalter ein gewinnbringendes Geschäft und eine Schmach unserer Kultur.

Dreizehntens: Fortschritt des Handelsgeistes. Steigende Macht des Börsenspiels, das der Gesetze spotte, die Früchte der Industrie an sich reiße, die Autorität mit den Regierungen Teile und überall die Raserei für das Spiel verbreite. Vierzehntens: Begünstigung des Handels trotz seiner Verschlimmerung. Marseille baue für die Seeräuber Schiffe zur Kaperung der Schiffe der Christen, um mit den gefangenen Christen die afrikanischen Bagnos zu füllen; Nantes besitze Fabriken in denen die Marterwerkzeuge für die Tortur der Neger hergestellt und den Strafgesetzen zum Trotz ausgeführt würden; andere Städte ahmten den Engländern nach und bauten Bagnos (Fabriken), in denen die Arbeiter sechszehn Stunden täglich schanzen müßten. Je mehr der Handel an Bösartigkeit zunehme, Umso mehr werde er begünstigt. Fünfzehntens: Industrielle Skandale: Fortschritte in der Art der Verfälschungen und der Tolerierung der Verfälschung der Lebensbedürfnisse; Zunahme der aus drückendem Überfluß entstehenden Krisen; unterwertige Überlassung der Ernten unmittelbar nach ihrer Einbringung gegen vorausgegangene Lieferung anderer Bedürfnisse, also zunehmende Abhängigkeit des Bodenbebauers vom Kapitalisten. Sechzehntens: Handel mit weißen Favoritinnen. Man lasse eine solche Gewohnheit vertragsmäßig selbst solchen Mächten zu, welche sie, wie der Pascha von Ägypten, bisher nicht hatten, und widersetze sich nur diplomatischen Albernheiten. Siebzehntes: Einbürgerung der Sitten eines

Tiberius: zunehmende Spionage, die bis in die Reihen der Soldaten reiche; geheime Angeberei; augenscheinlicher Fortschritt in der Heuchelei, der niedrigen Gesinnung, der dem Parteigeist innewohnenden Übel. Achtzehntens: Kommunistischer Jakobinismus. Die Parteien, die ihn bekämpften, adoptierten seine Taktik und die Kunst, Verschwörungen anzuzetteln; sie raffinierten die Verleumdung, die heute allgemein geworden sei und nähmen dem Charakter des Modernen noch das wenige von Noblesse, das ihm verblieben. Neunzehntens: Vandalistisch gesinnter Adel (der Restauration), der an die Rechtsideen vor der Revolution wieder anzuknüpfen suche; er denke nur daran, die Industrie, die ihm die Wahlstürme brachte, zu zerstören und verfalle so wieder der Barbarei. Zwanzigstens: Literarische Luftgefechte, die unsere Schriftsteller und Gelehrten als Banner ihres Barbarismus aufpflanzten, wobei sie sich gegenseitig, zum Vergnügen des Publikums, dem sie den Geschmack an der Verleumdung beigebracht, zerrissen. Sie einigten sich nur, um wirkliche Aufklärung und nützliche Entdeckungen zu ersticken und zu unterdrücken. Die Wahlfreiheiten hätten ein Trio von neuen Tugenden geboren: einen vandalistisch gesinnten Adel, eine an der Verleumdung hängende Bourgeoisie, ein voll Tadelsucht steckendes Gelehrtentum. Einundzwanzigstens: Auf rascheste Zerstörung gerichtete Taktik, indem man die Kriege furchtbarer zu machen suche und immer mehr die barbarischen Gewohnheiten annehme; Guerillakampf, Landsturm, Bewaffnung von Frauen und Kindern. (Erinnerungen an Spanien, Tirol und Preußen.

Der Verf.) Zweiundzwanzigstens: Tendenz zum Tarta-
rismus, darin bestehend, die allgemeine Wehrpflicht und
das Massenaufgebot, wie es Preußen bereits besitze und
es Rußland in höherem Maße nachzuahmen versuche,
einzuführen; ein System, das, wenn es erst in einigen
Reichen eingeführt sei, alle übrigen zwinge, aus Sicher-
heitsrücksichten diese tartarische Organisation ebenfalls
anzunehmen. Dreiundzwanzigstens: Einweihung der
Barbaren in die Taktik der Zivilisierten, was ein siche-
res Mittel sei, die Räubereien der Barbaresken noch
mehr herauszufordern und der Türkei nahezulegen,
diese Räubereien nachzuahmen dadurch, daß sie in den
Dardanellen von den Schiffen aller schwachen Mächte
einen Passagezoll erhebe. Endlich vierundzwanzigstens:
Vierfache Pest. Zu der bereits bekannten alten des Ori-
ents komme das gelbe Fieber, der Typhus, der bereits
große Verheerungen anrichte, und die aus Bengalen
stammende Cholera. Das sei eine neue Quadrille von
vier wachsenden Vervollkommnungen.

Wir kritisieren diese von Fourier hier vorgeführten
vierundzwanzig Charaktereigentümlichkeiten der Zivilisation nicht weiter, jeder Leser wird sich klar sein, wie
weit sie heute noch vorhanden oder nicht vorhanden
sind, sich steigerten oder sich schwächten; eine Anzahl
derselben waren sehr vorübergehender Natur und sind
verschwunden, andere lasten in bedenklichem Maße
auch auf unserem Zeitalter, sie sind sogar seit Fourier in
ihrem Druck gewachsen. Die Aufstellung der Liste
verrät wieder den Mann der scharfen Beobachtung und
den Denker. Charakteristisch für Fourier aber ist die

fünfundzwanzigste der zivilisierten Untugenden, die er getrennt von den übrigen hervorhebt und als die „schmachvollste" aller bezeichnet: „die Zulassung der Juden zu den bürgerlichen Rechten".

Es genügte den Zivilisierten nicht, sagt er, die Herrschaft des Betrugs zu sichern, man mußte die Wuchernationen, die unproduktiven Patriarchalen zu Hilfe rufen. Die jüdische Nation sei nicht zivilisiert, sie sei patriarchalisch; sie habe keinen Souverän, erkenne auch im Geheimen keinen an und halte jeden Betrug für lobenswert, wenn es sich darum handele, Diejenigen zu täuschen, die nicht ihres Glaubens seien. Sie gebe zwar diese Prinzipien nicht zu, aber man kenne sie genügend. Die Juden verdankten ihre Zulassung zu den bürgerlichen Rechten nur den Philosophen. Man sieht, Fouriers Angriffe gegen die Juden, in welchen er sich noch weiter ergeht, decken sich fast wortgetreu mit den Angriffen unserer heutigen Antisemiten.

Fourier meint weiter, die aufgezählten Übel gehörten nicht unabänderlich zum Wesen der Zivilisation, sondern seien nur Anhängsel; sie würde dem Einbruch dieser Übel entgangen sein, wenn sie ihren Marsch beschleunigt hätte, wenn sie zeitig sich von der dritten Phase in die vierte Phase erhoben, ihre Organisation auf der sozialen Stufenleiter Umso viel höher ausgebildet hätte als ihre Industrie sich steigerte; so habe sie für die dritte Phase zu viel und für die vierte zu wenig Entwicklung. Die Vollsaftigkeit (pléthore) sei nur ein Zufälliges, die durch eine andere Organisation der sozialen Ordnung eine andere und gesundere Verteilung erlangte. Es handele sich also darum, daß wachsende Industrie und Verbesserung der sozialen Organisation Hand in Hand gingen, damit diese kolossale Industrie reguliert und ausgeglichen werden könne, eine Industrie, die zu einem politischen Fleischbruch (sarcocéle politique) geworden sei und es bliebe, so lange wir in der dritten Phase verharrten.

Hiermit habe er die Analyse der Zivilisation gegeben. Hätte sich die Wissenschaft dieser Aufgabe unterzogen, so hätte sie erkannt, welche Perioden die Zivilisation durchlaufen habe und würde entdeckt haben, wann man in die Bahn des Übels oder des Guten einlenkte. Man würde alsdann auch konstatiert haben, daß die Zivilisation zwar die Industrie vervollkommnete, daß sie aber in demselben Maße die Sittenzustände verschlechtere, wie der Fortschritt der Industrie sich entwickelte. Darum gelte es, einen anderen sozialen Mechanismus zu entdecken, der den Sitten (moeurs) gemäß operiere und aus dem Fortschritt der Industrie die Wahrheit und die Gerechtigkeit schaffe. Anstatt zu diesem Ziel zu streben, weigere sich die Wissenschaft, eine Änderung zuzulassen, behauptend: „der natürliche Sinn des Wortes Zivilisation ist die Idee des Fortschritts in der Entwicklung; es setzt ein Volk voraus, das marschiert; es bedeutet die Vervollkommnung des bürgerlichen Lebens und der sozialen Beziehungen, die billigste Verteilung der Gewalt und des Glücks aller Glieder der Gesellschaft."

Einen Professor, der sich in solcher Weise auf seinem Pariser Lehrstuhl, wo der Sophismus vor jedem Widerspruch sicher sei, ausdrücke, solle man als Antwort in die Spiegelmanufakturen und ähnliche Werkstätten führen, damit er mit eigenen Augen die „billige Verteilung" und das „Glück" der Arbeiter sehen könne; jener Arbeiter, die den Phantasien der Müßigen, aus denen sich das Auditorium des Professors zusammensetze, als Vorwurf dienten. Wäre es wahr, daß die Zivilisation jede Vervollkommnung, jeden Fortschritt, jede Entwicklung begünstige, dann wären auch die Barbaren Zivilisierte, deren Industrie in China, Japan, Persien, Hindostan sich sehr vervollkommnet habe; aber zwischen diesen beiden Gesellschaften werde man, wenn man sie analysiere, einen mächtigen Unterschied erkennen. Der Fortschritt dürfe aber nicht bloß die Industrie betreffen, er müsse auch die Sitten und den ganzen sozialen Mechanismus der Gesellschaft umfassen, zwei Beziehungen, welche die Zivilisation nur zu verschlechtern wisse. So bleibe ihre Aufgabe nur, Wissenschaft, Künste, Industrie, Studien, welche auch die Barbaren begonnen und sehr weit getrieben hätten, bis in die dritte Phase zur Anwendung zu bringen. Habe die Zivilisation diese Aufgabe erfüllt, dann bleibe ihr nichts anderes übrig, als zu verschwinden und einer anderen Gesellschaft Platz zu machen, welche, indem sie Sitten, sozialen Mechanismus, Industrie und Wissenschaft immer mehr vervollkommne und verfeinere, sie auf eine Höhe bringe, deren die Zivilisation nicht zur Hälfte fähig sei.

„Indem das Jahrhundert sich abmüht, fabriziert es Konstitutionen und Systeme im Überfluß; es gleich dem Eichhörnchen, das in seinem Rade springt, ohne daß es vom Flecke kommt."

314

Fourier legt nun den Plan dar, der nach seiner Meinung die Zivilisation auf dem kürzesten Wege in die höhere Entwicklungsphase, zunächst in den Zwischenzustand zwischen Zivilisation und Garantismus, versetzen könne. Es gelte ein Übergangsstadium zu schaffen, das den Handel, diese Hydra, vor der selbst die Könige erschreckten und sich beugten, stürze.

Dieses koste nur ein Dekret, und die Banken wie der Handel mit ihren enormen Erträgen kämen in den Besitz der Regierungen. Zwei Wege gebe es, dies herbeizuführen, einen brüsken und einen sanft zwingenden, einen konkurrierenden und einen untergrabenden; auch ließen sich beide Methoden vereinigen.

Er unterstelle, daß es einen König gebe von dem festen und rücksichtslosen Charakter eines Mahmud II. (regierte als Sultan von 1808–1839) und also den Zwang vorziehe: dieser werde die ganze arme Klasse, die nichts besitze, vereinigen und sie in Staatsfarmen organisieren. Man könne rechnen, daß die Zahl der ganz Mittellosen ungefähr ein Zehntel der Bevölkerung betrage und auf je vierhundert Familien vierzig arme Familien kämen. Es bildeten also je zweihundert Personen die Bewohner einer Staatsfarm, die ihre nötigen Gebäude, Stallungen, Vieh, Gärten, Werkzeuge u. s. w. erhielten. Diese Zahl sei groß genug, um eine zweckmäßige und wenig kostspielige Verwaltung, abwechselnde Arbeiten und ein lukratives Unternehmen zu begründen.

Diesen Staatsfarmen hätte sich in der Industrie die Institution der fixierten Unternehmerschaft anzuschließen. Hierunter versteht Fourier nicht die der Zahl nach fixierte Unternehmerschaft, sondern eine solche, die unter der Bedingung zugelassen wird, daß sie eine von Jahr zu Jahr progressiv steigende Abgabe an den Staat leistet, eine Maßregel, die zwei Wirkungen haben soll; erstens: dem Staat eine hohe Einnahme zu bringen; zweitens: den Unbemittelten die Unternehmerschaft unmöglich zu machen, oder sie zur Aufgabe derselben zu nötigen. Die so freigesetzte Bevölkerung solle in die Staatsfarmen gedrängt werden, die einkommende Steuer aber neben der Deckung der Staatsausgaben zur Deckung der Staatsschulden verwendet werden. Fourier setzt voraus, daß diese Einnahmen allmählich sehr hoch werden und einen erheblichen Teil des Unternehmergewinns absorbieren würden. Sicher ist von allen utopischen Vorschlägen Fouriers dieser Vorschlag der utopischste.

Indem die Farmen immer zahlreicher würden und immer vorzüglichere Produkte lieferten, auch industrielle, würden sie durch die Güte ihrer Waren, wie die Reellität der Preise die private Konkurrenz immer mehr ins Gedränge bringen und einen Unternehmer nach dem andern zur Geschäftsaufgabe zwingen. Damit dehnten sich die Farmen immer mehr aus, die Kapitalisten ließen ihnen ihre Kapitalien zufließen, ein Eigentümer nach dem andern trete ihnen durch Verkauf oder durch Pacht seinen Grund und Boden ab und sie würden schließlich selbst Mitglieder der Farmen. Dieser Aufsaugungsprozeß führe dann zur Bildung der Phalanxen.

Man sieht, dieser Vorschlag hat eine starke Ähnlichkeit mit dem von Lassalle vorgeschlagenen Übergangsstadium, nur daß Lassalle mit der Industrie beginnen wollte, Fourier das Hauptgewicht auf die Ackerbaugenossenschaft legt.

Wir haben keine Veranlassung, diesen Vorschlag ausführlicher zu kritisieren; er ist ebenso wenig durchführbar, wie die Gründung der Phalanxen durch die Mitwirkung der Reichen. Die Herrscher und die Klassen müßten noch geboren werden, die im Besitz der Macht und aller Genüsse freiwillig aus rein philanthropischen Gründen, um der Masse der Unbemittelten und Armen zu helfen, ihre eigene bevorzugte Stellung opferten. Wer in der Macht sitzt, sitzt im Recht und ihm leuchtet nicht ein, daß seine Stellung eine ungerechte sein könne. Ein Vorschlag, wie der Fourier'sche, kommt einer Zumutung zum Selbstmord gleich; diesen begeht nicht einmal der Einzelne freiwillig, wie viel weniger eine Klasse, die sich im Besitz der Herrschaftsmittel und im Glauben an ihr Recht befindet. –

Fourier ergeht sich weiter in Auseinandersetzungen und Spekulationen über Einrichtungen und Zustände der Entwicklungsperioden, welche der Zivilisation vorausgegangen sind, um an der Hand derselben nachzuweisen, daß weitere Entwicklungen über die Zivilisation hinaus folgen würden. Nicht nur seien Tiere und Pflanzen Umso mehr der Degeneration verfallen, je näher sie unserer Zeitperiode rückten, sondern auch der Mensch. Der ursprüngliche Mensch, der im Zustand des Edenismus durchschnittliche 73½ Pariser Zoll groß gewesen – woher er diese genauen Maßangaben besitzt, verschweigt er –, aber heute auf durchschnittlich 63 Pariser

Zoll zurückgekommen sei, werde in der Harmonie sich wieder zur Höhe von 73½–84 Pariser Zoll entwickeln. Alle dem Menschen nützliche Tiere und Pflanzen würden sich in demselben Verhältnis vervollkommnen und veredeln. In der Barbarei sei der Angelpunkt des Systems, im Kontrast mit dem in der Zivilisation, die Einfachheit der Handlung, in der Zivilisation nehme jede Handlung den Charakter der Doppelseitigkeit an. Ein Beispiel möge dies beweisen.

„Der Pascha eines barbarischen Reichs verlangt Abgaben, einfach, weil es ihm gefällt, zu brandschatzen und zu plündern, es fällt ihm nicht im Traum ein, erst in den Verfassungen der Griechen oder Römer nach den Theorien über die Rechte und Pflichten der Staatsangehörigen zu forschen: er begnügt sich, die Steuer zu verlangen bei Gefahr für die Besteuerten, im Nichtzahlungsfalle den Kopf zu verlieren. Für den Pascha gibt es also, um zum Zweck zu gelangen, nur ein Mittel, die Gewalt; dies ist eine einfache Handlung. Der zivilisierte Monarch benutzt für denselben Zweck verschiedene Mittel. Zunächst hat er Polizisten und Soldaten zur Stütze der Verfassung. Aber man setzt dieser Hilfe das philosophische Handwerkszeug von moralischen Subtilitäten über das Glück, Abgaben zum Wohl des Handels und der Verfassung zahlen zu dürfen, hinzu. Tugendhafte Finanziers übernehmen, damit wir unsere unverjährbaren Rechte genießen können, bereitwillig die Überwachung der Verwendung dieser Steuern. Der Fürst, der sie fordert, erscheint dabei als zärtlicher Vater, nur darauf bedacht, seine Untertanen zu bereichern; er empfängt die Steuern nur, um den unsterblichen Volksvertretern zu gehorchen, die ihm dieselben bewilligten; in Wahrheit ist es das Volk selbst, das die Steuern zu bezahlen wünscht. Darauf erklärt der Landmann zwar, daß er seine Vertreter nicht gesandt habe, damit sie die Steuern vermehrten, aber man antwortet ihm: er müsse die Schönheiten der Verfassung studieren, die ihn lehre, daß die Würde freier Männer darin bestehe, zu bezahlen oder – ins Gefängnis zu wandern."

Hier sei also, erläutert Fourier, Doppelseitigkeit der Handlung vorhanden, man bringe zwei sich gegenüberstehende Mittel in Anwendung, die Moral und die Gewalt, die Barbarei begnüge sich mit der Gewalt. Jedenfalls hat Fourier mit seiner Beweisführung die Lacher auf seiner Seite.

In die metaphysischen Spekulationen, die Fourier über den Plan Gottes und die Gesamtheit der Bestimmungen anstellt, wollen wir ihm nicht folgen; ebenso wenig in seine Spekulationen über die Unsterblichkeit der Seele und die Wanderungen, welche die Seele von Planet zu Planet, nach dem System immer größerer Vervollkommnung, vornehme. Heiterkeit erregend ist, wie er ausführt, warum die Menschen über das zukünftige Leben nichts Bestimmtes wissen. Er sagt: „Erstaunen wir nicht über die Unkenntnis, welche über unsere Unsterblichkeit herrscht, noch über die Unzulänglichkeit unseres Wissens über das, was uns nach unserem Tode erwartet. Während des gegenwärtigen bedenklichen Zustandes unserer Gesellschaft darf Gott die Menschen keine wissenschaftliche Kenntnis von ihrem künftigen Leben erlangen lassen. Erlangte man sie, sämtliche Arme der Zivilisation würden Selbstmord üben, um dieses künftige Glück so rasch als möglich zu genießen; aber die Reichen, die zurückblieben, hätten weder die Fähigkeit, noch die Neigung, die Armen in ihren undankbaren Beschäftigungen zu ersetzen. Die Wirkung würde also sein, daß durch das Verschwinden Derer, welche jetzt diese Lasten tragen, die Industrie der Zivilisierten zu Grunde ginge und der Globus im Zustand beständiger Verwilderung bliebe. Dies würde die sichere Folge von der Überzeugung der Unsterblichkeit und ihrer Herrlichkeit sein." Originell ist diese Begründung auf alle Fälle.

Der Kuriosität und für manchen Leser wohl auch des Interesses halber wollen wir hier ferner einige der Analogien erwähnen, die Fourier zwischen den verschiedenen Pflanzen und Tieren und den verschiedenen Menschencharakteren und ihren sozialen Beziehungen nachzuweisen sich bemüht. Diese Analogien erfüllen nach ihm das ganze Universum, wobei er sich auf die Worte Schellings – eines der sonst von ihm so gehaßten metaphysischen Philosophen – immer wieder bezieht: „Die menschliche Seele ist das Modell des Weltalls, es widerspiegelt sich die Idee des Ganzen in jedem Teil." Nach Fourier ist also die große Feldrübe, die nur auf dem Tisch des Unbemittelten und unwissenden Landmannes erscheint, auch dessen Spiegelbild; im Tierreich der Esel. Die Steckrübe entspricht dem gebildeten Farmer, die kleine runde Rübe dem opulenten Mann. Die Karotte ist das Bild des verfeinerten, gerne experimen-

tierenden Agronomen. Der Sellerie mit seinem herb-
säuerlichen Geschmack entspricht den Beziehungen
ländlicher Liebender. Die Runkelrübe ist das Bild des
zur Arbeit gezwungenen Sklaven; wie jene durch die
gewaltsame Auspressung ihres Saftes Zucker geben
muß, so entspricht ihr Saft dem ausgepreßten Blut des
Arbeiters, das Gold wird. Dagegen gleicht das Zuckerrohr mit seiner angenehmen Süße dem Bilde der sozietären Einheit in der Industrie. Die Kartoffel mit ihren
zahlreichen beieinander liegenden Knollen ist ein
Gleichnis für die Gruppen und Serien der Triebe. Ferner
ist die Rose das Sinnbild der Scham, die Mistel das des
Schmarotzers, die Tulpe das der Justiz, der Hahnenfuß
das der Etikette, die Hortensie das der Koketterie, der
Hund das der Freundschaft, das Pferd das des Soldaten,
die Viper das der Verleumdung. Es sind also Tiere und
Pflanzen bald das Spiegelbild der Triebe des Menschen
und seiner Charaktereigenschaften, bald seiner sozialen
Beziehungen. So wird die Ehe in den verschiedenen
Klassen durch die verschiedenen Arten der Schwertlilie
analogisiert. Die flatterhafte Schwertlilie (iris perpillon)
repräsentiert die Ehe junger Liebenden; die jeder An-
nehmlichkeit beraubte Mauer-Schwertlilie entspricht der
Ehe armer Dörfler; die blaue Schwertlilie der Ehe des
behäbigen Bürgers; die gelb- und azurgestreifte
Schwertlilie der Ehe reicher Liebender; die riesige graue
Schwertlilie, die mit ihrer mit Schwarz durchschossenen
Blume einer großen Trauerblume ähnlich sieht, ent-
spricht der fürstlichen Ehe, wie überhaupt der Ehe aus
Ehrgeiz oder Politik. Die Blume zeigt an, daß diese

Ehen meist ohne Liebe, oft ohne daß man sich zuvor kennen gelernt, geschlossen werden und ihres eigentlichen Reizes und der Waren Natur des Menschen, die nach Liebe dürstet, entbehren. Schließlich bedauert Fourier lebhaft, daß er zu wenig die Naturgeschichte studiert habe, um diese Analogien, die eine der interessantesten Studien darböten, nach allen Richtungen verfolgen zu können, und befürwortet, daß man im sozietären Zustand diesem Studium besondere Berücksichtigung schenke, weil es für Sinne und Gemüt seine großen Annehmlichkeiten und Reize habe.

Wir glauben im Vorstehenden die Hauptgedanken aus den Theorien Fouriers so wiedergegeben zu haben, als dies bei dem zugemessenen Raum möglich war; daß uns dabei manche schöne Stelle in seinen Ausführungen entgangen ist, wie wir andere wegen Mangel an Raum übergehen mußten, ist bei dem beträchtlichen Umfang seiner Werke natürlich. Es ist andererseits keine leichte Aufgabe, sich in der Menge des Materials und in dem oft krausen Stil und abrupten Gedankengang zurechtzufinden. Und doch bietet das Studium seiner Werke einen großen Genuß; sie zeigen eine erstaunliche Fülle origineller Gedanken und Ideen, die zu einem erheblichen Teil auch für die heutige Zeit, wie für die zukünftige Entwicklung der Gesellschaft von großer Fruchtbarkeit sind. Sein Studium der menschlichen Triebe und die daraus hervorgehenden Schlüsse sind eine Arbeit, wie sie unseres Wissens nicht zum zweiten Male existiert. Die Art, wie er die menschlichen Triebe für eine neue

Gesellschaftsorganisation zu verwenden beabsichtigte, ist so tief gedacht und erfaßt, daß die Zukunft in der Richtung der von ihm erfaßten Gedanken nur weiter zu wandeln und aufzubauen braucht. Großartig ist sein System der Kindererziehung, das einem Pädagogen von Fach eine Fülle neuer Gedanken und Anregungen geben wird und das zugleich Zeugnis ablegt von der erstaunlichen, ins kleinste Detail gehenden Beobachtung, mit der Fourier, wie Alles, was ihm begegnete, so auch das Leben der Kinderwelt studierte. Das ist Umso merkwürdiger, als er sein Leben unverheiratet beschloß und keine Kinder besaß. Merkwürdig ist auch, daß dieser Mann, der einsam durchs Leben ging, ganz seinen Studien ergeben, der Liebe jenen Tempel baute, den sie in seinen Werken findet. Seine intimsten Freunde und Schüler haben keine Ausschweifungen an ihm beobachtet. Das ist nicht überflüssig zu bemerken in Anbetracht der Angriffe, welchen gerade die Abschnitte über die Liebe in seinen Werken ausgesetzt waren.

Wir haben seinen Ideen über Kindererziehung nur einen verhältnismäßig kleinen Raum widmen können, sie nehmen aber einen ziemlich beträchtlichen in seinen Werken ein und umfassen eine Menge interessanter Details, die wir übergehen mußten, die aber neben der denkenden Beobachtung, die Fourier den Kindern widmete, auch die tiefe Liebe atmen, die er zu diesen die Zukunft der Gesellschaft repräsentierenden Wesen besaß.

Wer sich mit all den berührten Fragen eingehender befassen will, dem Raten wir, die Werke Fouriers zu studieren. Er wird neben vielem Schrullenhaften und

Vielem, was uns heute lächerlich erscheint, weil wir mittlerweile fast dreiviertelhundert Jahre älter wurden und eine ungeheure Fülle von Wissen, Entdeckungen und Erfahrungen aufgespeichert haben, die Fourier und seinem Zeitalter fremd und unbekannt waren, auch viele heute und noch für eine erhebliche Zukunft hinaus sehr Wertvolle Gedanken, Anregungen und Ideen kennen lernen. Und selbst das Schrullenhafte und Lächerliche in seinen Werken ist stets in so origineller Weise gedacht, daß man es mit Interesse liest, als ein Denkmal, das zeigt, wie in einem genialen Geiste, der nicht lange vor unserm Zeitalter lebte und Menschen und Dinge gründlich kannte, sich die Zukunft der Menschheit und der Welt widerspiegelte. Wer Goethes „Wilhelm Meisters Lehr- und Wanderjahre" und „Wahrheit und Dichtung" gelesen hat und erwägt, daß Fourier und Goethe gleichzeitig lebten und wenige Jahre voneinander getrennt starben, wird in den Phantasien Beider über menschliches Glück manches Verwandte finden. Der Fourier'sche Utopismus hält dem Goethe'schen, wie er namentlich in den Wanderjahren hervortritt, voll die Waage; Fourier übertrifft Goethe an realer Menschenkenntnis, an Kenntnis der Lebenslage der Masse und in Bezug auf die Naturgeschichte der Gesellschaft.

Wir ließen in der vorliegenden Arbeit gänzlich unberücksichtigt, und mußten und konnten dies auch, Fouriers sehr polemisch abgefaßte Abhandlungen gegen die Philosophen, die er so gründlich haßte und, wie es immer geschieht, wenn der Haß vorzugsweise die Feder führt, auch schwärzer malte, als sie es verdienten. Man

324

halte fest, daß es die Politiker, die Ökonomen, die Moralisten und Metaphysiker waren, denen er unter dem Namen der Philosophen zu Leibe ging. Man beachte ferner, daß seine Feindseligkeit wider sie daher kam, daß er, der die Wahrhaftigkeit über Alles liebte, fand, daß ihre großen Worte und schönen Ideen, mit welchen sie den Menschen das Heil, die Rettung aus allem Elend und das Glück versprachen, im Widerspruch mit ihren Taten und im grellsten Widerspruch mit dem Waren, so eben erst neugeschaffenen Zustand der Dinge standen. Wer wie Fourier all die großen, schönen und glänzenden Gedanken, welche die Werke Rousseaus und der Enzyklopädisten, die Reden der Wortführer der verschiedenen politischen Parteien, der Konstitutionellen, wie der Sieyés und Mirabeau, der Girondisten, der Dantonisten, der Robespierrianer u. s. w. enthielten, kennen gelernt hatte; wer gesehen, wie dem roten der weiße Schrecken folgte, dann die Bourgeoisie das Heft in die Hand nahm und, raubgierig und schamlos wie immer, allen ihren großen schönen Worten und erhabenen Phrasen zum Trotz, nur daran dachte, das Volk zu unterdrücken und es um die Früchte seiner Arbeit zu bringen; wie dann statt des verheißenen Glücks das Massenelend sich einstellte, sich sichtbar vermehrte; wir sagen, wer das Alles vom Standpunkt Fouriers gesehen und erlebte und dabei glaubte, sich über die Natur der Dinge und der Menschen nicht zu täuschen, dessen Herz durfte mit Haß und Zorn erfüllt werden. Aber er besaß in hohem Grade auch die Waffen des Witzes und des beißenden Spottes, womit er seine Angriffe würzte, und dies erbitterte besonders seine Gegner und veranlaßte sie lange Zeit, und die überwiegende Zahl derselben stets, die bekannte Todschweigungstaktik gegen ihn zu beobachten. Einen Mann von Fouriers Charakter erbitterte dies noch mehr.

Sein System war nicht für das Verständnis der Massen berechnet, wenn auch für die Massen geschaffen; er suchte die Zustimmung und Mitwirkung der Großen und Reichen, und diese Kreise konnten, wenn überhaupt, nur gewonnen werden, wenn namentlich die vornehmeren Journale sich seinen Ideen und seinen Werken freundlich gegenüberstellten. Aber die Schriftsteller dieser Kreise mußten sich wiederum, abgesehen von dem Inhalt seiner Gedanken, durch seine Kritik am meisten getroffen und verletzt fühlen. Es gehörte der kindliche Glaube eines Fourier dazu, daß die Gegner seine Kritik nicht als eine persönliche, sondern als rein sachliche auffassen sollten, das hieß in der Tat ihrer Natur zu viel zumuten und der Macht seiner Gründe zu sehr vertrauen. Aber abgesehen von dieser Art seiner Polemik würden die herrschenden Klassen schon aus den mehrfach hervorgehobenen, im Wesen der Klassenherrschaft und des Klassengegensatzes liegenden Gründen, sich zu keiner freundlicheren Behandlung herbeigelassen haben. Sie behandelten ihn, und von ihrem Standpunkt aus mit Recht, als „Narren". Wie kann man auch dem Wolf zumuten, ein Lamm zu werden? Oder verlangen, von den Disteln Trauben zu lesen?

Diese ewigen Abweisungen forderten dann aufs Neue seinen Zorn heraus, schärften seinen Witz und Spott, die er an den zahlreichen Blößen übte, die das System und seine Verteidiger ihm boten. Friedrich Engels, sicher ein berufener Beurteiler, spricht in seiner Schrift „Herrn Eugen Dührings Umwälzung der Wissenschaft" aus, daß wenn selbst die Fourier'schen Systemausführungen keinen Wert besäßen, eine Ansicht, die Engels nicht hat, Fourier durch die Form seiner Kritiken zu den größten Satirikern aller Zeiten gehöre.

Wie die Philosophen, als Vertreter und Lobredner der bürgerlichen Gesellschaft, ihn mißhandelten, so empfing er auch die Angriffe und Verurteilung seitens der Kirche. Wir wiesen schon mehrfach im Obigen darauf hin, wie wenig Fouriers Auffassung von Gott und der Stellung des Menschen zu Gott den kirchlichen Ansichten behagen konnte. Setzte der Papst seine Schriften auf den Index, so machten es sich katholische Organe seiner Zeit, wie „Gazette de France" und „L'Univers" zum Geschäft, ihn als einen Menschen anzugreifen, welcher den menschlichen Leidenschaften die Zügel wolle schießen lassen, der mit unerhörter Frechheit die Lehren der Moral antaste, die heiligsten und intimsten Beziehungen der Geschlechter in der Familie und Ehe verspotte und untergrabe und durch alles dies und seine subversiven religiösen Lehren, die im Grunde rein atheistische seien, die Gesellschaft, die Religion und die Moral umzustürzen versuche.

So wenig das Fourier zugeben wollte und so heftig er sich insbesondere gegen den Vorwurf des Atheismus wehrte, den er, wie wir sahen, besonders Owen zum Vorwurf machte, im Grunde hatten die Vertreter der kirchlichen Ordnung und Autorität Recht. Es sind doch neben bereits Zitiertem sehr ketzerische Ansichten, die er in einer längeren Abhandlung: „Über den freien Willen" lehrt, und über die Beziehungen zwischen Gott und Mensch, Ansichten, die geeignet sind, die Vertreter der geoffenbarten Religion gegen ihn aufs Höchste aufzubringen.

Fouriers Ansicht über den freien Willen lautet kurz zusammengefaßt also:

„Die Theologie wie die Philosophie lehren eine falsche Lehre über den freien Willen. Nach der Philosophie soll die Vernunft allein herrschen und soll die Vernunft die menschlichen Handlungen bestimmen; für sie ist also der freie Wille absolut. Der zur Vernunft gekommene Mensch ist Herr seiner selbst, er wird handeln, wie die Vernunft ihm gebietet, ohne Rücksicht auf die Gesetze seiner Natur und den Willen Gottes."

„Umgekehrt behaupten die Theologen, daß der Wille Gottes allein entscheidet, daß er Alles tut, Alles lenkt und der Mensch sich seinem Willen zu fügen hat; Gott gegenüber ist der Mensch macht- und willenlos."

Beides ist falsch. Gott und der Mensch sind zwar entgegengesetzt, sie sind Extreme, aber Extreme, die sich berühren und die in Gemeinschaft mit einander handeln müssen, um sich gegenseitig zu befriedigen. Gott will, daß der Mensch ihm hilft, gewissermaßen sein Assozié sei. Um aber diese Hilfe leisten zu können, muß der Mensch die Naturgesetze und die Gesetze der Anziehung studieren. Sobald er diese begriffen hat, ist er in der Lage, mit Gott gemeinsam zu operieren. Das

Gefühl, das Beide verbindet, soll Freundschaft sein, nicht Nichtachtung, wie die Philosophen lehren, und nicht blinde, demütige Unterwerfung, wie die Theologen predigen. In dem einen wie in dem anderen Falle kann weder Gott noch der Mensch glücklich sein und können sie ihren Zweck nicht erreichen.

Wir lassen uns auf keine Kritik dieser Fourier'schen Philosophie weiter ein, der Leser wird wissen, wie er sie zu beurteilen hat, unmöglich konnte aber die Kirche mit ihr sich zufrieden geben.

Als Fourier starb, war sein Anhang gering; die Aussicht, sein System, an dem er mit dem Feuer eines Fanatikers und eines Neuerers hing, wie er von Tag zu Tag während Jahrzehnten gehofft, verwirklicht zu sehen, war gleich Null. Vielleicht dämmerte ihm auch die Überzeugung, daß die Entwicklung der Zivilisation doch auf wesentlich anderem Wege zum Ziele komme, als er sich vorgestellt, und alle diese Enttäuschungen verbitterten ihm seinen Lebensabend. Am 10. Oktober 1837 fanden ihn seine Wirtin und seine Jünger, nachdem er schon längere Zeit vorher gekränkelt, früh Morgens tot vor seinem Bette liegen. Einer der größten Menschenfreunde hatte für immer die Augen geschlossen.

Die Fourier'sche Schule hat keine maßgebende Bedeutung und keinen entscheidenden Einfluß auf die Geschicke Frankreichs erlangt. Wohl besaß sie eine nicht kleine Anzahl von Anhängern, die sich meist aus den gebildeten Kreisen, vornehmlich aus den Kreisen der Studierenden, der Künstler, der Techniker und selbst der Militärs rekrutierten, welche die Fourier'schen

Ideen mit Geist und Geschick schriftstellerisch vertraten, aber eine Partei, die in den politisch-sozialen Kämpfen des modernen Frankreich eine hervorragende Rolle spielte, wurde der Fourierismus nie. Die zahlreichen Schriftsteller, welche der Schule infolge ihres Hauptrekrutierungsfeldes für ihre Anhänger, aus den ideologisch angelegten Köpfen der jungen Bourgeoisie erwuchsen, schufen auch eine Verhältnismäßig reiche Literatur, aber die Zahl der Schriften stand in starkem Mißverhältnis zu ihrem Einfluß auf die Massen.

Auch der Umstand, daß mehrere ihrer Hauptwortführer, so Victor Considerant, nach Fouriers Tode das eigentliche Haupt der Schule, und der erst im Februar 1887 verstorbene Cantagrel lange Jahre Volksvertreter in Frankreich waren, hat das allmähliche Erlöschen des Fourierismus nicht verhindern können. In seinem Bestreben auf Aussöhnung der Klassengegensätze durch freiwilliges Entgegenkommen der Besitzenden mußte der Fourierismus immer mehr zu einer reinen Humanitätsduselei verflachen, oder er wurde, wie im Phalanstère zu Guise, als Deckmantel mißbraucht, um unter sozialistischer Flagge großbürgerliche Ausbeutung zu betreiben. Notwendigerweise müssen alle sozialistischen Experimente, die innerhalb der bürgerlichen Welt versucht werden und naturgemäß auf die Aussöhnung sich gegenseitig ausschließender Gegensätze gerichtet sind, zu Grunde gehen. Wo solche Experimente sich längere Zeit halten, wie in einzelnen kommunistisch organisierten kleinen Gemeinwesen in den Vereinigten Staaten, vermögen sie dies nur durch fast vollkommene Isolierung von der übrigen Welt und nur unter einer Wirtschaftsweise, die ihre Anhänger zu spartanischer Einfachheit zwingt und ihnen patriarchalische Verhältnisse aufnötigt.

Das ist keine Kulturentwicklung, wie sie die Menschheit erstrebt. Diese verlangt freie ungehinderte Entfaltung aller menschlichen Anlagen und Fähigkeiten und vollen Genuß an allen Kulturerrungenschaften, was nur durch steigende Vermehrung der Kulturmittel auf höchster technischer und wissenschaftlicher Stufenleiter zu erreichen ist. Das Alles vermag ein kleines, isoliertes, in seinen Kräften und Mitteln beschränktes Gemeinwesen, mag es noch so kunstvoll organisiert sein, nicht zu schaffen. Es wird gestört durch jeden fremden Einfluß, der von außen auf es einwirkt, und diese Einwirkung wird Umso mehr vorhanden sein, je lebhafter die Beziehungen sind, die das Einzelne zum Ganzen für notwendig erachtet. Entweder heißt es also mit dem Ganzen gehen und sich mit ihm entwickeln, oder isoliert bleiben und verknöchern, ein Drittes gibt es nicht.

In der bürgerlichen Welt sind nur bürgerlich handelnde Menschen denkbar, der Einzelne steht zum Ganzen in der Rolle eines Zähnchen an einem ungeheuren Triebwerk, dessen viele Dutzende von Rädern mit ihren Tausenden von Zähnen und Zähnchen in gesetzmäßiger Ordnung ineinandergreifen. Die Wirkung des Einzelnen liegt in der Wirkung auf das Ganze und umgekehrt in der Wirkung des Ganzen auf den Einzelnen. Beides ergänzt, beides bedingt sich.

Wer als Einzelner dem Ganzen widerstrebt, seinen Sonderweg glaubt gehen zu können; wer meint, den sozialen Mechanismus, in den Alle gebannt sind, willkürlich durchbrechen zu können, wer wähnt, sein besonderes soziales Himmelreich begründen zu können, der wird, durch die harten Tatsachen rasch eines andern belehrt, seine Ohnmacht und Unfähigkeit einsehen. Daher ist alle sozialistische Experimentiererei mitten in der bürgerlichen Welt, gehe sie nun von einem Einzelnen aus, der sich einbildet, als bürgerlicher Unternehmer sozialistisch produzieren und distribuieren zu können, oder von einer kleinen Gesamtheit, die dasselbe für sich und unter sich versucht: Utopisterei, Phantasterei. Ein jeder solcher Versuch ist ein Zeichen geistiger Unreife, der nur die Wirkung haben kann, Enttäuschungen hervorzurufen, die Ideen bei unklaren Köpfen zu diskreditieren und den Gegnern die gewünschte Waffe gegen die von ihnen gefürchteten Bestrebungen zu liefern.

Der große Fortschritt unseres Zeitalters ist, daß die Utopisten ausgestorben oder im Aussterben begriffen sind. In der Masse finden sie nie Boden, sie finden ihn heute weniger als je. Auch der einfachste Arbeiter fühlt, daß sich künstlich nichts schaffen läßt, daß das, was werden soll, sich entwickeln muß und zwar mit dem Ganzen durch das Ganze, nicht getrennt und isoliert von ihm.

Es handelt sich darum, der Entwicklung freie Bahn zu schaffen, alles Alte, Abgestorbene zu beseitigen, dem Absterbenden das Ende zu erleichtern, und zu diesem Zweck die kritische Sonde überall eintreiben, wo Übelstände sich zeigen. Indem man die Kritik anwendet, muß man den Ursachen nachspüren, die die Übel erzeugten. Aus der Erkenntnis der Ursachen ergeben sich die Heilmittel von selbst.

In der Kritik war nun Fourier Meister, aber was seine Kritik zu falschen Schlüssen führte, waren die falschen Voraussetzungen, die er machte. Die vorhandenen Übel erkannte er vortrefflich und schilderte sie großartig, aber in der Untersuchung der Ursachen, die diese Übel erzeugten, ging er von Auffassungen über das Wesen der Gesellschaft aus, die ihn notwendig zu falschen Ergebnissen führen mußten. Wer wie er die Ansicht vertrat – und sie Teilte sein Zeitalter –, daß der Entwicklungsgang, den die Menschheit genommen, nicht die gesetzmäßige Wirkung der Existenz- und Produktionsbedingungen sei, unter denen sie sich seit Jahrtausenden gebildet und fortentwickelt hatte, sondern von rein zufälligen und willkürlichen Umständen abhängig, von dem Dichten und Denken dieses oder jenes Mannes, von dieser oder jener Handlung mächtiger Personen, wer also nicht Gesetzmäßigkeit, sondern Zufall und Willkür annahm, mußte auch glauben, daß Zufall und Willkür die Zustände ändern könne. Für Fourier war der Wille des Menschen nicht durch die Umstände bestimmt, die sein Gesellschaftsinteresse beherrschten, für ihn war der Wille des Menschen eine selbständige Macht, die von den sozialen Verhältnissen nicht beherrscht wurde, sondern diese willkürlich erzeugte. Er erkannte nicht den Klassencharakter der Gesellschaft, für ihn war jede Meinung nur eine individuelle Meinung, die sich durch sogenannte allgemeine Vernunftgründe zu Gunsten einer Idee, die das allgemeine Glück bezweckte, gewinnen ließ. Darum wandte er sich auch hauptsächlich an Diejenigen, die ihrer sozialen Stellung nach zu allerletzt ein Interesse, richtiger gar kein Interesse hatten, den bestehenden Zustand zu ändern. Fourier steckte also, ohne es zu wissen, selbst tief noch in den Ideen der bürgerlichen Philosophen, die er sonst so sehr bekämpfte und die auch alle von der Ansicht ausgingen, es bedürfe nur der Erkenntnis einer „Idee" des Guten, Gerechten, Vernünftigen, um diese „Idee" zur Geltung und Herrschaft zu bringen. Fourier verspottete die Philosophen, daß sie beständig Ideen verherrlichten und als Grundsätze in die Gesetze eingeführt hätten, die mit der Tatsächlichkeit der Dinge im Widerspruch blieben. Schließlich predigte er aber selbst Ideen, die an der Hartnäckigkeit der Tatsachen scheiterten.

Fouriers großes Verdienst besteht darin, daß, wenn er auch nicht erkannte, warum und wodurch die bürgerliche Gesellschaft so war, wie sie war, er sich über ihren Charakter nicht täuschen ließ, daß er ihre Hohlheit und ihre Widersprüche erkannte und ihr schonungslos die Maske vom Angesicht riß. Niemand vor ihm hat wie er die bürgerliche Gesellschaft in ihrem heuchlerischen und zweideutigen Charakter, der sich, wie er mit Recht hervorhebt, allen ihren Kundgebungen und Handlungen ausprägt, erkannt und Niemand nach ihm hat sie schärfer kritisiert. Hierin hat er Unübertroffenes geleistet.

Ebenso hat er nach einer anderen Seite hin, und zwar durch seine Kritik der menschlichen Triebe und Leidenschaften, eine tiefe und großherzige Auffassung der menschlichen Natur gezeigt, die ihn als einen Meister der Beobachtung erscheinen läßt. Seine Auffassung der menschlichen Triebe, die im schärfsten Widerspruch mit jener der Theologen und Moralphilosophen stand und steht, daß alle Triebe natürlich und darum nützlich und vernünftig, zum menschlichen Glücke notwendig seien, und es nur der soziale Zustand der Gesellschaft sei, der sie unterdrücke oder fälsche, und daher diese Triebe sowohl für das Individuum, wie für die Gesellschaft schädlich erscheinen ließe, mußte den herrschenden Klassen als arge Ketzerei, als der Anfang zur Auflösung aller bisher für unantastbar geltenden gesellschaftlichen Bande erscheinen. In dieser seiner Auffassung der menschlichen Triebe ist Fourier der eigentliche Revolutionär. Wer diesen Sensualismus Teilt, wird logisch und mit Notwendigkeit ein soziales System bekämpfen und verwerfen müssen, das der menschlichen Natur nur Zwang bereitet, zur Fälschung, Verkümmerung und Unterdrückung der menschlichen Triebe führt und dadurch das wahre Wesen der menschlichen Natur aufhebt. Man kann sich daher wohl vorstellen, welch grimmigen Widerspruch diese Ideen bei den Lobrednern einer Gesellschaft finden mußten, die eben erst nach den schwersten und blutigsten Kämpfen in der großen Revolution sich konstituiert hatte, die von dem Bewußtsein durchdrungen war, die beste aller Welten zu sein. Kaum zum Leben und zur Geltung gekommen, kaum sich im Glanze ihrer Jugendherrlichkeit sonnend, tritt ihr in Fourier ein Kritiker von der größten Unerbittlichkeit, Schärfe und Rücksichtslosigkeit gegenüber und enthüllt alle ihre Blößen. Diese Gesellschaft, die eben erst die alte feudale Gesellschaft gestürzt, nachdem sie dieselbe vorher durch die Waffen der Kritik schon moralisch vernichtet hatte, erfährt, kaum zur Macht gekommen, an ihrem eignen Leib dasselbe. Eben erst der Babeuf'schen Verschwörung durch Anwendung brutaler Gewalt Herr geworden, ersteht ihr in dem jungen Fourier ein neuer Gegner, der sie mit den aus ihrem eigenen Arsenal entnommenen Waffen bekämpft. Doch es war nur ein Einzelner, der zunächst keinen Anhang hinter sich hatte, der auch weit entfernt war, mit denselben Mitteln, mit denen das Bürgertum die Gewalt an sich gerissen hatte, die Befreiung der Unterdrückten zu erstreben. So waren die Totschweigepraxis oder der Spott genügende Waffen, mit dem neuen Gegner fertig zu werden. Tausend Andere an Fouriers Stelle würden in diesem vollständig hoffnungslos erscheinenden Kampfe, wo er, der mittel- und namenlose Kommis, einer Welt mächtiger Gegner gegenüberstand, den Muth haben sinken lassen. Fourier Tat das nicht. Männer, die unumstößlich an die Richtigkeit und Gerechtigkeit des von ihnen Gewollten glauben, werden Fanatiker, die sich durch nichts erschüttern lassen. Zu ihnen gehörte Fourier. Die bittersten Erfahrungen, die schwersten und schmerzlichsten Angriffe, Spott und Hohn, mit denen man ihn übergoß, machten ihn nicht irre. Mit wahrhaft eiserner Ausdauer und Energie suchte er sein System auszubauen und zu propagieren, bis es ihm endlich nach unsäglichen Anstrengungen gelang, wenigstens einen kleinen Kreis ergebener Anhänger um sich zu sammeln, die, was ihnen an Zahl abging, durch Muth, Begeisterung und Ausdauer ersetzten.

Konnte nun auch der Fourierismus seiner ganzen inneren Anlage nach keinen Einfluß auf die Massen erlangen und keine große Parteibewegung ins Leben rufen, und verlor er in demselben Maße an Boden, wie die Klassengegensätze sich entwickelten und der Klassenkampf emporloderte, so sind seine Ideen für den Fortschritt der sozialen Bewegung nicht verloren gegangen. Fourier'sche Gedanken werden bei einer künftigen Neugestaltung der gesellschaftlichen Zustände, wenn auch in anderer Form als ihr Urheber meinte, ihre Auferstehung feiern, während seine Kritik der bürgerlichen Gesellschaft heute von Millionen geteilt wird, die nie eine Zeile seiner Werke zu Gesicht bekamen. Darin zeigt sich die wahre Bedeutung eines Menschen, daß Ideen, wegen deren er verfolgt, verlästert und verhöhnt wurde, deren Triumph er nie erlebte, nach seinem Tode weiter wirken, immer mehr Ausbreitung erlangen und schließlich, gereinigt von den Schlacken, die ihnen anhafteten, Gemeingut einer späteren Zeit werden. Dieses Zeugnis muß man Fourier und seinem Wirken ausstellen; und wenn es heute noch Sozialisten gibt, die sich durch das Fremdartige vieler seiner Ideen abschrecken lassen und darüber das Gold, das in seinen Werken steckt, übersehen, so beweisen sie damit nur ihre Oberflächlichkeit und ihre Unfähigkeit zu objektivem Urteil. Fourier war eine genial angelegte Natur, mit dem wärmsten Herzen für die Menschheit; sein Name wird erst zu Ehren kommen, wenn das Andenken an Andere, die heute noch der große Haufe auf den Schild hebt, längst verblaßt ist.

Die Schule Fouriers besitzt heute nur noch eine kleine Anzahl versprengter, meist den besitzenden Klassen angehöriger Anhänger in Frankreich, die mit Hartnäckigkeit dem Traum ihrer Jugend nachhängen. Das ist Alles, was von ihr übrig blieb. Der Fourierismus ist tot, aber der Sozialismus lebt. Die neuen sozialen Ideen, wie sie insbesondere durch den modernen wissenschaftlichen Sozialismus, den man nach seinen Begründern auch den deutschen wissenschaftlichen Sozialismus nennen darf, vertreten werden, haben in Frankreich, in dem durch die Utopisten wie Fourier wohl vorbereiteten Boden, immer mehr Wurzel gefaßt. Die alten Schulen und Sekten sind zersprengt oder in voller Auflösung begriffen, und in einer kurzen Spanne Zeit wird der Strom der sozialen Bewegung auch in Frankreich in einem einzigen breiten Bette fließen und die Bewegung immer mehr zur Erfüllung ihrer Mission befähigen.

Ein Denkmal der Erinnerung setzte dem vielverkannten Fourier der Dichter Berangér, der den Toten unter dem Schimpfwort, das ihn im Leben verfolgte, der „Narr", besingt, nur daß er das Gedicht allen „Narren" widmet, die gleich Fourier darnach strebten, der Menschheit neue Bahnen zu eröffnen.

Das Gedicht, das wir hier in der Ursprache und dann in der Übersetzung eines poetisch veranlagten Freundes folgen lassen, lautet:

Les fous

Vieux soldats de plomb que nous sommes,
Au cordeau nous alignant tous,
Si des rangs sortent quelques hommes,
Nous crions tous: A bas les fous!
On les persécute, on les tue,
Sauf, après un lent examen,
A leur dresser une statue
Pour la gloire du genre humain.

Fourier nous dit: Sors de la fange,
Peuble en proie aux déceptions,
Travaille, groupé par phalange,
Dans un cercle d'attractions;
La terre, après tant de désastres,
Forme avec le ciel un hymen,

Et la loi, qui régit les astres,
Donne la paix au genre humain.

Qui découvrit un nouveau monde?
Un fou qu'on raillait en tout lieu;
Sur la croix que son sang inonde,
Un fou qui meurt nous lèque un Dieu.
Si demain, oubliant d'éclore,
Le jour manquait, eh bien! Demain
Quelque fou trouverait encore
Un flambeau pour le genre humain.

Die Narren

Wir lassen richten, drillen uns und kneten,
Soldaten nur, die des Kommandos harren;
Kommt's Einem bei, aus Reih' und Glied zu treten,
Es schreit die Menge: „Nieder mit dem Narren!"
Er wird gehetzt, verleumdet und vernichtet,
Bis man zuletzt, als würde etwas Rechtes
Damit getan, ein Denkmal ihm errichtet,
Zu Ehr' und Ruhm des menschlichen Geschlechtes.

Dem Volk ruft Fourier zu: „Im Schlamme heute,
Entwinde dich dem Truge deiner Feinde
Und schare dich, daß Keiner aus dich beute,
Zur brüderlichen, schaffenden Gemeinde.
Der Zwist verstummt, des Hasses Brand erkaltet,
Willkür und Herrschsucht weichen scheu dem Rechte,
Und das Gesetz, das über Sternen waltet,
Bringt Frieden auch dem menschlichen Geschlechte."

Wer hat den Weg zur neuen Welt gefunden?
Ein „Narr", verfallen afterweisem Spotte.
Am Kreuz erliegend seinen Nägelwunden,
Wird uns ein „Narr", der elend stirbt, zum Gotte.
Versänk' die Sonne in des Dunkels Schlünden,
Daß uns das morgen keinen Morgen brächte,
So würde morgen eine Fackel zünden
Irgendein Narr dem menschlichen Geschlechte.

Zum Schlusse werfen wir noch einen Blick auf die Ausbreitung, welche die Fourier'schen Ideen über die Grenzen Frankreichs und speziell auch in Deutschland gefunden hatten. Bei der Bedeutung, die Frankreich seit
der großen Revolution für alle vorwärtsstrebenden Geister in der ganzen Kulturwelt erlangte, mußten auch die
Erscheinungen in der sozialen Bewegung, die namentlich nach der Restauration mit der Entwicklung der
ökonomischen Verhältnisse immer mehr in den Vordergrund trat, lebhafte Beachtung finden. Der Kapitalismus
begann in allen Ländern Europas immer mehr Wurzel
zu schlagen und sein Produktionssystem auszubreiten.
Damit kamen selbst für den oberflächlichen Beobachter
eine Reihe von Erscheinungen zu Tage, welche die
Selbstzufriedenen beunruhigten, die Vertreter und Anhänger der kleinbürgerlichen Wirtschaftsform aber in

größte Aufregung versetzten. Man sah vielfach schwärzer in die Zukunft, als es durch den Gang der Dinge sich rechtfertigte. Der pessimistischen Schwarzseherei der Einen stand die optimistische Schönfärberei der Anderen gegenüber. Zwischen diesen beiden Lagern stand eine kleine Zahl von kritischen aber ideal angelegten Geistern, welche weder dem „Kreuzige" der einen Seite, noch dem „Hosianna" der anderen Seite zustimmen konnten; sie sahen, daß das alte ökonomische System verrottet, unhaltbar und unmöglich geworden war, aber sie konnten auch vor den Übeln, die das neue in seinem Gefolge führte, nicht die Augen verschließen. Diese bemächtigten sich jetzt mit Gier der neuen sozialen Ideen, die in dem ökonomisch und politisch vorgeschritteneren Frankreich das Tageslicht erblickten und dort die ideal angelegten Geister ergriffen hatten. In der Schweiz, in England, in den Vereinigten Staaten fanden die in Frankreich auftauchenden utopischen Ideen für Gründung einer auf friedlicher Verständigung aller Klassen der Gesellschaft basierten neuen Gesellschaftsordnung begeisterte Anhänger und die bezüglichen Schriften Übersetzer und Dolmetscher. Für die praktische Verwirklichung dieser Ideen waren aber ebenso wenig wie in Frankreich in diesen Ländern aus schon angeführten Gründen die Massen zu gewinnen.

Deutschland, dessen geistige Vertreter damals alle Vorgänge in Frankreich aufmerksam verfolgten und aus seiner Literatur zahlreiche Anregungen zu ähnlichem Vorgehen schöpften, ward so ebenfalls im Beginn seiner großbürgerlichen Entwicklung mit einer sozialistischen

Literatur bedacht. Während Karl Marx und Friedrich Engels, der Eine mehr theoretisch, der Andere mehr praktisch, ihre ökonomischen Studien begannen und die ersten Bausteine zu dem Lehrgebäude des auf rein materialistischer Grundlage beruhenden wissenschaftlichen Sozialismus, wie er heute die Geister beherrscht, herbeischafften, begnügten sich Andere, die Lehren und Ideen der französischen Utopisten und Sozialisten, mit deutsch-philosophischem Geist durchtränkt, in die deutsche Sprache zu übertragen. Das geschah insbesondere dem Begründer der sozietären Schule, Fourier, und dem kleinbürgerlichen Sozialisten Proudhon. Neben verschiedenen kleineren Schriften, die in Zürich in den vierziger und fünfziger Jahren hauptsächlich auf Veranlassung Karl Bürklis, eines alten Schülers von Fourier, herauskamen, liegen mehrere größere Bearbeitungen des Fourier'schen Systems in deutscher Sprache von A. L. Churoa, Michael ***** und Franz Stromeyer vor.[25] Ferner erschien 1845 in Kolmar eine im Fourier'schen Geiste gehaltene Schrift, betitelt: „Die Welt, wie sie ist und wie sie sein soll", aus dem Französischen von

---

[25] Die Titel dieser Schriften sind: „Der Sozialismus in seiner Anwendung auf Kredit und Handel" von Franz Coignet, Zürich 1851; „Bank- und Handelsreform" von F. Coignet, aus dem Französischen von Karl Bürkli, Zürich 1855; „Solidarität", kurzgefaßte Darstellung der Lehre Karl Fouriers von Hippolyte Renaude, deutlich bearbeitet von Kaspar Bär und Karl Bürkli, Zürich 1855; „Kritische Darstellung der Sozialtheorie Fouriers" von A. L. Churoa, Braunschweig 1840; „Organisation der Arbeit" von Franz Stromeyer, Bellevue bei Konstanz 1844; „Abbruch und Neubau" oder „Jetztzeit und Zukunft" von Michael *****, Stuttgart 1846.

Math. Briancourt. Karl Scholl ließ 1855 in Zürich eine Schrift erscheinen, betitelt: „Viktor Considerant über die Erlösung der Menschheit in ihrem Waren Sinn." Auch erschienen in demselben Jahre in Zürich eine Anzahl Schriften, in welchen für die Auswanderung nach Texas zur Gründung von Phalanstèren im Fourier'schen Sinne Propaganda gemacht wurde. Diese Versuche sind kläglich mißlungen.

Interessant für die Geschichtsauffassung, welche die Schüler nach den Lehren ihres Meisters Teilten, ist die Darlegung, die seitens eines Deutschen in dem Buche: „Abbruch und Neubau" oder „Jetztzeit und Zukunft" von Michael ***** gegeben wird. Der Verfasser erläutert dort die Fourier'sche Geschichts-Entwicklungstabelle, die wir früher in dieser Schrift anführten und bei dem Interesse, das diese Erläuterung nach unserer Auffassung verdient, geben wir sie ausführlich wieder. Es heißt da:

„Der Adels-Feudalismus herrscht in der Kindheit der Zivilisation; die Sklaverei hat der Leibeigenschaft Platz gemacht; die Frau ist aus dem Gynäceum (Frauengemach) oder Harem herausgetreten und hat ihre bürgerlichen Rechte erlangt Mit der Verleihung der bürgerlichen Rechte an die Frau ist die Gesellschaft aus dem Zustand der Barbarei in die Zivilisation übergegangen.

„Diese Veränderung im Zustande einer Hälfte des Menschengeschlechts gibt den Sitten eine ganz neue Färbung, indem sie dieselben verfeinert und im hohen Grade das Gedeihen der Künste und Wissenschaften, der Dichtkunst und der Musik begünstigt.

„In der Periode der Barbarei ist die Herrschaft des Oberhauptes der Gesellschaft eine unumschränkte; in der ersten Phase der Zivilisation ist sie bereits geteilt, indem die Verbündung (Föderation) der großen Vasallen der königlichen Gewalt Schranken setzt.

„Nach und nach werden die arbeitenden, dem Betriebe der Gewerbe, Künste und Wissenschaften obliegenden Leibeigenen mächtig: Die Gemeinden erlangen Rechte und Privilegien; Munizipien, freie Städte erstehen. Sie erstehen aber nicht kraft eines willkürlichen Befreiungs-Ediktes; sie erstehen nicht, weil es dem Staatsoberhaupt beliebt hat, sie ins Leben zu rufen. Sie erstehen, weil sie sich bereits selbst emanzipiert haben, weil die schon erlangte Macht sie faktisch frei gemacht hat. Kommen solche Edikte vor der Zeit, so ist es gerade, als wären sie nicht da, und der Feudalismus bleibt zum deutlichen Beweise, daß Verfassungen bloße Chroniken vollendeter Tatsachen sind, daß sie die Geschichte der Fortschritte einer Nation schreiben, wenn ich mich so ausdrücken darf, nicht aber notwendig sie hervorrufen.

„Mit der steigenden Aufklärung der früheren Leibeigenen, mit ihrem steigenden Reichtume, mit ihrem fortschreitenden Kunst- und Gewerbefleiße wächst auch ihre Macht in demselben Maße, in welchem das Feudal-Element geschwächt wird.

„Die alten Leibeigenen sind Bürger und Volk geworden. Bürger und Volk verbünden sich miteinander gegen den Feudalismus, und der Sieg ist ihnen gewiß.

„In diesem Stadium ihrer Entwicklung ist die Gesellschaft von steten Stürmen und Umwälzungen bedroht.
Die Zähigkeit des Feudal-Elements kann das volkstümliche Element zu Gewalttaten treiben, gegen welche die
der Barbarei verschwinden. Die Kritik liegt mit den
alten religiösen Anschauungen im Kampfe; die Philosophie stellt die Bedingungen des neuen Staats gegenüber
dem alten auf.

„Mit der politischen Befreiung, mit der Entfesselung
der Gewerbe und des Ackerbaues spielt das Repräsenta-
tiv-System der Gewalt gegenüber dieselbe Rolle, die
früher die großen Vasallen gespielt hatten.

„Der Bürger braucht nun den Schutz des Ritters nicht
länger: schon hat er ihn in der Person Don Quixotes
moralisch getötet. Der Bürger hat aber auch die Gleichheit vor dem Gesetz verkündet, und so folgen die Frei-
heits-Illusionen auf die Illusionen des Rittertums. Die
Freiheit ist noch nicht da, weil sie in der Verfassung
steht; sie bleibt auf dem Papier, weil die Bedingungen,
unter welchen sie wirklich ins Leben treten kann, noch
nicht erfüllt sind.

„Unterdessen hat die Zivilisation ihren Höhepunkt erreicht, sie hat die Schifffahrt, überhaupt erleichterte
Verbindungswege, Eisenbahnen, Kanäle u. s. w., sowie
die Experimental-Chemie ins Leben gerufen, und nun
kann sie, wenn ihr die Wissenschaft zu Hilfe kommt, zu
einer höheren Periode aufsteigen, die wir, mit Fourier,
Garantismus nennen wollen, da sie die Verwirklichung
eines Systems von Garantien wäre, wovon die jetzige

Gesellschaft einige bemerkenswerte Keime aufzuweisen hat."

Der Verfasser bezeichnet als solche mit Fourier: Die wissenschaftliche Einheit, die Quarantänen, das Assekuranzsystem, die Sparkassen etc.

„Mit der Experimental-Chemie tritt die große Industrie ins Leben; die kleine Industrie geht in der großen auf. Neue Verfahrungsarten verdrängen die alten, eine ganz neue industrielle Welt ist im Werden; Fabriken mit Hunderten und Tausenden von Arbeitern schießen wie Pilze aus dem Boden hervor und versetzen den in altherkömmlicher Weise betriebenen Gewerben den Todesstoß.

„Aber die Erfindung neuer Verfahrungsarten, sowie die Steigerung der Produktion genügen nicht: die Zivilisation hat auch den Beruf, diese Verfahrungsarten überall hin zu verbreiten und so die Möglichkeit der Erreichung einer höheren gesellschaftlichen Stufe anzubahnen. Daher die Erfindung der Schifffahrt, der Eisenbahnen, des Dampfbootes, kurz die Vervollkommnung der Verbindungsmittel überhaupt.

„Indessen hat die Zivilisation – als Entwicklungsphase der Menschheit betrachtet – in Folge eines inneren, in ihrem Wesen begründeten Zwiespalts die große Industrie nicht ins Leben zu rufen vermocht, ohne zu gleicher Zeit allgemeine Gebrechen zu erzeugen, die unter dem Titel Entwaldungen und Fiskalanleihen aufgeführt und eine notwendige Folge der beiden vorangehenden Phasen sind. In der Tat fällt auch der Boden im Ganzen genommen immer mehr einer anarchischen Kultur anheim, je größer der Zwiespalt der Privatinteressen und des allgemeinen Interesses wird. Die Entwaldung der Anhöhen, welche die Ausmergelung der Berge und die Entblößung der Abhänge mit sich führt, ist der höchste Ausdruck des Übelstandes, da diese Entwaldungen zur unausbleiblichen Folge haben, daß in der Verteilung der Wasser nach und nach eine gänzliche Veränderung eintritt. Werden die Entwaldungen bis zum Übermaß ausgedehnt, so wird am Ende selbst das Klima ernstlich Not leiden: die schroffsten Übergänge werden nichts Ungewöhnliches sein; heute eine afrikanische Hitze, morgen eine sibirische Kälte. Die Wissenschaft hat in der Person ihrer würdigsten Vertreter angefangen, auf die üblen klimatischen Folgen der planlosen Entwaldungen hinzudeuten. Zum deutlichen Beweise, daß die Atmosphäre für den Menschen ein wahres Ackerfeld ist, das er durch den Anbau entweder verbessern oder verschlechtern kann.

„Die Fiskalanleihen sind ein anderes Gebrechen der auf ihrem Höhepunkte angekommenen Zivilisation. Die Befreiung der Völker hat gewaltige Kriege nach sich gezogen; das Feudal-Element hat seine letzten Kräfte zusammengerafft, um das neue volkstümliche Element zu erdrücken. Daher der lästige Kriegsfuß, daher der fast ebenso lästige Friedensfuß. Die edelsten Kräfte der Nation werden in soldatischen Spielen vergeudet. Eine Menge anderer unproduktiver Ausgaben vergrößern das Übel fortwährend, bis endlich das turmartige Kartenhaus des Staatsschuldenwesens zusammenstürzt."

Der Verfasser setzt nun weiter auseinander, wie die Charaktere des Höhepunktes der Zivilisation im Keime sowohl die Ursachen ihres Verfalles, als die Mittel zur Ersteigung einer höheren Stufe enthielten. Die Entwaldungen enthielten den Keim zum materiellen Verfall durch die damit verbundene Verschlechterung des Klimas; die Fiskalanleihen enthielten den Keim des politischen Verfalls, indem sie die Ausbildung des industriellen Feudalismus mächtig förderten. Ebenso könnten die neugeschaffenen Verbindungswege in den Händen von Aktiengesellschaften die Rolle einer Saugpumpe spielen, wie die Schifffahrtskunde das den Angelpunkt der dritten Phase bildende Seemonopol ins Leben rufen könne. Endlich gab die Chemie dem Betruge die Mittel an die Hand, alle Arten von Produkten zu fälschen, und der lügnerische Handel gewann so eine Ausdehnung, welche die ernstlichsten Besorgnisse einflößen mußte.

Zwar könne die nun beginnende absteigende Periode ein natürlicher Schritt des Fortschritts werden, aber dieser Weg sei eine Reihe von Klippen und Schändlichkeiten. Unterliege die Zivilisation auf ihrem Wege den ihr gegenübertretenden Einflüssen, so falle sie in eine niedere Periode zurück, um den alten Kampf von neuem zu beginnen. Glücklicherweise sei das Leben der Menschheit ein Vielfaches; falle eine Zivilisation, so sei bei den vielen Nationen und mancherlei Gesellschaften immer die Hoffnung da, daß eine derselben das Erbe der fallenden Gesellschaft übernehme.

Der zweite Teil der Periode, ihre absteigende Bewegung, sei dem ersten umgekehrt analog (verwandt), wie die Morgendämmerung und Abenddämmerung, die Kindheit und das Greisenalter der Menschen, der Anfang und das Ende jeder Bewegung sich einander analog seien, ohne identisch zu sein. Nach diesem aus der allgemeinen Formel der Bewegung abgeleiteten Grundsatze ließe sich erwarten, daß die Zivilisation mit einem Feudalismus enden werde, wie sie mit einem Feudalismus begonnen habe. Diese Voraussetzung erhalte durch die vor unseren Augen vor sich gehenden Tatsachen den Charakter einer mathematischen Wahrheit.

„Der steigende Reichtum des Bürgertums hat den Adels-Feudalismus getötet: Pergamente und Wappen haben aufgehört, die Herrschaft zu verleihen, und das Geld ist an ihre Stelle getreten. Wege zum Reichtum sind Industrie, Handel und Beamtenstellen. Der herrschende Geist wird demnach der kaufmännische und fiskalische sein. Er ist in der Tabelle als einfacher Keim der dritten Phase bezeichnet, weil er einen neuen Feudalismus, nämlich den industriellen, den wir auch Handels- oder Geldfeudalismus nennen können, im Keim enthält. Von nun an muß sich Alles dem neuen Prinzipe unterordnen. Die Parias der dritten und vierten Phase der Zivilisation werden daher auch nicht die Leibeigenen der ersten Phase, sondern die untersten Schichten der Gesellschaft bildenden Proletarier sein. Der Hunger und das Elend werden sie faktisch denjenigen überantworten, welche, Herren des Kapitals, auch die Werkzeuge der Arbeit in Händen haben.“

„Die große Industrie mit ihren Kapitalien, Maschinen und Spekulationen macht die kleine, mit mäßigen Geldmitteln betriebene, unmöglich. Der große Handel unterdrückt den kleinen, und diese Bewegung gestaltet sich immer großartiger, je mehr das Kapital durch glückliche Spekulationen oder durch Gründung von Aktiengesellschaften sich konzentriert. In demselben Maße, wie das Kapital sich konzentriert, wächst auch der Pauperismus und das Proletariat, und da die großen Kapitalien sich am liebsten in den großen Städten ansiedeln, so wird zuerst da die Fabrikation in größerem Maßstabe betrieben. Allmählich sammeln sich da Heere von Arbeitern, die von einem Tag zum andern leben und somit viel schlimmer daran sind als die Leibeigenen der ersten Periode. Diese Arbeiter-Heere sind für die Zivilisation das Schwert des Damokles. Die dritte Phase wird mindestens ebenso sehr von inneren Kämpfen und Bürgerkriegen bedroht als die zweite. Nur sind die nun ausbrechenden Revolutionen nicht länger politischer, sondern sozialer Natur; die Insurrektion nimmt einen industriellen Charakter an.“

„Der Handelsgeist und der mächtige Hebel der Kapitalien-Konzentration, welche den großen Kapitalisten das Monopol der Industrie nach und nach in die Hände spielt, sind die Elemente des See-Monopols oder Großhandels-Monopols, wodurch der Geist und die Bestrebungen der ganzen Phase angedeutet werden. Die Politik tritt in die Dienste des Monopols und erhält so eine ganz eigentümliche Färbung, bis sie endlich nur noch das kaufmännische Element vertritt. Diplomatie, Kriege, Kammern, Wissenschaft, Kunst, Alles wirft in unendlich verschiedenen Schattierungen den im Prisma des Merkantilismus gebrochenen Zeitgeist zurück. Alles ist käuflich; der Durst nach Gold hat die edlen Regungen erstickt, und der Egoismus zeigt sich in seiner ganzen Scheußlichkeit.

„Der Grundsatz der freien Konkurrenz, das laisser faire laisser passer, erzeugt zugleich den anarchischen Handel, der unter dem Titel „Gegengewicht" in der Tabelle aufgeführt ist. Da die großen Handelsoperationen von dem großen Kapital monopolisiert sind, so bleibt dem kleinen Kapital nur noch der Kleinhandel. In Folge des herrschenden merkantilischen Geistes wirft er sich auch auf denselben mit einer wahren Wut – ein Verhältnis, das sich in der großen Menge schmarotzerischer Zwischenhändler und Mäkler am besten zu erkennen gibt. Je heftiger der Konkurrenzkrieg dieser Zwischenhändler entbrennt, Umso großartiger gestalten sich die Betrügereien und Fälschungen jeder Art, wodurch die Gesellschaft systematisch gebrandschatzt wird. Dieser Anarchie allein aber verdankt der Kleinhandel seine Erhaltung; denn nur sie bildet noch einen Damm gegen die verheerende Macht des Kapitals. Sie ist also ein natürliches Gegengewicht des großen Kapitals. Von dem Tage an, wo das große Kapital an den Hauptplätzen große Niederlagen für den Detailverkauf gründet, wie dies schon jetzt mancher Orten geschieht, von diesem Tage an muß der kleine und mittlere Handel das Gewehr strecken. Von dem Tage an wird aber auch die Anarchie im Handel und Wandel aufhören, und die Regelung des Handels wird immer leichter werden, je deutlicher die Charaktere des industriellen Feudalismus hervortreten.

„Wie ließe sich der Ton der dritten Phase besser bezeichnen, als mit dem Ausdruck „ökonomische Illusionen"? Die politische Ökonomie, ein Erzeugnis des merkantilen Geistes, verhält sich zu der dritten Phase wie die
Poesie der Ritterzeit zu der ersten, wie die philosophische
Ideologie und die liberale Dialektik zur zweiten. Das
Rittertum hat der Liberalismus unter dem Namen des
Donquixotismus zu Grabe getragen, und nun ist der Ökonomismus auf dem Wege, den Liberalismus durch die
Politik der materiellen Interessen zu töten, eine Politik,
die den reinen, uneigennützigen Liberalismus bereits in
einem ziemlich lächerlichen Lichte erscheinen läßt."

„Der industrielle Feudalismus wäre eine vollendete
Tatsache, sobald das große Kapital nicht allein die Fab-
rikation und den Handel, sondern auch den Grund und
Boden an sich gerissen haben würde.

„Nun aber wird die steigende Handels-Anarchie mit
ihren zahllosen Betrügereien, Bankrotten und Fälschungen nicht allein zur Folge haben, daß die Lage des kleinen Gewerbs- und Handelsmannes immer kritischer
wird, sondern es wird sie auch die öffentliche Stimmung
nachgerade so energisch verdammen, daß das große
Kapital darin eine Ermunterung finden wird, nun auch
den Kleinhandel zu absorbieren. Und so wird sich dann
dieser gewaltsam rückwirkende Geist politisch dadurch
betätigen, daß er Meisterschaften in bestimmter Anzahl
und privilegierte Körperschaften ins Leben ruft.

„Die Leihhäuser oder Leihkassen für Landwirte haben zum Zweck, dem bedrängten Ackerbau zu Hilfe zu
kommen. Während die Kapitalien der Spekulation und

352

den Banken zuströmen, leidet der Ackerbau an solchen Not, so daß er dem Wucher in die Hände fällt. Schlechte Ernten, eine schlechte Bewirtschaftung des zerstückelten Grundbesitzes und ähnliche Ursachen werden das Übrige tun, bis endlich ein großer Teil des Grund und Bodens den Leihkassen anheimfällt. So wird der in Atome zerfallene Grundbesitz sich wieder zusammenfügen; der kleine Besitz wird vom großen verschlungen werden, wie die Handwerker von den Fabriken, wie das kleine Kapital von dem großen.

„Während alles dies vor sich geht, befindet sich die Gesellschaft in einer wahrhaft fürchterlichen Lage. Nichts als Krisen und Revolutionen. Der Ackerbau wie die Fabrikindustrie ist nur noch ein unermeßliches industrielles Zuchthaus, ein ungeheures Lager; die frühere individuelle Leibeigenschaft ist eine kollektive geworden. Die neuen Leibeigenen werden von Zeit zu Zeit aus ihren Bagnos stürmen und ein Spartakus wird sie führen.

„Der neue Adel aber, der Geldadel, wird neben der Regierungsgewalt eine eigene Gewalt bilden und so für die vierte Phase das sein, was der Feudaladel für die erste war. Und gleichwie die nationale Einheit erst dann begründet werden konnte, als das monarchische Element stark genug geworden war, um das Feudalelement zu zügeln und zu leiten, ebenso wird auch hier die Gesellschaft nicht eher zum Garantismus sich erheben, als bis die Regierung das industrielle Element zu lenken wissen wird.

„Übrigens keine Burgen, die zerstört, keine hochmütigen Vasallen, die geköpft oder gemeuchelt werden müßten. Die Aufgabe der Regierung wird darin beste-

353

hen, daß sie die Rolle einer Vermittlerin zwischen den einander feindselig gegenüberstehenden Interessen übernimmt, daß sie den Warenaustausch reguliert, die Einheit der Maße, Gewichte u. s. w. herstellt, mit einem Wort, daß sie in sämtlichen industriellen und kommerziellen Verhältnissen die nötig gewordenen Garantien herstellt. Dann aber ist die Zivilisation, wie sie in der Tabelle geschildert worden, schon überholt.

„Als Ton der vierten Phase endlich erscheinen in der Tabelle die Assoziations-Illusionen. Wir sagen Illusionen, weil die Assoziation nur die Kapitalien assoziiert, um ihre Absorptionskraft zu vermehren, bloß das häßliche Zerrbild der Waren Assoziation ist, die Kapital, Arbeit und Talent assoziiert.

„Fassen wir nun das Gesagte zusammen, so finden wir, daß die aufsteigende und absteigende Bewegung der Periode der Zivilisation sich zueinander verhalten, wie die beiden Hälften des Menschenlebens, d. h. daß sie in Beziehung auf den Höhepunkt oder die Mittelstufe miteinander symmetrisch sind;

daß die Zivilisation mit einem Feudalismus beginnt und endigt;

daß die Arbeit der beiden Phasen der aufsteigenden Bewegung eine Verminderung der persönlichen oder direkten Dienstbarkeit zur Folge hat, während in der Phase der absteigenden Bewegung die kollektive oder indirekte Dienstbarkeit sich befestigt;

daß die Revolutionen der beiden ersten Phasen politischer Natur sind, während die der beiden letzten einen sozialen oder industriellen Charakter annehmen;

daß das Wesen der von der Zivilisation aufgestellten Gleichgewichte ein unstetes soziales Gleichgewicht begründet;

daß die Illusionen der aufsteigenden Bewegung etwas Ritterliches, Edles haben, während denen der absteigenden Bewegung nichts als der gemeinste Materialismus zu Grunde liegt; endlich

daß, während der Fortschritt in den beiden ersten Phasen sich nach den Entdeckungen auf dem Gebiete der Wissenschaft und Kunst, nach der Vervollkommnung der technischen Vefahrungsarten bemessen läßt, der Maßstab für den Fortschritt in der absteigenden Bewegung, die Auffindung derjenigen Institutionen ist, welche die Zivilisation ihrem natürlichen Tode zuführen und so der Gesellschaft die Ersteigung einer höheren Bildungsstufe möglich machen."

Dies die Auffassung von der historischen Entwicklung und dem Untergang der Zivilisation, wie sie im Fourier'schen Geiste unser deutscher Autor darlegt. Bei ihm tritt in schärferem Maße als bei Fourier das Gesetzmäßige in der Entwicklung, unbeeinflußt von dem Wirken der einzelnen Person, in den Vordergrund. Wir haben es, scheint's, mit einem Schüler der Hegel'schen Schule zu tun, der die Lehre von den Gegensätzen in der Gesellschaft dialektisch auffaßt und behandelt. Fragt man nun nach der praktischen Wirkung dieser Anhänger Fouriers in Deutschland und ihrer Bedeutung für die Bewegung, so weiß Niemand davon zu melden. Die sozialistischen und kommunistischen Ideen, die meist sehr verschwommen im „tollen Jahr" in den verschiedensten Gegenden Deutschlands unter der vorge-schritteneren Arbeiterwelt in die Erscheinung traten, lassen nirgends Fourieristische Auffassungen erkennen. Soweit Marx und Engels nichts die Arbeiterklasse in den Bewegungsjahren beeinflußten, waren es wesentlich die Ideen Weitlings, die Anklang fanden. Die Mehrzahl der Arbeiter, die sich an der Bewegung Beteiligten, war von den unklarsten sozialen und politischen Ideen be-herrscht. Woher sollte die Einsicht in die Arbeiterklasse kommen, wenn die höher stehende Klasse, das Bürger-tum, in allen ihren öffentlichen Handlungen die komplet-teste Unreife und Unerfahrenheit an den Tag legte. Bot doch auch die damals viel weiter vorgeschrittene franzö-sische Arbeiterklasse ein keineswegs erfreuliches kalei-doskopisches Bild; sie war zersplittert in Schulen und Sekten, die sich gegenseitig bekämpften. Es war daher auch kein Wunder, daß diese in Deutschland eben erst aufkeimende soziale Bewegung durch die Reaktion der fünfziger Jahre bis auf die Erinnerung ausgetilgt wurde.

Die dann im Laufe der fünfziger Jahre in Deutsch-land sich vollziehende kapitalistische Entwicklung schuf allmählich auch eine Arbeiterklasse, die besser als ihre Vorgängerin aus den vierziger Jahren für ihren Befreiungskampf ausgerüstet war. Und nun zeigten sich auch die Vorteile der besseren Schulung und geistigen Durchbildung, mit welcher die deutsche Arbeiterklasse der Arbeiterklasse anderer Länder voraus war. Sie er-faßte mit scharfem Verständnis die Theorien und Grundanschauungen ihrer großen Lehrer; der eigentli-che Schulstreit, der die französischen Arbeiter Jahrzehnte lang zerklüftete, blieb ihr erspart, und so wuchs die Bewegung, begünstigt durch die politische und soziale Umgestaltung Deutschlands, so, daß sie heute als die vorgeschrittenste in allen Kulturstaaten betrachtet werden darf. Keinem Personenkultus huldigend, nimmt sie dankbar die guten Lehren an, welche die großen Vorkämpfer und Bahnbrecher der sozialistischen Ideen in irgendeinem Lande der Welt hinterließen.

Die moderne soziale Bewegung ist wie die ganze moderne Kulturbewegung eine eminent kosmopolitische. Zunächst innerhalb des nationalen Rahmens und der gezogenen Sprachgrenzen wirkend, tragen die zahllosen Verkehrsmittel, die Sprachstudien, Reisen und Auswanderung, Literatur, Güteraustausch etc. in früher ungeahntem Maßstab dazu bei, den Ideenaustausch zu fördern, den Nationalitäten- und Rassenhaß zu töten, die Interessensolidarität immer inniger zu verknüpfen. Die Entstehung einer Weltsprache, die Fourier befürwortete, rückt ihrer Verwirklichung, wenn auch anders als er gedacht, immer näher, und die Zeit wird auch nicht mehr fern sein, wo aus der Interessen- und Ideengemeinsamkeit der ganzen Kulturwelt eine neue soziale Organisation entsteht, die weder nach Landes- noch nach Sprachgrenzen fragt und den Bürger zum Menschen macht.

Wie das Kreuz der Typus der mittelalterlichen Dome und Kirchen ist, so ist die S Flügeln und zwei äußersten oder Neben=Flügeln. Die jeweilige Architektur ist immer nur das ä Zeitepoche schließen können. — Die Gemeinwirthschaft, in welcher Form immer, bedingt natü enthalten, wo die ca. 2000 Personen mehrmals des Tages verkehren, wie Speisesäle, Versammlu so den Zentralplatz der Phalanx bilden, sowie die zwei äußersten Flügel, welche nach links und Ende, enthalten. Die Wohnräume würden die oberen Stockwerke des Gesammtgebäudes in An Maschinengebäude, Ställe ꝛc., welche man hier nicht sieht, zu liegen. — Das Phalanxgebäude ist große Ausdehnung zu vermeiden, ist die Reihe der Gebäude doppelt und parallel laufend mit do des Gebäudes und fungirt als Hauptarterie der Zirkulation.